DO ISLAAM

HAQEEQI DEEN AUR TAKHLEEQI DEEN ME FARQ

SYED SHADAB ALI

ISBN 979-888555112-0

Contents

Intisaab

Do Islaam..... Ek toh wo islaam, jo Allah ko pasand hai, qubool hai aur Allah ney apne bando'n ko ata'a kiya aur dusra wo islaam, jo ummat ke munafiqo'n ney apne fayde ke liye bana liya. Ye kitaab hai haqeeqi deen e islaam aur Takhleeqi deen e islaam ke farq ki. Yu'n toh Rasoolullah sallallahu alaihe wa aalihi wasallam ke parda farma lene ke baad hi Takhleeqi deen ke pairo'kaar khul kar saamne aane lage the lekin puri tarah sey be'parda, karbala ke maidaan mey huye.

Hazrat Khwaja Moinuddin Chishti Rehmatullah Alaih ney bahaut khoob farma diya, "Deen Ast Hussain", ye kehna apne aap mey kaafi hai ki Hussain hi deen hai'n. Jab ham Karbala ki janib rukh karte hai'n toh paate hai'n ki Hazrat Hussain Alaihis'salaam ke lash'kar mey bhi khud ko musalmaan kehne waale log maujud hai'n toh wahi'n dusri aur Yazeed ke lash'kar mey bhi khud ko musalmaan kehne waale log maujud the. Dono'n taraf haaji bhi the, namaazi bhi, sahabi bhi the toh tabayeen bhi the. Fir dono'n mey farq kya tha?

Kyu'n Hazrat Hur'r aashura ke roz, apne beto'n samet, Lash'kar E Imaam mey shamil hone aa gaye aur kyu'n Hurr'mala ney masoom Ali Asghar Alaihis'salaam ke gale ko teer maar kar zakhmi kar diya?

Haqeeqi deen samajh'ne ke liye zaruri hai ki ham Qur'an O Ahlebait Alaihis'salaam ko thaam le'n. Do Islaam ke beech farq batati ye kitaab, Aaqa Mohammad Rasoolullah sallallahu alaihe wa aalihi wasallam aur Ahlebait Alaihis'salaam ki mohabbat mey likh raha Hun. Allah ham sab ko haqeeqi deen par chalne waala banaye aur Takhleeqi deen aur uske pairo'kaaro'n ke makar o fareb sey ham sab ki hifazat farmaye.

Allahumma salle alaa mohammad wa alaa aale mohammad.

ONE
PAHLA BAAB

1. Do tarah ke deen -

Allah rabbul izzat ney quran e paak mey irshaad farmaya hai -

إنَّ الدِّينَ عِنْدَ اللَّهِ الْإِسْلَامُ

Sachcha deen, allah ke nazdeek sirf islaam hai.
(Surah aal e imraan ki aayat 19 ka hissa)

Yu'n toh iss baat mey shak ki koi gunjaish nahi fir bhi agar ham iss aayat ko madde nazar rakhte huye fikr kare'n toh hame ehsaas hoga ki islaam bhi kayi tarah ka hai, ek toh haqeeqi islaam aur dusra Takhleeqi islaam. Haqeeqi islaam toh woh hai jo allah rabbul izzat ney apne Nabi ke zariye ham tak pahunchaya aur jis par chaudah masoomeen aur barah Imaamo'n ney chal kar dikhaya aur dusra woh jo hamare gharo'n mey maujood hai, haqeeqi islaam toh bas ek haq deen hai, lekin Takhleeqi islaam kayi tarah ke maujood hai. Logo'n ney islaam ke naam par bahaut kuch bidat shuru bhi ki hai aur bahaut kuch haq chipa bhi liya hai. Munafiqeen, laa'parwah mard aur naa'wakif aurat'o ki wajah se Deen Mey tabdeeli aati gayi aur ab hamare gharo'n mey maujood deen, haqeeqi deen sey bilkul mukhtAlif hai. Laa'ilmi, ghaflat, bigaad, quran o ahlebait Alaihis'salaam sey duri iski badi wajah hai. Ise dusre alfaaz mey yu'n bhi kaha jaa sakta hai ki, deen e islaam aur mazhab e islaam mey bahaut fark hai aur ab islaam par chalne waale do hisso'n mey bant chuke hai. Kuch log haqeeqi deen par sabit'kadam hai'n toh wahi'n kuch log Takhleeqi mazhab e islaam mey pad'kar, firko'n ki kayd mey, haq sey bahaut dur jaa kar pade hai'n.

Ye jo do deen ban rahe hai'n, ye bas uss waqt tak ke liye hai jab tak zuhoor e Imaam mehdi Alaihis'salaam naa ho jaaye kyu'n ki Imaam Mohammad mehdi Alaihis'salaam, qayam Imaam hai aur aap Alaihis'salaam ke aane ke baad sirf haqeeqi deen hi baaki rahega. Firko'n ki kayd khatm ho jaayegi aur ye ummat mahaz do hisso'n mey bant jaayegi. Yaani yaa toh koi insaaan, haq ko tasleem karne waala, haq deen par chalne waala hoga yaa toh fir dajjaal ka pairo'kaar aur baatil ki taraf se ladne aur fitne aam karne waala hoga. Imaam Alaihis'salaam ke zuhoor ke baad, halaal-haraam, sahi-galat, imaan-kufr, ki pehchan rakhne waale aur haq deen par chalne waale hi Imaam Alaihis'salaam ke saath honge baaki dajjaal ke pairo'kaar, shaitan ke saathi, qatl kar diye jaayege aur iss tarah allah ka deen toh baki rahega lekin ummat ka banaya hua deen, khud ba khud khatm ho jaayega.

Imaam mehdi Alaihis'salaam ke zuhoor sey mutalliq bahaut saari jhuti baate'n aur afwaahe'n aam ki gayi hai aur logo'n ko uss tarah nahi samjhayi gayi'n, jis tarah samjhani chahiye thi'n. Kuch log kehte hai ki Imaam Alaihis'salaam ka zuhoor uss waqt hoga, jab duniya mey har taraf gunah hi gunah badh chuke honge, fayl o fahsha aam ho chuka hoga aur har burayi aam hoti jaayegi. Yaani jab-jab gunaah badhte hai, zulm badhta hai tab-tab Imaam Alaihis'salaam ke zuhoor ka waqt aur bhi kareeb aa jaata hai. Yeh baat bahaut hadh tak sahi hai lekin isey samjha galat gaya hai. Yaha'n tak hamare aas-paas ke log naa'samjhi mey yu'n bhi keh dete hai'n ki logo'n ko mat samjha'o, ye sirf Imaam Alaihis'salaam ka kaam hai. Log haq, deen se dur hai'n toh ye sab isliye ho raha hai kyu'n ki Imaam Alaihis'salaam ke zuhoor ka waqt kareeb aata jaa raha hai, yaani logo'n ney ye maan kar rakha hai ki Imaam Alaihis'salaam ka zuhoor tab hoga jab koi haq deen par baki naa rahega. hala'nki jab ham in baato'n ko quran ki raushni mey samajhne ki koshish karte hai'n toh asal baat iske ulat nikalti hai. Quran e kareem mey allah ta'alaa ney irshaad farmaya hai -

إِنَّ اللَّهَ لاَ يُغَيِّرُ مَا بِقَوْمٍ حَتَّى يُغَيِّرُوا مَا بِأَنْفُسِهِمْ

Aur khuda kisi qaum ke haalaat ko uss waqt tak nahi badalta jab tak woh khud apne ko tabdeel (badlaav) naa kar le.
(Surah raa'd ki aayat 11 ka hissa)

Agar ham haq ko samajhne ki koshish karege toh payege ki zuhoor e Imaam, uss waqt tak nahi hoga, jis waqt tak qaum khud ko tabdeel karne ke liye ek inklaab naa le aaye. Hame chahiye ki ham apne Imaam Alaihis'salaam ki aamad ke liye zaroori badlaav aur taiyaariya'n kare'n. Yaani iss ummat mey ek jamaat aesi ho, jo khud ko haq par sabit'kadam rakhe, haq aam kare, logo'n ko nekiyo'n ki taraf bulaaye aur logo'n ko gunaah ki taraf jaane se roke yaani amr bil maroof aur Anil munkar par amal kare. Isey dusre tarah sey yu'n bhi samjh sakte hai'n ki jab ek fauj taiyaar ki jaati hai toh pehle uska imtehaan liya jaata hai. Fauj ka sipaah'salaar aur alam'daar pehle ye jaayiza leta hai ki sipaahiyo'n mey sey kaun hai jo buzdil nahi?, in mey sey kaun hai jo jaan dene ke liye taiyaar hai?, in mey sey kaun hai jo maidaan sey bhaagney waalo'n mey sey nahi ?, jab ek fauj taiyaar ki jaati hai toh uske pehle fauj ka har taraf sey imtehaan liya jaata hai, uska jismaani aur dimaaghi taur par bhi imtehaan liya jaata hai.

Jab Imaam Alaihis'salaam zuhoor farmayege toh woh bhi imtehaan ke zariye ye maloom karenge ki in mey sey khara kaun hai aur khota kaun hai. Saath hi saath woh ye bhi dekhege ki unki fauj Mey fakat momino'n ko hi jagah mile yani munafiq aur be'deen logo'n ko chant'kar pehle hi alag kar diya jaayega. Toh mere apno'n, hamara kaam sirf Imaam Alaihis'salaam ke zuhoor ka intezaar karna nahi hai balki hame chahiye ki ham Imaam Alaihis'salaam ke zuhoor ki mehnat'e kare'n aur logo'n ko haq ki taraf bulaate rahe'n. Galat baato'n aur zaAlim'o ki mukhAlifat kare'n aur haq par chalte huye sabr kare'n. Beshak quran aur ahlebait Alaihis'salaam ko thaam'na hi, kaamyaabi ki ek waahid raah hai.

Logo'n ney haqeeqi islaam ko chor'kar, Takhleeqi islaam ko maan'na shuru kar diya hai aur ye dheere-dheere badhta hi chala jaayega, yaha'n tak ki haq deen par chalne waale kam bachege aur Takhleeqi mazhab par chalne waale zyada ho jaayege. Iski daleel ye hai ki jab Imaam

Alaihis'salaam ka zuhoor hoga toh log un par ye ilzaam lagayenge ki ye naya deen le kar aaya hai, aesa toh ham ney nahi'n suna aur naa hi baap-dadao'n ko aese deen par paaya hai yaani wo deen ko itna badal chukenge ki unhe nabi sallallahu alaihe wa Aalihi wasallam ka laaya hua deen hi naya lagne lagega. Aap Alaihis'salaam par dusra ilzaam ye bhi daala jaayega ki isey, qatl wa giraftaari karne aur talwaar chalane ke alawaa kuch nahi aata. Yaani Imaam Alaihis'salaam ke lashkar mey jo bhi shamil hoga wo unka farma'bardaar hoga aur haq deen par chalne waala hoga, toh aese kaise ho sakta hai ki koi Imaam Alaihis'salaam ka maan'ne waala ye aitraaz karega ki ham ney aap sey deen mey nayi-nayi baate'n suni'n, ye kaise naye-naye ehkamaat bataye jaa rahe hai'n, jin par apne baap-dadao'n ko amal karte huye nahi'n paaya. Kuch log hai'n jo aaj, haq aam karne waalo'n par aitraaz kar rahe hai'n, ye Imaam Alaihis'salaam ke zuhoor ke baad un par bhi aitraaz karege. Kuch log hai'n jo aaj, haq aam karne waalo'n ko bura bhala kehte hai'n, ye log yaqeenan Imaam Alaihis'salaam ko bhi bura bhala kahenge. Jo aaj Ali Alaihis'salaam ke ghulaamo'n ke khilaaf khade hai'n, kal ye Imaam Alaihis'salaam ke bhi khilaaf khadi safo'n mey dikhayi denge. Yu'n toh Ali ke muhibb har daur mey hi chote inklaab laate aaye hai'n aur laate hi rahege lekin hmare dushmano'n ko bhi ab iss baat ka andaza hone laga hai ki ye chote-chote sey nazar aane waale inklaab hi, uss bade inklaab ki taiyaari hai, jiska waada kiya gaya hai aur jo ho kar hi rahega.

Hamare dushmano'n ki koshish bhi yehi hai ki kaise bhi karke, in chotey inklaabo'n ko kaamyaab naa hone do. Wo hame rokne ke liye har hadh tak jaane ko taiyaar hai'n. Kabhi hame shaheed kiya jaata hai toh kabhi pareshaan, kabhi hamare naam par jhuti tohmate lagayi jaati hai'n toh kabhi ummat ko ham Ali Alaihis'salaam ke ghulaamo'n ke mutalliq, aese-aese aqeede bataye jaate hai'n jo ham ney kabhi rakhe hi nahi'n hai, maslan ke taur par log kehte hai'n ki Ali Alaihis'salaam waale Ali Alaihis'salaam ko khuda maante hai'n, jo ki jhut hai. Kabhi kehte hai'n ki Ali Alaihis'salaam waale Ali Alaihis'salaam ko nabi maante hai, ye bhi sara'sar jhut hai. Kehne ka matlab ye ki ham par woh tohmat aur bohtaan baandhe jaate hai jo ham ney kabhi soche hi nahi.

Hamare mukhAlifeen, ek jhuti hadees bayaan karte hai'n ki nabi kareem sallallahu alaihe wa aAlihi wasallam ney farmaya, "agar mere baad koi nabi hota toh umar hota.", Pehli baat toh ye hai ki jab Rasoolullah sallallahu alaihe wa aAlihi wasallam hi aakhri nabi wa Rasool hai'n toh woh kisi aur ke baad mey nabi hone ki baat kyu'n karege. Dusri sochne waAli baat ye hai ki nabuwat, risaalat ataa karna khuda ka kaam hai, toh Rasoolullah sallallahu alaihe wa aAlihi wasallam kaise elaan kar sakte hai'n ki mere baad nabi hota toh falaa'n hota. Teesri baat, Jo kadwi zarur hai lekin haq hai woh ye ki kayi daur aese guzre hai'n jin mey ek hi waqt mey ek sey zyada nabi maujood rahe hai'n, aapas mey mile bhi hai'n lekin kabhi kisi nabi ney nabuwat milne ke pehle bhi gunaah nahi kiya aur naa hi zulm kiya hai jab ki hazrat umar ke baare mey padh sakte hai'n ki daur e jahaalat ke dauraan aap kin gunaaho'n mey mubtila the, bahen ke musalmaan ho jaane par apni bahen par kis tarah zulm kiya aur waqt ke nabi sallallahu alaihe wa aAlihi wasallam ko qatl karne ka mansooba bhi banaya, iraada bhi kiya. Yaha'n tak tareeq mey maujood hai ki aap hazrat umar, Rasoolullah sallallahu alaihe wa aAlihi wasallam ko qatl karne ke iraade sey hath Mey talwaar le kar ghar sey tak nikle, iske bawajud aapke nazdeek aesi koi hadees maujood hai ki mere baad nabi hota toh falaa'n hota, yaani shak aapko hai, iss baat par ki Rasoolullah sallallahu alaihe wa aAlihi wasallam ke baad nabi hota yaa nahi hota.

Ab baat karte hai'n hamare aqeede ki toh hamare nazdeek hadees hai ki Rasoolullah sallallahu alaihe wa aAlihi wasallam ney farmaya, "Ali mere liye aesa hai jaise musa ke liye haroon. Lekin mere baad ab koi nabi nahi." Hamari toh hadees mey bhi jaha'n Ali Alaihis'salaam ko haroon Alaihis'salaam ki tarah kaha gaya hai waha'n bhi aage saaf bayaan kar diya gaya hai ki, "lekin mere baad ab koi nabi nahi'n." Toh hamne toh apne aqeede ke zariye bhi "laa ilaahaa illallaah Mohammadur'Rasoolullah" ke baad "Aliyun wAliyullah" keh kar un tamaam shak aur gunjaisho'n ko band kar diya jis mey aakhri nabi ke baad bhi koi nabi hone ki riwayat banayi gayi thi. Ham ney elaan e aam kar diya ki Ali Alaihis'salaam hi Rasoolullah sallallahu alaihe wa aAlihi wasallam ke jaa'nasheen hai'n, wasi hai'n, waris hai'n aur allah ke wAli hai'n.

2. Zikr e Hussain ko rokne ki saazish -

Azaadari yaa gham e Hussain yaa maatam, jise har saal, alag-alag saazisho'n ke zariye dabane ki koshish ki jaati hai, dar'asal ye gham e Hussain hi woh jazba hai jisne logo'n ke dilo'n ko jihaad ke liye taiyaar kiya. Logo'n ko samajh mey aaya ki jab nawasa e Rasool sallallahu alaihe wa aAlihi wasallam, deen aur khuda ke naam par apne jawaan bete, masoom sey nanhe Asghar, bhatije aur bhaiyo'n ko qurbaan kar raha hai, apna ghar'baar luta raha hai aur khanjar ke tale bhi shukr adaa kar raha hai toh fir ham kaun hote hai'n jo apni aulaado'n ko qurbaan naa kare'n?, bas yehi soch thi ki jisne maa'o ko ye hausla diya ki unhone khud apni aulaado'n ko kafan pehnaye aur duae'n ki'n ki yaa khuda! meri aulaad ko bhi haq par jaan dene waala banaye. Jab ye fikr aam hui aur logo'n ney amma zainab, rubaab, shahar'bano aur bi bi Sakina ki qurbaniyo'n ko jaana toh hamari qaum ki behno'n ney bhi khud'ko, apne shauhar aur aulaado'n ko haq ke liye jeene-marne waala banane ke liye puri madad ki.

Zikr e Hussain Alaihis'salaam ko rokne ki koshish bas woh munafiqeen karte hai'n jo khul kar ladne ki himmat nahi rakhte aur deemak ki tarah deen aur qaum ko andar sey khokh'la karne ka kaam kar rahe hai'n. Inhe maloom hai ki agar zikr e karbala aam ho gaya toh logo'n ke dilo'n sey buzdili nikal jaayegi. Naa sirf woh diler ho jaayege balki duniya mey jeene sey zyada khuda ki raah mey marna pasand karenge. Har taraf sey baatil ki bagawat hogi, zaAlim'o ke khilaaf log khul'kar saamne aayege aur haq ke liye jaan dene ko badi kaamyaabi samjhege. Haq toh aam hoga hi saath hi saath chanda'khoro'n ko chanda milna bhi band ho jaayega aur firko'n ke naam par chal rahe inke dhan'de band ho jaayege. Bas yehi wo wajah hai'n ki munafiq aur be'deen, gunaah'gaar musalmaan, zikr e Imaam rokne ki koshishe'n bade hi zor-shor sey karte hai.

Logo'n ko haq sey dur karne ke liye tarah-tarah ki saazishe'n ki jaa rahi hai'n, logo'n ney kabhi Fatima salaamullah alaiha ko khata par kaha, kahi'n zainab salaamullah alaiha ke karbala jaane ko lekar sawaal uthaye. Kahi'n sulaah e Hasan Alaihis'salaam ko galat tarah sey pesh karke muawiya ka difa kiya toh kahi'n jung e Hussain Alaihis'salaam ka ilzaam sirf fauj e yazeed par daal kar, yazeed ko bachane ki koshish aam ki'n. Dushman e islaam ney saalo'n tak kuch yu'n mehnat karke haq ko baatil sey tabdeel kiya hai ki ab agar haq bhi kaho toh logo'n ko wo galat nazar aata hai. Yazeed ko bachate hai'n kyu'n ki usko khAlifa banane waala muawiya tha, agar yazeed ko nahi bachaya gaya toh muawiya aur un sahabiyo'n aur tabayeen par ungli uthegi jinhe tareeq mey toh sahaba kaha gaya hai lekin unhone yazeed ka saath de kar, Hussain Alaihis'salaam ke khilaaf jung ki.

Naa'insaafi aur zulm, sirf Hussain Alaihis'salaam par hi nahi hua balki Imaam Hasan Alaihis'salaam, Imaam Ali Alaihis'salaam aur amma Fatima salaamullah alaiha ke saath bhi naa'insaafi hui hai aur har daur mey hui hai. Fatima bint e Mohammad sallallahu alaihe wa aAlihi wasallam ko fadak naa dena bhi ummat ki bahaut badi galti thi. Chahe masla e fadak ho, chahe muawiya ki maula Ali Alaihis'salaam sey jung ho, in saare mauzuo'n par hamare buzurg sadaat khamoshi ikhtiyar karte rahe. Dono'n hi taraf ke log isliye khamosh rehte the ki in mauzuo'n par bahes kar ke, ummat mey ikhtilaaf badhega. Natija ye nikla ki haq par rehne waale toh sulah ko dhho'te rahe lekin sulah e Hasan todne waale gaddaro'n ke pairo'kaar, fir sey wahi harkat karne lage, naubat yaha'n tak aa pahunchi ki ab amma Fatima salaamullah alaiha ko hi khata par bataya jaane laga aur muawiya ko maula Ali Alaihis'salaam ki bara'bari mey rakhne ki koshishe'n aam hone lagi'n. Ab ye waqt ki maang hai ki haq ko har haal mey, har keemat par aam kiya jaaye, warna aage aane waAli nasle'n, haq aur batil ka farq karna hi bhool jaayegi. Ab zarurat hai ki ummat ko haqeeqi deen aur Takhleeqi deen mey farq batane ki aur zarurat hai, haq deen ki taraf bulane ki.

3. Taziya'daari aur azaa'daari ki mukhAlifat -

Kuch log, shariyat ki aad lekar taziya'daari aur azaa'daari ki mukhAlifat karte hai'n aur bholi-bhAli yaa laa'ilm awaam ko gumrah karte hai'n. Kuch molvi aksar ye kehte hue sunayi dete hai'n ki hazrat Hussain Alaihis'salaam ka maatam karna haraam hai, teen din sey zyada rona aur gham manana haraam hai, hazrat Hussain Alaihis'salaam ke rauze ki shabeeh banana haraam hai. Kahi'n kehte hai'n shaheed zinda hai'n isliye unka maatam nahi'n kiya jaa sakta. Kuch log ye kehte huye bhi mil jaate hai'n ki gham manana toh theek hai lekin maatam nahi'n karna chahiye. Awwal baat toh ye hai ki logo'n ko maatam aur gham lafz ka mayna hi nahi'n pata, kisi ki maut par yaa qatl yaa shaheed ho jaane par uske jaane ka gham manana hi maatam keh'laata hai.

Yu'n toh inke aitraaz naye nahi'n hai'n balki sadiyo'n sey, har daur mey hi kiye gaye hai'n aur in par jawaab bhi quran o hadees ki raushni mey pehle hi diye jaa chuke hai'n. Baat gham ki nikli toh quran ki raushni mey hi, kabhi aadam Alaihis'salaam ka rona yaad dilaya gaya, kabhi yakoob Alaihis'salaam ka hazrat yusuf Alaihis'salaam ke liye gham yaad dilaya gaya, kabhi Ibrahim Alaihis'salaam ki zauja ka sar peet'na yaad dilaya gaya toh kabhi ibrahim Alaihis'salaam ka rona yaad dilaya gaya. Toh kabhi hadees ki raushni mey Rasoolullah sallallahu alaihe wa aAlihi wasallam ka hazrat hamza radi'allah ke liye rona yaad dilaya gaya, kabhi wisaal e khadija aur wisaal e hazrat abu tAlib radi'allah ke kayi saal baad Rasoolullah sallallahu alaihe wa aAlihi wasallam ka apni zauja ko yaad kar ke rona yaad dilaya gaya toh kabhi aap Rasoolullah ka Hussain ki shahadat ki khabar ko sun'kar rona yaad dilaya gaya lekin afsos! quran ko hadees ki raushni mey sabit ho jaane ke bawajud, aaj tak molvi isi baat mey uljhe huye hai'n ki rona bidat hai.

Aaj har masjid mey, har juloos mey, gharo'n mey Kaaba aur rauza e Rasool ki shabeeh aur tasveer rakhi hui hai'n, ye sab toh theek, mazaaro'n ki, dargaaho'n ki bhi shabeeh aur tasveere'n rakhi gayi hai'n lekin rauza e Hussain Alaihis'salaam ki shabeeh par hi saara aitraaz kyu'n?, molvi sahab, masjid ke naam par chanda ikattha karte hai'n aur ikattha karte waqt halaal-haraam ka khayal nahi rakhte, unhe matlab hota hai toh bas chanda ikattha karne sey, fir uss halaal-haraam dono'n ki mili-juli rakam sey eint, gaara aur samaan khareed kar, masjid tameer karte hai'n aur fir usey allah sey mansoob kar ke kehte hai'n ki ye khuda ka ghar hai, toh agar koi apni halaal kamayi sey, rauza e Hussain Alaihis'salaam banata hai aur usey Hussain Alaihis'salaam sey mansoob karke gham taaza karta hai toh iss par hi saara aitraaz kyu'n?, ilm rakhne waale jaante hai'n ki baitullah ko farishto'n ney aa'kar banaya hai aur dar'asal ye bhi shabeeh hi hai, uss kaabe ki jo arsh par maujood hai. Tajjub hota hai ki chaaro'n taraf shabeeh sey ghira insaan, sirf aur sirf taaziye par hi aitraaz karta hai. Taaziye mey bhi logo'n ko shabeeh e rauza e Imaam Alaihis'salaam banana chahiye lekin kuch log jaan'daar cheeze'n yaa aurat ke muh ki ghodi banate hai'n, iss sey bhi tauba kare'n ki iss tarah ke taaziye banana jaayaz nahi'n hai. Taaziye bhi shariyat ki raushni mey bane ho'n. Taaziye par chadha'wa chadha'na, sar jhuka'na jaise haraam kaamo'n sey bachna chahiye.

Kuch log kehte hai'n ki har saal gham manana, yaa Hussain ke naare buland karna, shaheedane karbala ke liye rona aur yazeediyo'n par laanat'e karna kaha'n tak sahi hai?, toh mere apno'n, quran mey allah rabbul izzat ney farmaya -

لَا يُحِبُّ اللّٰهُ الْجَهْرَ بِالسُّوءِ مِنَ الْقَوْلِ إِلَّا مَنْ ظُلِمَ ۚ وَكَانَ اللّٰهُ سَمِيعًا عَلِيمًا

Allah mazloom ke alawa kisi ki taraf sey alal aelaan bura kehne ko pasand nahi karta (magar mazloom zaAlim ki buraiya'n kar sakta hai) aur allah har baat ka sunne waala aur tamaam halaat ka jaan'ne waala hai. (Surah nisa ki aayat 148)

Ab khud soch kar dekhe'n ki ahlebait Alaihis'salaam sey zyada, karbala ke shaheedo'n sey zyada mazloom bhala kaun hoga?

Ab kuch log jo khul kar mukhAlifat nahi'n kar paate, woh dhol ki aad ley kar mukhAlifat karte hai'n. Shariyat ke jaan'ney waale ye baat bahaut achchi tarah sey jaante hai'n ki dhol, nagada, bigul wagairah aalaat e mausiki mey shamil nahi'n hai, agar iss mauzu par tafseer sey likhne baithu'n toh puri ek kitaab, sirf isi mauzu par likha sakti hai hala'nki mai tafseer sey naa likh kar, mukhtasar sa iss baare mey bayan kar raha hu'n. Yaha'n bhi hairat hoti hai ki shadi biyaah ke mauke par bajne waale band baaje aur DJ inhe nazar nahi'n aate lekin muharram mey bajne waale dhol ko dekh kar saari shariyat yaad aane lagti hai. Bahar'haal, dhol bajane ka talluq naa hi khushi sey hai aur naa hi gham sey hai balki dhol bajane ka talluq elaan sey hai. Hamare mulk mey ek muhawra mash'hoor hai, 'dhol peetna', yaani jab koi insaan, kisi baat ka bahaut zoro'n shoro'n sey elaan karta hai yaa sab ko batata hai toh log kehte hai'n ki fala'n shakhs dhol peet'ta fir raha hai. Pehle ke daur mey sanchaar ke aur apni baato'n ko aam karne ke liye phone, mobile, social sites wagairah nahi'n thi'n, sirf musalmaan hi kya balki har mazhab ke log jab jung ka aghaaz karte yaa shaam ke waqt jung ko rokte toh sur yaa bigul fuka jaata yaani bajaaya jaata taaki logo'n ko ye isharatan bataya jaaye ki ab jung shuru karna hai yaa rokna hai. Theek aese hi jab koi jung fatah ho jaati toh jeet'ne waale, apne alam ko buland kar ke juloos nikaal'te aur dhol bajaate huye apni jeet ka elaan e aam karte the.

Ab kuch log ye bhi afwaah failate hai'n ki Ali waale kafir hai'n ye yu'n toh Hussain-Hussain karte hai'n lekin muharram par aese hi juloos nikaal'te hai'n jaise yazeediyo'n ney nikala tha. Yaha'n par gaur rahe ki upar hi bataya hu'n ki pehle jeet ki khushi mey sab yu'n hi kiya karte the toh zaahir si baat hai ki hazrat Hussain Alaihis'salaam ko shaheed karne ke baad, yazeediyo'n ney manaya hi hoga. Ab sawaal hai ki ham alam ley kar, dhol lekar, juloos nikaal kar kyu karte hai'n? toh suno, ham elaan karte hai'n ki yazeed ney sirf morcha jeeta tha lekin dar'haqeeqat jung mere maula Hussain Alaihis'salaam ney jeeti thi. Yazeed ney zameen par kuch saalo'n ke liye khilaafat jeeti thi lekin mere Hussain Alaihis'salaam ney zamana jeet liya, har ek momin ke dil par fatah hasil kar li aur deen bacha liya. Hazrat Hussain Alaihis'salaam aur karbala ke jaabaazo'n ke shaheed hone ka gham aur fatah e Hussain Alaihis'salaam ka elaan hai ye juloos, jo nikalta hai aur in shaa allah nikalta hi rahega.

Ek aitraaz aur liya jaata hai ki juloos e Hussain Alaihis'salaam mey be'pardagi aam hoti hai, hala'nki aesa har jagah nahi'n hai aur agar kahi'n hai toh mai bhi isey galat hi maanta hu'n lekin sirf juloos e Hussain Alaihis'salaam mey hi ye be'pardagi kyu'n nazar aati hai?, juloos e eid meelaad un nabi, babao'n ki dargaah ke andar-bahar, babao'n ko pesh ki jaa rahi chadaro'n ke juloos mey aur farzi babao'n sey jhad'waane ke liye lagi lambi kataaro'n mey bhi be'pardagi aam hai lekin wo kyu'n nahi dikhti?, har roz, bazaaro'n mey, school aur collego'n mey, cinema gharo'n mey, parko'n mey be'parda firne waAli khatoon aur kaum ki bachchiya'n kyu'n nazar nahi'n aati'n?, tab aapko fahsha aur behudgi kyu'n nahi dikhti?, usey rokne ki koshish kyu'n nahi ki jaati?

Ek baat aur nikaah karna farz nahi'n hai balki sunnat hai aur hamare muashre mey log shadi ke naam par sainkdo'n gunah aur galat kaam karne ke baad, ek sunnat yaani nikaah par amal karte hai'n toh jab sainkdo'n gunah karne ke baad, ek sunnat par amal ho paata hai toh kayde sey toh uss sunnat ko chor dena chahiye, lekin nahi ab yaha'n par kaha jaayega ki agar galat ho raha hai toh galat ko rokna chahiye, galat ke peeche sahi kaam thodi rok denge toh mere apno'n har jagah ek hi tarazu rakho, agar juloos e muharram mey kuch galat ho raha hai toh juloos ko naa rok kar, un galat cheezo'n ko rokne ki koshish aur mehnat ki jaana chahiye.

Toh azaa'daari aur taziya'daari toh ho rahi hai aur hoti rahegi lekin ye bhi hamara hi farz hai ki ham muharram ke juloos mey yaa taziya'daari aur azaa'daari ke naam par ho rahi galat cheezo'n ko roke'n. Maslan ke taur par julooso'n mey aurato'n ka shamil hona yaa chhato'n sey be'parda khade ho kar dekhna galat hai. Taziyo'n par chadha'wa chadha'na, unhe sajda karna yaa khuda ke saath shareek samajh lena bhi galat hai. Mulk ke kuch hisso'n mey log baba aane ka dhong rachate hai'n yaa fir sher ki tarah make-up karke, saj sanwar kar ghoom'te firte hai'n yaa paise maangte firte hai'n, ye bhi galat hai. Julooso'n mey dhol ke alawa, shehnayi yaa band baaje baja'kar nikal'na bhi galat hai aur sab se zaruri baat ye ki maatam e Hussain Alaihis'salaam karne ke liye salaat/namaaz ko tark kar dena galat aur bade gunaah ka kaam hai.

Rasoolullah sallallahu alaihe wa aAlihi wasallam aur aayimma e ahlebait Alaihis'salaam, sabhi ney bataya ki allah ke nazdeek sab se bada gunaah kufr hai aur ye bhi bataya ki salaat/namaaz hi Imaan aur kufr ke darmiyan farq karti hai yani be'wajah namaazo'n ko tark kar dene waala kufr ke itne kareeb pahunch jaata hai ki kalma-go hone ke bawajud uska shumaar kafiro'n mey kiya jaata hai, toh iss baat ka khaas taur par khayaal rakha jaana chahiye ki gham e Hussain Alaihis'salaam manane ke naam par ham salaat aur ibadat ko naa chor dey. Hazrat Ali Alaihis'salaam ney farmaya ki namaaz iss tarah ada'a karo ki jaise tum apne parwardigaar ko dekh rahe ho aur agar ye tasavvur naa kar sako toh kam sey kam itna hi tasavvur kar lo ki tumhara rab tumhe'n dekh raha hai. Namaazo'n ki ahmiyat ko kabhi nahi bhool'na chahiye ki ye behtareen ibadat hai. Apni namaazo'n ke baad bhi hamare paas bahaut waqt khAli bachta hai aur hame'n chahiye ki ham gham e Hussain

Alaihis'salaam manaye'n aur aam kare'n.

Kuch log ye bhi ilzaam lagate huye nazar aa jaate hai'n ki sirf muharram mey hi gham e Hussain aur Hussain-Hussain kyu'n karte ho?, mujhe sab ka toh nahi maloom lekin mai, alhamdulillah, har roz gham e ahlebait Alaihis'salaam karta hu'n. hala'nki iss ilzaam ke jawaab mey ye hi kahunga ki ha'n aese bhi kayi log hai'n jo muharram ke maah zyada badh-chadh kar hissa lete hai'n toh mere apno'n yu'n toh har mahine hi ibadat bhi ki jaati hai hai aur roze bhi rakhe jaa sakte hai'n lekin ramzaan ka apna khaas makaam hai, theek isi tarah ham bhi saal ke baraah mahine hi gham'geen rehte hai'n lekin muharram ka apna alag makaam hai.

4. Nazr, nazar, niyaaz ka sahi tareeqa -

Kuch logo'n ney awaam mey ek baat mash'hoor kar di hai ki nazr o niyaaz yaani nazar wagairah bidat hai, hala'nki aesa nahi hai balki nazar toh ek ibadat hai aur ibadat sirf allah ke liye hoti hai lihaza isey allah ke liye kiya jaana chahiye. Dar'asal logo'n ko galat baate'n failane ka mauka bhi ham hi log dete hai'n, logo'n ney nazr ke naam par aesi-aesi gair'islaamic balki behudi rasmo'n ko aam kar diya hai ki hamare mukhAlifeen ko mauka mil gaya hai ki wo haq ko galat sabit kar sake'n. Hamare mulq mey kayi tarah ki wahiyat aur galat nazr ki jaati hai'n maslan ke taur par aurate'n koi ek phal/fal chunti hai'n ki fala'n kaam ho gaya toh 40 din tak fala'n phal/fal nahi khayenge, jahalat ki hadh ye hai ki uss phal/fal ko chalees din roz ghar mey bhi laya jaata hai lekin khaya nahi jaata yani usey jaan'bujh kar rakh dete hai'n aur sadh jaata hai tab fenk dete hai'n. Toh kahi'n koi nazr karta hai ki falaa'n kaam hone tak mai fala'n cheez nahi dekhunga, fala'n sey baat nahi karunga, fala'n cheez nahi khaunga yaa aadhe din tak bhuka rahunga wagairah. Yaad rakhe ki nazar bhi allah ki ibadat hai isliye iss baat ka khaas khayaal rakhna chahiye ki ye sahi tarah sey ho, naa ki iss mey wahiyat aur galat rasm o riwaaz daale jaaye'n.

Mannat ke naam par sab sey zyada kharabi aurato'n ke zariye aam hoti hai. Samajh nahi'n aata ki har dusre saal ek nayi kism ki mannat ijaad hoti hai aur sab mey fayl jaati hai, iski wajah bhi ham mardo'n ki hi galti hai, awwal toh ham khud hi haq deen aur fiqah ke masle masayil nahi'n jaante aur dusri baat ye ki agar ham jaante bhi hai'n toh uss ilm ko biwi-bachcho'n tak pahunchane mey ghaflat kar baith'te hai'n. Jadeed-jadeed tarah ki nayi-nayi mannate'n aam hoti hai'n hala'nki khayal iss baat ka rakha jana chahiye ki hamari bewakufi aur jahalat ki wajah sey log hamare muashre par, hamare deen par hasna shuru naa kar de'n. Ye galat mannate'n aur nazar ka quran, hadees aur Mohammad o aal e Mohammad ki taleem sey koi waasta nahi'n aur ye bhi iss baat ki daleel hai ki wakayi haqeeqi islaam aur muashre mey fayla Takhleeqi islaam naa sirf alag hai'n balki in mey zameen o aasmaan ka farq bhi hai.

Sahi nazr o niyaaz ka tareeqa kya hona chahiye, ye batane ke pehle mai'n quran e kareem ki aayat e kareema pesh karna chahunga taaki logo'n ko pehle toh ye baat samjh aaye ki galat nazar nahi'n hai balki galat wo hai jo nazar ke naam par logo'n ney jahalat aam kar rakhi hai. Allah ta'alaa ka quran e kareem mey irshaad hai -

يُوفُونَ بِالنَّذْرِ وَيَخَافُونَ يَوْمًا كَانَ شَرُّهُ مُسْتَطِيرًا

Ye bande nazar ko pura karte hai'n aur uss din sey darte hai'n jis ki sakhti har taraf fayli hui hai.
(Surah dahar ki aayat 7)

Aayat sey itna toh samajh aa gaya hoga ki nazar karna ibadat hai, aur pehle hi ye bhi bata chuka hu'n ki nazar ke naam par logo'n ney kya kya galat amal karne shuru kar diye hai'n. Ab baat karte hai'n ki nazar ka sahi tareeka kya hai?, toh mere apno'n, nazar ibadat hai yaani aap allah rabbul izzat sey dua kar sakte hai'n ki, "yaa allah mera fala'n kaam ho gaya toh ye nazar adaa karunga." Ab nazar mey kya karna chahiye toh yaad rakhe'n, aap namaaz ki nazr kar sakte hai'n, roze ki kar sakte hai'n, ye dono'n sab sey behtareen amal sabit honge ki mera fala'n kaam ho gaya toh itni rakaat namaaz yaa itne din roze rakhunga. Iske alawa aap haj ki yaa nabi o aal e nabi ki baargaah mey haazri ki bhi kar sakte hai'n. Sab sey behtareen aur aasaan ye hai ki aap namaaz yaa roze ki nazar kare'n. Tareekh o hadees mey ahlebait Alaihis'salaam sey juda hua nazr ka ek wakiya maujood hai ki jab Hussain Alaihis'salaam ko bukhaar aaya tha toh aapke ghar'walo'n ney teen din roze rakhne ki nazr ki thi.

Kahi'n kahi'n nazr mey paan, phool, meetha wagairah rakhna zaruri samjha jaata hai, mai ye nahi'n keh raha ki nahi'n rakh sakte lekin usey farz samajh kar rakhna, naa hone par gunaah samajhna ye galat hai yaani rakhne ko deen samajhna aur shariyat ka hukm samajhna galat hai. Kahi'n kahi'n, ye riwaaz hai ki bewa aurat nazr ki kheer nahi'n kha sakti, toh kahi'n-kahi'n ye bhi dekhne milta hai ki fala'n tabarruk sirf aurate'n hi kha sakti hai'n wagairah, ye kaha'n ka deen hai?

Ek aur baat ye ki kuch log khaas jagaho'n ko hi sab samajh lete hai'n, achchi baat hai jaise masjid e haram, masjid e Imaam, kabr e chaudah masoomeen wagairah, lekin kuch log yaha'n tak karne lagte hai'n ki fala'n dargaah par dua qubool hoti hai, fala'n par nahi'n. Fala'n masjid mey dua qubool hoti hai fala'n mey nahi wagairah. Mere apno'n! dua ki qubooliyat ka talluq niyat sey hai, mohabbat sey hai, ibadat sey hai. Ha'n kuch jagah bahaut paak wa mukaddas hai'n aur hamare liye khaas bhi lekin samajh lena ki inn jagaho'n ke alawa kahi'n dua qubool nahi'n hoti, ye bhi jahalat hai. Allah ham sabko inn jahalat bhari baato'n sey bachaye.

5. Maal ko zaaya karna haraam hai -

Hamare buzurg farmaya karte the ki maal ko zaaya karna haraam hai yani agar kisi shakhs ney halaal ki kamayi bhi ki hai aur kuch rupye uske paas hai'n aur wo shakhs un rupyo'n ko aag laga de aur yu'n soche ki meri kamayi thi, haq-halaal ki kamayi thi, maine hi aag laga di toh kya galat kiya, toh jaan lo ki iss tarah apna hi kamaya maal bhi, jala dena, galat jagah kharch karna yaa fizool kharch karna naa'jayaz aur haraam hai.

Jab iss par fikr ki jaaye toh ham payenge ki agar zarurat sey zyada phal/fal aur sabziya'n khareedi jaaye'n ki rakhi-rakhi kharab ho jaaye'n toh ye bhi maal ko zaaya karne mey shumaar hoga. Yaha'n tak agar koi jaan'bujhkar nal ko band naa kare aur paani ki barbadi itni ho jaaye ki ek aam insaan bhi usey paani ki barbadi hi samjhe toh ye bhi maal ko zaaya karne mey hi shumaar hoga. Yaha'n tak ki agar ghar mey pankha yaa light bhi be'wajah chalo chora jaaye toh ye bhi maal ko zaaya karna hi keh'laayega jo shariyatan haraam hai.

Isi tarah shadi ke naam par hone waAli fizool'kharchi aur fizool rasme'n bhi band kar dena chahiye. Rasoolullah sallallahu alaihe wa aAlihi wasallam ka farmaan tha ki nikaah ko itna asaan banao ki zina mushkil lagne lage lekin afsos ki ummat ney nikah ko itna mushkil bana diya hai ki zina asaan ho gaya hai.
Waise toh zyada'tar jagah ladki walo'n par be'matlab ka bojh laad diya gaya hai, kabhi baraat ke naam par toh kabhi dahej ke naam par be'matlab mey paisa barbaad karaya jata hai toh kuch jagah ye bhi dekhne ko milta hai ki ladki waale khud bhi dikhawe ke liye badh-chadh kar dahej dete hai'n aur kharch karte hai'n. Saadgi se bhare wAlime ki jagah bhi ab dikhawe se bhare fizool kharchi ke program ney le li hai.

Yaad rakhe'n shariyat, momin ke maal ko mohtaram samajhti hai aur momin ko chahiye ki apne maal sey apne upar aur apne ghar'walo'n ke upar kharch karne mey kami naa kare, naa hi apne azeez aur akraba par kharch karne mey kami kare lekin maal ko kharch karna aur fizool kharch karna, dono'n mey bahaut fark hai. Yu'n toh aaj ke daur mey har insaan hi fizool'kharchi karta hai aur ghaflat ki wajah sey isey, gunaah bhi nahi samajh'ta lekin fir bhi iss par gaur o fikr karne ki aur khud mey sudhaar laane ki sakht zarurat hai. Mardo'n ki nisbat khatoon zyada fizool'kharchi karti hai'n lihaza kaum ki behno'n ko bhi zarurat hai ki iss par fikr kare'n.

6. Ummat ki bakhshish hogi yaa pakad -

Ek baat aur ummat ke darmiyan aam ki gayi hai ki Rasoolullah sallallahu alaihe wa aAlihi wasallam, sabhi ummatiyo'n ki maghfirat karwayenge. hala'nki mushrik, munafik, kafir bhi ummat e Rasool ka hi hissa hai'n, kisi ke maan'ney yaa naa maan'ney sey farq nahi pad jaata, be'shak ye ummat Rasoolullah sallallahu alaihe wa aAlihi wasallam ki hi hai aur aap Mohammad Rasoolullah hi iss ummat ke sardaar hai'n. Mai bas ek badi hi aham baat aapke saamne rakh raha hu'n, fir aap khud soch kar faisla kijiye ki iss ummat ki shafa'at ki jaayegi aur bakhash'waya jaayega yaa ummat ki pakad ki jaayegi.

Hazrat Hussain Alaihis'salaam ke sab sey chote sahab'zaade hazrat Ali Asghar masoom Alaihis'salaam ko jab teer maar'kar shaheed kiya gaya aur Hussain Alaihis'salaam ney jab teer ko nikala toh thoda khoon aapki chullu mey aa gaya, aap Imaam Hussain Alaihis'salaam uss waqt mitti aur dhool sey aaluda the, aapke sar mubarak, chehra e mubarak aur kapdo'n mey dhool-mitti lagi hui thi aur aap sabki laasho'n ko utha kar laa chuke the aur apne haatho'n sey dafna chuke the lihaza aapke kapde aur jism par shohda e karbala ka khoon bhi laga hua tha, aap Alaihis'salaam ney chullu mey aa chuke hazrat Ali Asghar Alaihis'salaam ke khoon ko chehre par mala aur farmaya ki mai roz e hashr, nana'jaan sey isi haal mey milunga.

Ek riwayat mey ye bhi bayaan hota hai ki jab amma Fatima salaamullah alaiha tashreef layengi toh elaan e aam hoga ki apni-apni nazro'n ko jhuka lo ki Fatima bint e Mohammad salaamullah alaiha tashreef laa rahi hai'n aur jinn, insaan, malak ke saath-saath tamaam ambiya Alaihis'salaam bhi apni nazro'n ko jhukaye khade honge tab Fatima salaamullah alaiha, apne beto'n yaa aulaado'n ke mutalliq sawaal karengi aur jab aap salaamullah alaiha ki aulaado'n ko saamne laaya jaayega toh hazrat Hasan Alaihis'salaam ka paara-paara ho chuka jigar dikhaya jaayega, Hussain Alaihis'salaam iss haal mey dikhaye jaayenge ki aapka sar mubarak kataa hua hoga, Ali Asghar ka khoon sey bhara kurta aur masoom sa teer khaya hua gala, Ali akbar ka laasha, kasim ka pamaal badan, aun o Mohammad ki laashe'n, Abbas alam'daar ke kate baazu dikhaye jaayenge jinhe dekh kar Fatima salaamullah alaiha ek aah buland karengi aur be'hosh ho jaayegi. Fir aap jab uthengi toh adaalat e khuda ka darwaza khat khata'kar farmayengi ki aye mere allah! dekh ki mujh par kis tarah sey zulm kiya gaya, mere gulshan ko kis tarah ujada gaya. Fir allah ka gazab aur insaaf kya hoga, iss par aap khud fikr kijiye.

Ab bahaut saare log in riwayato'n ko galat sabit karne edhi choti ka zor laga dete hai'n. Theek hai, riwayato'n ko jhut'la lo lekin in mulaqato'n ko kaise rokoge?, jab Fatima salaamullah alaiha, Apne baba Mohammad Rasoolullah sallallahu alaihe wa aAlihi wasallam sey mil kar unhe baagh e fadak, darbaar, wilayat ko thukrane ke maamle batayengi?, Jab ameer ul momineen hazrat Imaam Ali Alaihis'salaam, Rasoolullah sallallahu alaihe wa aAlihi wasallam ko batayenge ki kis tarah aapke jaane ke baad logo'n ney mujhe kafir kaha, mujhe be'watan hone par majboor kiya, kis tarah mujhe thukraya, kis tarah mujh par sitam kiye aur aakhir mey kis tarah mujhe masjid mey shaheed kar diya?, jab hazrat Hasan Alaihis'salaam, Rasoolullah sallallahu alaihe wa aAlihi wasallam ko batayenge ki kis tarah aapki ummat ney mujh'se khilafat chini, kis tarah mujhe zahar de kar shaheed kiya.

Isi tarah baraah ke baraah Imaam apne daur mey apne aur apni aal aur khandaan par huye zulmo'n ko Rasoolullah sallallahu alaihe wa aAlihi wasallam ke saamne bayaan karenge aur inhi'n mey sey ek honge hazrat Hussain Alaihis'salaam jo kabhi khud par huye zulm toh kabhi aun o Mohammad ki shahadat toh kabhi Ali akbar o Ali Asghar ki shahadat bayan karenge. Kabhi kasim ke laash ko pamaal karne ki baat karenge toh kabhi Abbas ke baazu katne ki baat karenge. Rahi sahi kasar tab Puri hogi jab Rasoolullah sallallahu alaihe wa aAlihi wasallam ke gharane ki betiya'n aur bahuye'n, baad e karbala, ummat ke kiye sulook ko bayan karengi aur apne upar huye zulm ko ro-ro'kar sunayengi.

Uske baad aap ki shafa'at ki jaayegi yaa pakad ki jaayegi iss par sochna aur fikr karna ki kahi'n jaane-an'jaane mey kuch aesa toh nahi'n kar rahe ki jiski wajah sey aapka shumaar bhi dushman e ahlebait yaa dushman e ahlebait ke pairo'kaaro'n mey hota ho. Be'shak, shafa'at toh bas Mohammad o aal e Mohammad ke wafa'daaro'n ke liye hai. Allahumma salle alaa Mohammad wa alaa aale Mohammad.

7. Haqeeqi ilm kaha'n sey milta hai -

Be'shak allah ke nazdeek sab sey behtareen aur qubool kiye jaane waala deen islaam hai lekin wo kaun sa islaam hai jo allah ko pasand hai?, allah ka diya hua haqeeqi deen yaa hamara banaya hua Takhleeqi deen?, haq deen hame'n tab hi mil sakta hai jab hamare paas wo do wazan'daar cheez ho'n, jinhe thaam'ne ka hukm, allah aur allah ke Rasool sallallahu alaihe wa aAlihi wasallam ney diya hai yaani quran paak aur ahlebait Alaihis'salaam. Jab tak sahi kitaab aur kitaab ke sahi aAlimo'n ko nahi thama jaayega tab tak haq deen samajh nahi aa sakega.

Ek martaba ek shakhs maula Ali Alaihis'salaam ke paas aaya, aane waala ye dekhna chahta tha ki maula Ali Alaihis'salaam hi haq ilm ke waris hai'n yaa nahi. Sawaal karne laga, "yaa Ali! mere paas bakriyo'n ka ek jhund hai jiski nigrani ke liye maine ek kutta rakha hua hai jo unhe bikhar'ne sey bacha'ta hai, lekin ab mujhe ek pareshaani hai, meri bakriyo'n mey sey ek bakri ney aese bachcha diya hai jo samajh nahi aata ki kutta hai yaa bakri matlab uss mey kutte aur bakri dono'n ki sifat hai'n, agar bakri hai toh paak hai aur uska khana jaayaz hai aur agar kutta hai toh najis hai aur uska khana bhi haraam hai.", maula Ali Alaihis'salaam ney farmaya, "aye shakhs! iski boli ko suno, agar kutte ki tarah muh utha kar roye toh kutta hai aur agar bakri ki tarah mimya'ye toh bakri hai.", kehne laga, "yaa Ali! mai ye kar ke dekh chuka hu'n, kabhi woh kutte ki tarah rone lagta hai toh kabhi bakri ki tarah bolne lagta hai." Maula Ali Alaihis'salaam ney farmaya, "fir Usey pani peete huye dekh, agar kutte ki tarah zubaan sey chaat'kar pani peeta hai toh kutta hai aur agar bakri ki tarah aage ke paanv par baith'kar ghunt lete huye pani piye toh bakri hai." Kehne laga, "yaa ameer ul momineen! mai ye kar ke bhi dekh chuka, kabhi kutte ki tarah jeebh sey pani peeta hai toh kabhi bakri ki tarah peeta hai." Maula Ali Alaihis'salaam ney farmaya, "aesa karo, usey bakriyo'n ke jhund ke saath le kar chal, agar jhund mey ghus kar yaa jhund ke saath chale toh samajh jaana bakri hai aur agar nigrani waale kutte ki tarah, jhund ke baaju mey chale toh samajh jaana kutta hai." Kehne laga, "yaa ameer ul momineen! ye bhi kar ke dekh chuka hu'n, kabhi toh jhund ke beech mey bakri ki tarah chalta hai toh kabhi nigrani waale kutte ki baaju mey kinare-kinare chalne lagta hai." Ameer ul momineen Ali Alaihis'salaam ney farmaya, "uske saamne gosht ka tukda daal kar dekh, agar gosht ko sungh'kar khata hai toh kutta hai aur agar sungh'kar muh fer le toh samajh lena ki bakri hai." Kehne laga, "yaa ameer ul momineen! mai ye bhi kar ke dekh chuka, kabhi toh gosht ko sungh'kar khane lagata hai toh kabhi, muh fer leta hai." Maula Ali Alaihis'salaam ney farmaya, "fir aesa kar ki isey zibha kar ke dekh agar iske andar sey ek aant nikle jaise ki kutte mey hoti hai toh samajh jaana kutta hai aur agar iske andar kayi aant nikle'n, jaise ki bakri mey hoti hai'n toh samajh jaana bakri hai." Ye sunte hi wo shakhs maula Ali Alaihis'salaam ke kadmo'n mey gir kar kehne laga, "yaa ameer ul momineen maine sab jhut kaha, naa toh mere paas bakriyo'n ka jhund hai, naa hi kutta hai aur naa hi aesa koi waqia hi pesh aaya hai, mai toh aapka imtehaan lene ki niyat sey sawaal kiya lekin aapne toh jawaab mey ilm ka dariya baha diya.

Logo'n kya ye waqia sun kar bhi tumhare dil waris e ilm e nabi ke liye gawahi nahi'n dete?, ahlebait Alaihis'salaam paak hai'n fir bhi unhe, kutte jaisi najis cheez ka bhi itna bariki sey ilm hai. Puchne waale ney socha ki inhe kya pata hoga iss baare mey lekin wo ye bhool baitha ki jise khud allah ney ilm aam karne ke liye chuna ho, usey har choti-badi, halaal-haraam, zahiri-batin ka ilm sab sey zyada diya hoga. Aaj ke daur mey dekhta hu'n ki sainkdo'n log khud ko aAlim batate firte hai'n jab ki haqeeqat mey toh insaano'n ki sirf teen kism hi maujood hai'n, aAlim, tAlib e ilm aur khas o kha'shaak.

Aalim sirf Mohammad o aal e Mohammad hai'n yani Rasoolullah sallallahu alaihe wa aAlihi wasallam, unki beti Fatima salaamullah alaiha aur barah imaan Alaihis'salaam hai'n. TAlib e ilm wo hai'n jinhone tauheed o risalat ke baad, Imaamat o wilayat ki gawahi di, quran o ahlebait Alaihis'salaam ko thama aur inke zariye hi ilm hasil karne ki koshish ki'n. Iske alawa baki saare log khas o kha'shaak mey shamil hai'n, jinki ilm ki duniya mey koi ginti hi nahi'n. Allah sey darne waale bane'n, apne Rasool ke hukm ko maane'n aur quran wa Mohammad o aal e Mohammad ko thaam le'n, beshak ye hi sachchi aur seedhi raah hai jiski manzil khuda hai.

8. Shaitaan ke khuda sey sawalaat -

Quran aur hadees ki raushni mey aapne ye zarur suna hoga ki jab shaitaan ko mardood kar diya gaya toh uss ney allah sey kuch ikhtiyaraat maange jinke zariye wo insaano'n ko gumraah kar sake, Jo usey de diye gaye. Aadam Alaihis'salaam ney bhi kuch ikhtiyaraat maange aur khuda ney tauba ka darwaza khol diya yaani agar insaan, bade-bade gunaah bhi kar le aur fir apne rab ke saamne ro kar, gid'gida kar, sachchi tauba kar le toh allah rabbul izzat usey maaf kar dega. Kitna hi bada gunaah kyu'n na ho, Allah ta'alaa ka wada hai ki agar insaan sachche dil sey sachchi niyat sey tauba kare toh maafi zarur milegi. Aadam Alaihis'salaam ney itna bada ikhtiyar wa in'aam milne par khuda ka shukr adaa kiya.

Fir shaitaan khuda ki jaanib muda aur arz karne laga, "yaa khuda! itna toh bata ki tere deen ka kuch log paigham laayenge aur tere deen ke kaasid honge. Fir mere deen ko kaun aam karenge?", Allah ta'alaa ney farmaya, "najoomi, jadugar, faal dekhne waale aur haaziri bulaane waale, tere deen ke kaasid honge jo tere bure deen ko aam karenge." Shaitaan kehne laga, "yaa rab! tera kalaam quran e majeed hai, aasmani kitaabe'n aur safhe hai'n, mera kalaam kya hai?", Allah ta'alaa ney farmaya, " tera kalaam jhut hai, jab koi jhut bolega toh tera kalaam aam karega." Kehne laga, "teri kitaab quran e majeed hai aur baaki aasmani kitaabe'n hai'n, meri kitaab kya hai?", Allah ta'alaa ney farmaya, "teri kitaab duniyawi ashshaar aur gaana-bajana hai'n." Kehne laga, "tera muazzin hoga, mera muazzin kaun hoga", khuda ney farmaya, "aalaat e mausiki, tere paigham ko aam karenge." Kehne laga, "yaa rab! tera ghar toh kaaba aur masjid hongi, mera ghar kya hoga?", Allah ney farmaya, "bazaar tera ghar honge ki sab sey zyada kaam wahi'n anjaam diye jaa sakte hai'n." Kehne laga, "mera khana kya hoga?", Allah ta'alaa ney farmaya, "har najis cheez tera khana hogi, aur wo jaanwar bhi ki jisey zibha karte waqt, mera naam naa liya gaya ho." Pucha ki, "mera mashroob kya hai?" Allah ta'alaa ney farmaya, "sharaab". Kehne laga, "aakhri sawaal, khuda ta'alaa! Mere shukr ka zariya kya hai?, Yaani logo'n ko gunaah Mey mubtila karne ka zariya kya hai?", Allah ney farmaya, "aurate'n, ye hi tere shikaar ka zariya hai'n."

Hadees e masoomeen mey maujood hai ki shaitaan kehta hai, "mere maa-baap qurbaan ho'n unn aurato'n par ki jab mai nek aadmiyo'n ki lanat sey ghabra jaata hu'n, jaha'n bhi jaau'n bas mujh'par lanate'n ki jaa rahi hoti hai'n, tab mujhe panaah sirf aur sirf, be'deen aurato'n ke paas hi milti hai. Jab mai unke beech mey aa kar baith'ta hu'n toh dekhta hu'n ki yaha'n mera maksad kis tarah pura ho raha hai. Kahi'n gibat ki jaa rahi hai'n toh kahi'n hasad ka izhaar ho raha hai."

Ye mera kaul nahi'n hai balki Imaam Alaihis'salaam ka farmaan hai, ki jab saare log shaitaan ki mukhAlifat kar rahe hote hai'n tab bhi be'deen aurato'n ke paas shaitaan sukoon paa leta hai baki be'deen mardo'n ki wajah sey bhi shaitaan ke kayi mushkil lagne waale kaam aasaan ho jaate hai'n.

9. Aurat aur shaitaan -

Aayimma e masoomeen Alaihis'salaam farmate hai'n ki, "nek momina aurato'n ka husn, jannat ki huro'n sey bhi zyada hoga." Agar mai aurat ka zikr karta hu'n toh sab sey pehle tasavvur mey amma Fatima salaamullah alaiha aati hai'n jinhone baap ka iss tarah saath diya ki umme abeeha keh'layi'n, shauhar ka saath iss hadh tak diya ki apni aakhiri saans tak wilayat e Ali Alaihis'salaam ki hifazat karti rahi'n aur ba'taur maa, aapne hasnain karimain ki shakl mey deen e islaam hi god mey paal diya. Aapki tarbiyat ka zubaa'n sey zikr kar paana mumkin nahi'n hasnain karimain, hazrat zainab aur hazrat umme kulsum ke kirdaar, aapki bulandi ki khud gawahi dete hai'n.

Lekin ye baat bhi haq hai ki aaj ke daur mey nek momina bahaut Kam hai'n aur buri aurate'n zyada. Buri aurate'n, shaitaan ke kaam Mey aasaani paida karti hai'n. Lag'bhag har ghar ka ye aalam hai ki ab jahalat aam ho chuki hai, kuch ghar aese bhi hai'n ki jaha'n mard toh haq jaante hai'n aur ghar mey batane ki koshish bhi karte hai'n lekin aurate'n sun kar ladne lagti hai'n. Chahe be'wajah bazaar mey ghoom'na ho, chahe shadiyo'n mey fizool kharchi aur galat rasmo'n ko badha'wa dena ho yaa TV par wahiyaat program dekhna ho, isme aurate'n, mardo'n ki nisbat zyada aage hai'n.

Halaat kuch yu'n ho gye hai'n agar mard kisi baat par haq bayaan karta hai toh ghar ka mahaul bigad'na shuru ho jaata hai aur ladayia'n shuru ho jaati hai'n. Maine khud bhi in do cheezo'n ko saamne hota dekha hai pehli toh ye ki agar baap ye keh de ki aulaad ka din mey nikaah kar lena zyada behtar hai toh ghar ki aurato'n ka kehna hota hai ki nahi raat ki shadi zyada behtar hai jab ki sunnat ke mutabik bhi din ki shadi behtar hai, quran ki raushni mey bhi din ki shaadi hi behtar hai aur fizool'kharchi ko rokne ke lihaaz sey bhi din mey rakhi gayi shadi mey kam kharch aata hai. Dusri ye ki agar koi ladka khud keh de ki mere dil mey nikaah saad'gi sey karna ka khayal hai, mai toh bas Mohammad o aal e Mohammad ki di hui taleem ke mutabik nikaah karna chahta hu'n toh ye sun kar sab sey zyada takleef maa aur bahan ko hi hoti hai aur zyada'tar gharo'n mey maa-bahno'n ke muh sey sun ney milta hai ki hamara armaan hai ki bade dhoom dhaam sey shadi kare'n yaa digar rishtedaaro'n jaise chacha, baba, manu, khala ke ghar walo'n ka armaan hai ki dhoom dhaam sey nikaah kare'n, kya kisi ke armaano'n ko pura karne ke naam par Mohammad o aal e Mohammad ki di gayi taleem ko bhool'na yaa nazar andaaz kar dena, durust hai?, Iss par badi fikr kijiyega.

10. Sab sey behtareen aurat kaun hai? -

Ye hadees sahi sanad ke saath, kayi kitaabo'm mey maujood hai, iss mey kisi ko ikhtilaaf nahi'n hai, ha'n itna ikhtilaaf zarur hai ki kuch riwayato'n mey milta hai ki Rasoolullah sallallahu alaihe wa aAlihi wasallam ney Fatima salaamullah alaiha sey sawaal kiya aur baaz riwayato'n mey ye maujood hai ki Rasoolullah sallallahu alaihe wa aAlihi wasallam ney apne sahabao'n sey sawaal kiya. Rasoolullah sallallahu alaihe wa aAlihi wasallam masjid e nabwi mey sahabao'n ke halka mey tashreef'farma the ki aapne sahabao'n sey sawaal kiya ki, "sab sey behtareen aurat kaun hai?", Sahabao'n ney apne-apne ilm ke mutabik jawaab dena shuru kiya, har jawaab par Rasoolullah sallallahu alaihe wa aAlihi wasallam, nahi'n-nahi'n farmate rahe. Maslan ke taur par kuch sahaba radi'allah ney kaha ki namazi aurat sab sey behtareen hai. Toh be'shak namazi hona, bahaut achchi sifat hai lekin ye sab sey behtareen hone ki daleel nahi'n.

Tab salmaan farsi uth kar, dar e Fatima salaamullah alaiha ki taraf chal diye. Ab koi ye naa soche ki itna jaldi jaa kar kaise aa sakte hai'n, hazrat Ali Alaihis'salaam ke ghar ka darwaza, masjid ke sahan mey hi tha, itna kareeb ki jab Rasoolullah sallallahu alaihe wa aAlihi wasallam khutba dete toh Fatima salaamullah alaiha, ghar mey baithi-baithi hi sun leti'n. Bahar'haal, salmaan farsi radi'allah ney dar par dastak di, bibi ney pucha ki, "kya hajat hai?", Salmaan farsi radi'allah ney kaha, "aapke baba ney masjid mey ek sawaal kiya hai uska jawaab puchne aaya hu'n." Amma Fatima salaamullah alaiha ney jawaab de diya aur salmaan farsi radi'allah, wapis masjid mey aa'kar baith gaye. Jab aap salmaan farsi ki baari aayi toh aapne jawaab diya, "behtareen aurat wo hai jisey naa'mehram naa dekhe aur wo naa'mehram ko naa dekhe." (Yaani parde'daar itni ho ki naa'mehram naa dekh sake, aur haya'daar itni ho ki wo kisi naa'mehram ko naa dekhe), Rasoolullah sallallahu alaihe wa aAlihi wasallam ney farmaya, "salmaan! Tumhara jawaab toh sahi hai lekin ye tumhara jawaab nahi'n lagta." Salmaan farsi radi'allah ney farmaya, "ji han, yaa Rasoolullah! Mai shahzadi sey puch'kar aaya hu'n." Rasoolullah sallallahu alaihe wa aAlihi wasallam ney farmaya, "Fatima mera tukda hai, usney wahi kaha jo mai kehna chahta tha. Be'shak wo wahi kahegi jo mai kehna chahta tha, be'shak ye aurat sirf, Mohammad o aal e Mohammad ke islaam mey hai."

Lekin hamare muashre mey, isey hi bad'tareen, laa'ilm aur purani soch ki aurat samjha jaata hai. Aesa maana jaata hai ki iss sey toh ghareeb, laa'ilm, purane khayalaat rakhne waala insaan hi shadi karega. Jadidiyat ki duniya ka insaan toh isey layak hi nahi samjhega. Iske ulat jo bad'tareen aurat hai'n, unhe ye muashra nek wa aala samajhta hai. Duniya ke banaye deen mey wo aurat achchi hai jo tang kapde, bareek libaas pehen kar ghar sey akeli nikal sake, shauhar ke dosto'n ke saath itna ghul-mil'kar baate'n kar sake jitna ki wo apne sage bhaiyo'n sey tak nahi karti, bazaaro'n mey aage-aage chale aur shauhar peeche-peeche ho, aesi aurate'n hamare Takhleeqi deen mey, tehzeeb waAli, nek aur padhi-likhi keh'laati hai'n. Musalmaan aurate'n agar Fatima salaamullah alaiha ki seekh par amal naa bhi kar sakti ho'n toh kam sey kam shariyat mey batayi gayi baato'n par toh amal karna hi chahiye.

Bahaut sey mard bhi aese mile, jo aksar mujh'sey parde ki baat karte nazar aate hai'n jab ki khud ke ghar mey unki biwi aur betiya'n hi parde sey dur hai'n. Kitaabo'n ko padh lena aur hota hai lekin un'par amal karna aur baat hoti hai. Kuch logo'n ko meri baate'n kadwi bhi lagengi, kuch ko ye purani soch bhi lag sakti hai lekin haq bayaan karna mera kaam hai. Yu'n toh duniya ki zindagi jaise chaho guzaar lo, allah toh sab ko rizk ataa karta hai chahe banda usey maan'ta ho, chahe uska inkaar karta ho, zindagi toh sab ki guzar hi jaati hai lekin asal masla hai sukoon, aakhirat ki kaamyabi aur khuda ko paane ka, wo toh faqat, quran, Mohammad o aal e Mohammad sallallahu alaihe wa aAlihi wasallam ki pairvi sey hi hasil kiya jaa sakta hai.

11. Be'deeni ki hadh -

Ek waqia yaad aa raha hai jo lag'bhag har masjid mey namaaz ada'a karwane waale yaa aAlim kahe jaane waale logo'n ke saamne kabhi na kabhi zarur aata hai ki aksar log pesh'namaaz aur aAlim sey dua lene, taweez yaa wazife lene aate hai'n. Ek dafa ek sahab ke paas ek shakhs aaya aur kehne laga, "mai badi pareshaani ka shikaar hu'n, ek bahaut bada masla hai." Sahab sochne lage pata nahi kitna bada masla hai, rizq ka masla hai yaa beemari ka, dushmano'n ney nuqsaan pahuncha diya yaa karo'baar puri tarah sey barbaad ho gaya wagairah. Fir un Sahab ney pucha, "kaun sa masla?", Wo shakhs kehne laga, "beti ki taraf sey bada pareshaan hu'n." Aksar beti sey mutalliq, ye masla hi rehta hai ki beti ki umr shadi ke layak ho gayi lekin rishte nahi mil rahe. Wo sahab ney pucha, "batayiye, kya hua?", Wo shakhs kehne laga, "mai apne dost ke ghar jaata hu'n, shadi-biyaah mey jaata hu'n, mere dosto'n ki betiya'n toh sab sey hans'kar, ghul mil kar baate'n karti hai'n, be'takallufi ke saath uth'ti baith'ti hai'n, haath mila'ti hai'n lekin meri beti gum'sum si rehti hai, pata nahi khuda ney kaisi aulaad ata'a kar di. Uss sey kehta hu'n toh bhi kisi sey haath milana toh dur, yaha'n tak baat bhi nahi'n karti, naa hi ghar aaye logo'n (mardo'n) ke saamne nikal'na pasand karti hai lihaza aap koi aesa taweez yaa wazifa bata de'n, jisey kar ke mai usey sudhaar saku'n.

Be'deeni ki hadh ye hai ki wo shakhs wazifa maang raha hai yaani naa sirf wo gair-mardo'n ke beech aurato'n ke ghul'ne-mil'ne, hansne-thil'thilane ko sahi samajh'ta hai balki wo ye bhi aqeeda rakhta hai ki iske liye hamare Imaamo'n ney koi dua yaa wazifa bataya hoga. Zahir si baat hai wo masjid mey namaaz ada'a karne waale sahab ke paas jaa raha hai yaani usey saamri aur jaadugaro'n ke taweez nahi'n balki islaam sey jude taweez chahiye wo bhi aese ghatiya kaam ke liye.

Bahar'haal, un sahab ney uss shakhs ko jawaab diya, "maine bahaut kitaabe'n padhi hai'n lekin aaj tak mujhe ilm e Imaam mey aesa koi bhi taweez yaa wazifa nahi'n mila jo be'gairati, be'hayayi aur behudiyat ko badha'ne ke liye istemaal kiya jaata ho aur naa hi aaj tak kisi ney mujh'se aesi wahiyaat cheez ki hi maang ki hai.

Mujhe toh hairani hoti hai jab aese be'deeni ki hadh tak badh chuke log, yazeed par lanat karte dikhte hai'n. Kyu'n bhai?, Yazeed par lanat kis liye kar rahe ho?, Usne toh aal e nabi ki ghar ki betiyo'n ko dushman jaan kar unke sar sey chadar khinch'wayi thi aur unhe be'chadar safar karne par majboor kiya tha. Tum apne hi ghar ki aurato'n ko biwi-bachcho'n ko be'chadar, be'parda ghuma'te ho toh yazeed par lanat kis liye karte ho?, Agar yazeed ka kusoor tha toh kya tum bhi usi raah par nahi'n chal pade?, Agar be'pardagi tumhari nazar mey koi gunaah hi nahi'n hai toh tum kabhi ahlebait Alaihis'salaam ki chadar chin'ne ka gham nahi samajh sakoge. Zainab salaamullah alaiha toh saani e zahra salaamullah alaiha hai'n, tum toh masoom Sakina ka dard tak naa samajh sake. Aap aaqa Hussain Alaihis'salaam ki choti beti choti si bachchi hai'n, aag lagne ki wajah sey jAli bhi hai'n, tamache khane ki wajah sey gaal zakhmi hai'n, kode pad'ne ki wajah sey peeth bhi zakhmi hai lekin aapko sab sey zyada dard kis baat ka hai?, Zakhm lagne ka yaa parda chin'ney ka?, Mere apno'n, labo'n sey ye kehna ki ham ahlebait Alaihis'salaam ke ghulaam hai'n, aasaan hai lekin unke dard ko aur taleem ko samjhna aur fir apne dil ki gehraiyo'n mey utaar'na bada mushkil hai. Hame sirf zubaa'n sey nahi balki apne amal sey bhi ahlebait Alaihis'salaam ka ghulaam nazar aana chahiye.

12. Aashoora ki wo khauf'naak shaam -

Aashoora ke din ki shaam, jab Hussain Alaihis'salaam ka sar kalam kar diya gaya tha, aapke badan ko pamaal kar diya gaya tha aur aapke mubarak jism par ghode dauda'ye jaa chuke the, tab yazeedi fauj khemo'n ki taraf badhi aur khemo'n mey aag lagane lagi. Ek khema jalta toh syedaniya'n, dusre kheme mey chAli jaati'n aur jab dusre kheme'n mey aag lagayi jaati toh aap teesre kheme mey chAli jaati'n. Jab aakhri kheme mey aag lagi toh Imaam Sajjad Alaihis'salaam ke hukm sey syedaniya'n jalte huye kheme sey bahar aa gyi'n. Hameed bin muslim kehte hai'n ki, "jalte khemo'n sey bahar aate waqt, syedaniya'n, wa Hussaina wa abasa'a ki sada'a buland kar rahi thi'n.

Tabhi meri nazar ek choti bachchi par padi jiske gaal par tamache ke nishaan the, jiske kaan sey baAli khinch'ney ki wajah sey khoon beh raha tha aur uske kapde mey aag lagi thi hala'nki usey aag ki koi fikr naa thi, wo toh bas seene par haath maar rahi thi aur keh rahi thi, haye mere baba! Kaha'n ho, haye mere chacha Abbas kaha'n ho?", Raawi aage kehte hai'n ki, "maine socha mai aag bujha du'n aur iss niyat sey mai uss bachchi ki taraf badha lekin uss ney mujhe rok diya aur peeche hatt gayi." Aur kehne lagi, "aye shakhs mai Fatima bint e Mohammad ki poti Sakina hu'n, gair'mard mujhe nahi chhu sakta." Hameed kehte hai'n ki, "maine kaha ki mai sirf aapka kurta pakad'kar aag bujhaunga." Sakina kehne lagi'n, "aye shakhs! Tu bada ham'dard maloom padta hai, mujhe najaf ka pata bata de." Maine pucha, " Najaf ka pata jaan'kar kya karogi?", Kehne lagi'n, "waha'n mere dada, mushkil'kusha e kayenaat, dafan hai'n, unke paas jaaungi aur kahungi ki aye dada! Aap sab ki madad ke liye aate hai'n, yateemo'n ki madad ke liye aate hai'n lekin aap ke Hussain ki yateema, tamache khati rahi, kode khati rahi, aap apni Sakina ki madad ke liye naa aaye."

Soch'kar dekhiye ki kitna khauf'naak manzar tha, sitam jaari tha lekin Hussain Alaihis'salaam ki beti, jo uss waqt kaafi choti si thi'n, unhe tak parde ka khayaal tha. Tarah-tarah sey ahlebait Alaihis'salaam par zulm kiye gaye, sitam dhaye gaye lekin afsos hai ummat par ki kuch logo'n ney toh shahadat e Hussain Alaihis'salaam aur karbala ka zikr tak aam karne ki koshish nahi'n ki aur kuch log Zubaa'n sey bas zikr karte rahe lekin karbala ke waqiye sey koi bhi seekh hasil naa kar sake, ahlebait Alaihis'salaam ki di gayi taleem ko apni zindagi mey naa utaar sake. Haye afsos, kya ham wakayi ahlebait Alaihis'salaam ke ghulaam ban sake?

13. Haq deen kaha'n-kaha'n dhund'te ho? -

Mai un musalmaano'n ki wajah sey bahaut takleef mey hu'n jinhone haq e ahlebait Alaihis'salaam ko hi naa samjha, usey aam karna toh dur ki baat hai lekin mai un musalmaano'n sey bhi naa'raaz hu'n, jinhone Ali Alaihis'salaam ki wilayat ka iqraar toh kiya lekin deen ko seekhne ki, samajhne ki koshish tak naa ki. YouTube, Facebook aur kayi sites par deen sunte aur padhte rahe lekin kitaabo'n sey duri bana kar rakhi. Paiso'n ke liye takreer karne waale mulla aur zakiro'n ki toh bahaut suna, unki jazbaati baato'n ko hi haq samajh baithe lekin kabhi ulemao'n ke saath baith'ney ki, un sey baat karne ki, un sey sawaal karne ki koshish tak naa ki.

Agar aapko wakayi ilm ki talab hai aur talaash hai toh maulviyo'n aur social sites ki duniya sey bahar nikal kar, ulemao'n aur kitaabo'n ki taraf aana hi padega. Quran, hadees, tareekh ko padh kar, samajhna hoga. Aayimma e ahlebait Alaihis'salaam ki fazilat aur unki taleem ko bayan karne waAli kitaabo'n ko padhna aur samjhna hoga. Yaad rakhiyega ki chaar kitaabe'n padh kar, bayan'bazi karne waale log aapko haq tak nahi pahuncha sakte.

Ek aur baat kehna chahunga ki yu'n toh aAlim sirf chaudah masoomeen hai'n, unke alawa ilm rakhne waale sirf tAlib e ilm hai lekin fir bhi hamare muashre mey zyada ilm rakhne waalo'n ko bhi bol chaal mey aAlim kaha jaata hai toh aAlim yaa tAlib e ilm mey uncha makaam rakhne waala, kisi khaas firke yaa maslak ka nahi'n hota balki wo toh islaam ka hota hai. Wo kisi firke ki kaid mey reh kar, kisi khaas jamaat ko khush karne ke liye takreer nahi'n karta balki wo bas haq bayan karta hai. Lihaza, agar aap wakayi, ilm ke tAlib hai'n toh aapko maslako'n ki kaid sey azaad ho kar, haq talaash'na hoga warna aap haq tak kabhi nahi pahunch sakenge.

14. Imaam Sajjad Alaihis'salaam ka kaneez sey nikaah -

Ab be'deeni ka aalam ye hai ki jab ham koi bhi kaam deen ke mutabik anjaam dete hai'n toh musalmaano'n ko hi ye lagne lagta hai ki ham deen ke khilaaf yaa shariyat ke khilaaf kaamo'n ko anjaam de rahe hai'n. Maslan ke taur par agar koi shakhs umr mey badi aurat sey nikaah kare toh logo'n ko galat lagta hai, agar koi shakhs kisi bewa sey nikaah kare toh bhi logo'n ko galat lagta hai, agar koi shakhs talaak'shuda aurat sey nikaah kar le toh logo'n ko galat lagne lagta hai. Theek aesa hi maamla hai azaa'daari aur maatam ke saath, nazr o niyaaz ke saath. Agar koi majlis karne lage toh ye bhi logo'n ko galat lagne lagta hai. Yaani ab deen sey duri itni badh chuki hai, logon ke dilo'n sey haqeeqi deen nikal chuka hai aur Takhleeqi deen iss tarah jade'n mazboot kar chuka hai ki ab agar koi haqeeqi deen par chalne ki koshish kare toh ye ummat usey hi galat samajhti hai.

Imaam Sajjad Alaihis'salaam ney apni ek kaneez ko aazaad kiya aur un sey nikaah kar liya. Jab ye nikaah hua toh ummat mey ek shor sa uth gaya, log tarah-tarah ki baate'n karne lage ki aal e nabi ho kar ek kaneez sey nikaah kar liya, apne khandaan aur gharane ka paas tak nahi rakha wagairah-wagairah. Ek sahab ney Imaam Alaihis'salaam ko khat likh kar apna dukh zahir kiya aur kaha ki aapne aal e Rasool ho kar, deen o shariyat sey hatt kar kaam kiya hai aur kaneez sey nikaah kar liya?, Imaam Sajjad Alaihis'salaam ney jawaab mey tehreer farmaya, "awwal baat toh ye hai ki ye deen o shariyat ke khilaaf kaam nahi'n aur deen o shariyat ke mutabik kiye kaamo'n mey darna kaisa?, Kya aapko nahi maloom ki Rasoolullah sallallahu alaihe wa aAlihi wasallam ney bewa aurato'n sey nikaah kiya hai?, Yaa aap ye bhool gaye hai ki Rasoolullah sallallahu alaihe wa aAlihi wasallam ney apne ghulaam ki talaak'shuda biwi sey nikaah kiya tha?, Kya aapne quran ki ye aayat naa padhi ki Imaam waAli kaneez aurat mushrikeen ke mukable mey behtar hai yaani allah ney bhi kaneez sey nikaah ki ijazat di hai, fir aap kis deen par hai'n ki aapko iss nikaah mey khami nazar aa rahi hai?

Mere apno'n! Yahan soch ney waAli baat toh ye hai ki jis ummat ney waris e ilm e nabi, haq baraah Imaamo'n par bhi sawaal uthaye ho'n, wo ummat aapko kaise chor sakti hai?, Toh jab bhi haq deen ko aam karne ki koshish karoge aap par tarah-tarah ke ilzaam lagaye jaayenge, aapko kadam kadam par galat saabit karne ki koshish ki jaayegi lekin fir bhi haq aam karte rahe'n. Imaam Sajjad Alaihis'salaam ka bhi ye hi dars hai ki haq par dat jaao aur zaAlim sey takra jaao, shariyat ke maamle mey kisi ki baat naa suno, agar log tumhara mazaaq uda'a rahe hai'n yaa galat keh rahe hai'n toh usey bhi bardasht kar lo, yaha'n tak ki agar tum par zulm bhi ho rahe ho'n toh unhe bhi bardasht kar lo lekin shariyat ke maamle mey koi dheel yaa narmi nahi honi chahiye.

Imaam Sajjad Alaihis'salaam ka kaul e mubarak hai ki, "khuda ke nazdeek bad'tareen shakhs wo hai, jo kisi Imaam ko aqeede ke lihaaz sey toh maane lekin amal sey unki pairvi naa kare." Aur iss baat mey bhi koi shak nahi ki jo khuda ke nazdeek bad'tareen hai, wo hi Rasoolullah sallallahu alaihe wa aAlihi wasallam aur Imaamo'n ke nazdeek bhi bad'tareen hoga aur seerat e aayimma Alaihis'salaam par chalne ke liye zaruri hai ki sab sey pehle ghar ki aurato'n ko deen ki taleem dilana hogi, iski bhi do wajah hai'n, pehli toh ye ki aurate'n agar be'deen ho'n toh shaitaan ka kaam aasaan karti hai'n, toh aurato'n ko deen sikhane sey sab sey pehli fatah toh ye hogi ki ham shaitaan ko rok sakenge jis sey deen aam karne mey aur amal mey lene mey aasaani hogi. Dusri baat ye bhi hai ki agar deen'daar ho toh mard ki nisbat, deen aam karne mey zyada aage nazar aati hai, be'shak mard ka kaam hai ki wo bahar nikle aur haq aam kare lekin aurat ghar mey rehte huye bhi yaha'n aage isliye hai kyu'n ki wo apni naslo'n ko haq deen deti hai jo agle daur mey bhi aam hota rehta hai.

Batil sey takra'ney ki himmat paida Karo, karbala sey seekh lo. Imaam Sajjad Alaihis'salaam, ibn e ziyaad aur yazeed paleed ki aankho'n mey aankh daal kar baat kar rahe hai'n, unhe naa qatl kiye jaane ka khauf hai aur naa hi zulm ka dar, unhe fikr hai toh bas deen o shariyat ko bachane ki aur zinda rakhne ki. Ham ney zubaano'n par toh zikr e karbala saja kar rakha hai lekin dilo'n sey paigham e karbala nikal'ta jaa raha hai. Ham har choti-badi baat ke liye darte hai'n, aesa naa kiya toh falaa'n kya kahenge, rishtedaar kya kahenge, padosi kya kahenge wagairah. Aayimma e ahlebait Alaihis'salaam ki taleem hai ki, "allah sey daro, ye wo khauf hai jo tumhe har khauf sey aazaad kar deta hai. Jo allah sey darta hai wo kisi aur shay sey nahi darta aur jisey allah ka khauf naa ho, wo har shay sey darta hai."

15. Imaam Sajjad Alaihis'salaam ki ibadat aur azaa'daari -

Imaam Sajjad Alaihis'salaam ke wisaal ke baad, log aapke khadimo'n aur kaneez ke paas gaye aur sawaal karne lage ki, "hame seerat e Imaam Sajjad Alaihis'salaam ke mutalliq kuch batao." Kaneez ney pucha, "tafseel sey batau'n yaa mukhtasar sa?", Logo'n ney kaha, "mukhtasar-mukhtasar sa bata do." Kehne lagi, "mai aaqa ki khidmat mey tees saal sey hu'n lekin naa kabhi maine unke liye din ka khana banaya hai aur naa hi raat mey bistar lagaya hai." Logo'n ney kaha, "ham samjhe nahi." Kehne lagi, "mai tees saal tak Imaam Alaihis'salaam ki khidmat mey rahi, din ke waqt aap roza rakha karte the, jin dino'n mey roza haraam hota hai un dino'n aap roza bhale hi naa rakhte the lekin din ke waqt aap khana bhi nahi khate the lihaza maine aap Imaam Alaihis'salaam ke liye kabhi din mey khana naa banaya. Raat ke waqt aap Alaihis'salaam ibadat mey mashgool rehte toh namaaze'n ada'a karte lihaza aapke liye kabhi bistar lagane ki naubat nahi aayi."

Imaam bakir Alaihis'salaam farmate hai'n ki, "hamare ghar ke peeche ek baagh tha jis mey khajoor ke paanch sau darakht the, mere baba har darkht ke neeche do rakaat namaaz ada'a karte the aur fajar ki namaaz padhne ke baad tak aapki itni himmat nahi'n bachti thi ki chal kar aa sake'n toh baithe-baithe hi bistar tak aa jaate."

Imaam Sajjad ko yu'n hi zainul aabideem nahi kaha jaata balki aap Alaihis'salaam ney aesi ibadat ki hai ki jis ki misaal mil paana mumkin nahi'n. Chahe beemari ka aalam ho, jalte huye kheme'n ho'n, ghar ka ghar lut'ne ka dard ho, ahlebait Alaihis'salaam ki chadar chin'ne ka gham ho, chahe naaqa ki pusht par ho'n yaa kayd'khaane mey, chahe bediyo'n aur tauk mey jakde huye safar e shaam mey ho'n, aap Imaam Alaihis'salaam ney kabhi bhi ibadat tark nahi'n ki aur hamesha apne rab ko sajde karte rahe.

Ab agar baat kare'n maatam aur azaa'daari ki toh Imaam Jaafar sadiq Alaihis'salaam farmate hai'n, "iss ummat mey itna koi nahi roya hoga jitna Fatima salaamullah alaiha aur Imaam Sajjad Alaihis'salaam roye hai'n. Madina waalo'n ko muharram ka mahina hone ka pata chaand dekh kar nahi'n balki Imaam Sajjad ke ghar sey aane waAli rone ki aawaazo'n ko sun kar lagta tha."

Imaam Alaihis'salaam jab guzarte toh kasayi apne-apne zibha kiye jaanwaro'n aur kachche gosht ko dhak dete the aur agar galti sey khula reh jaata toh Imaam Alaihis'salaam rone lag jaate aur puch'te ki kya zibha karne sey pehle isey daana-pani diya tha?, Kya khanjar ko tez kar liya tha, iss baat ka khayaal rakha tha yaa nahi'n ki koi aur jaanwar toh nahi'n dekh raha?, Jab jawaab mey kasayi kehta ki ji han Imaam Alaihis'salaam ham musalmaan hai'n, in saari baato'n ka dhayan rakhte hai'n. Imaam Alaihis'salaam karbala ki taraf rukh kar ke rone lag jaate aur farmaate, "as'salaam o alaika yaa aba abdillaah! Aye mere baba, musalmaan jaanwaro'n ko zibha karte waqt toh shariyat yaad rakhte hai'n lekin mere baba ko shaheed karte waqt kuch yaad naa rakh sake. Riwayato'n mey yaha'n tak aata hai ki jab-jab bhi aap Imaam Alaihis'salaam wuzu karte tab iss baat par rote ki maine toh pani sey wuzu kar liya lekin mere baba ko wuzu ke liye tak pani mayassar naa kiya gaya aur wo tayammum kar ke namaaz ada'a karte rahe.

Logo'n ney dekha ki Imaam Alaihis'salaam namaaz ada'a kar chuke aur baad namaaz, aap rone lage, logo'n ney pucha ki, "yaa Imaam, kya hua, aap rone kyu'n lag gaye?", Aap Imaam Alaihis'salaam farmane lage ki, "ye hi toh wo sajda hai ki jis sajde mey mere baba ke khushk gale par khanjar chalaya gaya tha." Haj ke dauran khana e kaaba ke saamne gaye toh gash kha kar be'hosh ho gaye aur jab hosh mey laaya gaya toh aap Alaihis'salaam ney farmaya, "ye hi toh wo kaaba hai ki jis ki izzat o taharat ko bachaye rakhne ke liye mere baba ney qurbani di hai." Hadh toh ye hai ki jab kabhi Imaam Alaihis'salaam pani ko dekhte toh be'intiha rote aur farmate, "haye, ye wo pani hai ki jis sey sabhi insaan, parinde, jaanwar, darinde toh pee sakte the lekin mere baba par haraam karaar kar diya gaya tha."

16. Bani israel ki barbaadi ki ek wajah -

Allah rabbul izzat ney quran e paak mey irshaad farmaya hai -

إِنَّ الدِّينَ عِنْدَ اللَّهِ الْإِسْلَامُ

   Sachcha deen, allah ke nazdeek sirf islaam hai.
(Surah aal e imraan ki aayat 19 ka hissa)

Islaam ki nigaah mey, bad'tareen majma wo hota hai ki jis mey parde ka khayaal naa rakha jaaye yaani wo parda jo shariyat ney hame diya hai, usey thuk'ra diya jaaye aur uski jagah be'pardagi aam kardi jaaye. Yaqeen maaniyega ki agar ummat sey sirf do cheez cheen li jaaye, ek toh parda aur dusra mehram-naa'mehram ki tameez, toh kaum ki barbaadi ke liye ye do cheezo'n ka chin'na bhi kaafi rahega. Jab dushman e islaam ney haqeeqi islaam ko nuqsaan pahuncha'na chaha toh aurato'n ke dil mey jadidiyat aur taleem ke naam par dheere-dheere aesi behuda aur wahiyaat baate'n daal di'n ki parda khud ba khud chhut'ta chala gaya. Islaam kabhi bhi aurato'n ki taleem ke khilaaf nahi'n raha lekin jadidiyat ke naam par jo ho raha hai, wo sara'sar galat hai. Zyada'tar aurate'n ab, gair-mardo'n sey baat karna, gairo'n ke beech uth'na-baith'na, hansi-thitho'li karna aur parda naa karna, inhe hi jadidiyat aur kaamyabi maan'kar baithi hai'n. Baar-baar aurato'n ke be'deen hone ka zikr isliye kar raha hu'n kyu'n ki aurate'n hi hai'n jo haq ko naslo'n mey aage badha sakti hai'n isliye badlaav laane ke liye sirf mardo'n ka haq ko samajh lena kaafi nahi'n hoga balki aurato'n ko bhi haq tak laana hamari hi zimmedaari hai.

Hadeeso'n mey saaf maujood hai ki iss ummat ke saath wo saare maamle pesh aayenge jo guzishta ummato'n ke saamne pesh aaye the. Hadeeso'n mey ye bhi aata hai ki jo bani israel mey hota tha wo hi ummat e mohammad mey bhi hoga. Rasoolullah sallallahu alaihe wa aalihi wasallam ney apni ummat ko bahaut daraya hai, samjhaya hai aur aagaah kiya hai taaki wo bani israel ki tarah galat raah par chalne sey bache'n. Musa Alaihis'salaam ke daur ka ek wakiya hai ki jab bani israel apne urooj par the, mulko'n par mulk fatah kiye jaa rahe the aur jab ye lash'kar, musa Alaihis'salaam ki qayadat mey shaam ki taraf chale toh logo'n mey dar paida ho gaya, log ye soch'ne lage ki hazrat musa Alaihis'salaam ka mukabla kis tarah kiya jaaye. Un gunaah'gaaro'n ke beech ek aabid rehta tha jiska naam bal'am bin baau'ra bataya jaata hai, kuch quran ki tafseero'n mey bataya gaya hai ki surah al-aaraaf mey iska zikr bina iska naam liye kiya gaya hai. Bahar'haal, ye shakhs bada hi aabid tha, iss ney khuda ki itni ibadat ki thi ki khuda ney iski zubaa'n mey itna asar rakh diya tha ki ye jo duae'n karta tha wo fauran qubool ki jaati thi'n.

Shaam ke kuch ameer log ghabra gaye aur kehne lage ki agar musa Alaihis'salaam ney yaha'n fatah hasil karli toh ham sab ko uski aur uske khuda ki pairvi qubool karna padegi aur shariyat par chalna padega, fir saare ikatthe ho kar aabid ke paas gaye aur kaha, "tumhe hamare liye dua karni padegi ki ham musa Alaihis'salaam ko hara sake'n aur fatah paa jaaye'n." Saath hi saath unhone aabid ko kuch paise dene ka lalach diya. Aabid kehne laga, "nahi, mai aesa hargiz nahi kar sakta kyu'n ki musa, allah ke nabi wa rasool hai'n, unke khilaaf dua karna sahi nahi hoga." Wo log wapis chale gaye aur aapas mey salaah-mashwara kar ke dobara wapis aaye kyu'n ki unhe maloom tha ki faqat ye hi shakhs hamari madad kar sakta hai, iss baar unhone apne saath sone ke sikko'n sey bhari huyi boriya'n bhi rakhi thi'n, sab ka sab aabid ke saamne rakh kar pucha, "ab kya khayaal hai?", Bahaut saara paisa saamne dekh kar uski nafs fisal gayi, imaan chala gaya, ab kaha'n ki nabuwat, kaha'n ki risalat, kaha'n ka musa ka ehtaraam, dil sey haq deen hi chala gaya toh kehne laga, "theek hai, mai dua karunga."

Aabid apne khachchar par sawaar hua aur pahaad ki choti ki taraf jaane laga, jis choti par chadh kar dua karta tha, kuch duri chal kar khachchar ruk gaya, aabid ney usey maar'na-peet'na shuru kar diya lekin wo tas sey mas naa hua. Jab aabid ney peetne ki intiha kar di toh allah ney kuch pal ke liye khachchar ko insaan ki tarah bolne ki yaa aabid ko uski boli samajh ne ki quwwat ata'a ki. Khachchar kehne laga, "aye bal'am! Allah ney tujhe itna buland makaam ata'a kiya hai aur teri zubaa'n mey asar bhi rakha hai, iss par allah ka shukr kar, apne imaan ko chand paiso'n ke liye mat bech aur allah ke rasool musa Alaihis'salaam ke liye bad'dua karne ka irada chor de warna nuqsaan uthayega." Lekin aabid nahi'n maana, yaha'n tak paidal chal kar hi choti par pahuncha aur musa Alaihis'salaam ke liye bad'dua karne laga, tab usey ilhaam hua ki tune allah ke numayinde ke liye bad'dua karne ki jurrat ki hai iss wajah sey teri tamaam ibadate'n fizool hui aur ab teri koi dua qubool nahi'n ki jaayegi. Fir wo wapis aa gaya aur un sabko saara maajra suna diya lekin wo paiso'n ki chamak dekh chuka tha aur paiso'n ko wapis jaate dekh'na usey gawara naa tha. Kehne laga, "dua toh qubool nahi'n hogi lekin ek raasta ab bhi baqi hai, agar iss tareeke par amal kar loge toh tumhara maqsad pura ho jaayega kyu'n ki jis bhi ummat mey ye tareeqa raha hai wo tabaah o barbaad zarur huyi hai." Logo'n ney pucha, "wo kya tareeqa hai?", Kehne laga, "tum musa Alaihis'salaam ke lash'kar ke peeche kuch be'parda aurato'n ko bhej do agar wo waha'n jaa kar fasaad faila saki'n aur logo'n ney unhe apne liya yaani kisi ney be'pardagi ki wajah sey unhe kuch naa kaha balki qubool kar liya toh bina kisi badi saazish ke tum aasaani sey lash'kar e musa ko tabaah kar loge, iss tareeqe par amal ke baad, lash'kar e musa ka tabah wa barbaad ho jaana yaqeeni hai.

Un logo'n ney kuch be'parda aurato'n ko lashkar e musa Alaihis'salaam ke peeche bazaaro'n mey bheja aur bani israel mey unhe apna liya, be'pardagi aur fahsha ka imaan par asar zarur padta hai lihaza dheere-dheere, bani israel ki aurato'n ney bhi parda chor diya. Ab jo lashkar fatah par fatah paata tha, wo shikast par shikast khane laga jo bulandiyo'n par pahunch chuka tha wo, neeche aane lagaa, jo badi-badi hukumato'n ko hara dete the, wo khud peeche hatne lage. Musa Alaihis'salaam ney apne ek khaas ko hukm diya aur wo lashkar mey aaya aur usne be'parda aurato'n ke saamne do raaste rakhe ki yaa toh parde'daar ho kar hamare gharo'n mey aa jao yaa yaha'n sey dur ho jao warna qatl kar di jaogi. nek aurate'n, tauba kar ke, lash'kar mey aa gayi'n aur baaqi bhaag gayi'n yaa qatl kar di gayi'n. Fir ye lash'kar aage badha aur saare mulk e shaam par hukumat qayam kar li, jab fatah ho jaane ki baat, hazrat musa Alaihis'salaam ko pata chali toh farmane lage, "be'shak jis kaum mey be'pardagi aam ho jaaye uska tabaah wa barbaad ho jaana yaqeeni hai. Jo kaum parde ko chor deti hai, khuda uss kaum sey apni rehmat bhi utha leta hai.

Aapne ye hadees suni hogi ki jis ghar mey be'parda aurat ho, uss ghar mey farishte nahi aate. Saath hi saath aapne ye hadees bhi suni hogi ki jis ghar mey kutta ho, uss ghar mey farishte nahi aate. Ab aap khud, in dono'n hadeeso'n ki raushni mey soch kar dekhe'n, allah ke farishto'n ko jitni najasat aur gandagi kutte mey nazar aati hai be'parda aurat mey bhi nazar aati hai. Agar ab bhi ham ney muashre ko naa sudhara toh yaqeen maan na ki wo hi saza hame'n milegi jaisi ki bani israel ko mili thi.

Hamari kaum mey kuch khatoon itni bahadur, itni jadeed, itni nidar aur be'baak paida ho chuki hai'n, jinke liye naa khuda ka quran mayine rakhta hai aur naa hi mohammad o aal e mohammad ka hukm hi mayine rakhta hai. Rasoolullah sallallahu alaihe wa aalihi wasallam ko iss baat ki khabar thi ki meri ummat mey aesi aurat paida hongi, jin mey naa khuda ka khauf hoga aur naa hi itaa'at ka jazba hi hoga isliye aap sallallahu alaihe wa aalihi wasallam ney farmaya ki, "meri ummat bani israel sey aese mushahibat rakhegi jaise ki do teer aapas mey rakhte hai'n." Zarurat hai jald sey jald iss bigaad ko dur karne ki aur logo'n ko haq ki taraf laane ki.

17. Teen sifat -

Teen sifat aesi hai'n jo mard mey aaye'n toh imaan ban jaati hai'n aur aurat mey aaye'n toh kufr ban jaati hai'n yaani mard ke liye sifat sahi hai lekin aurat ke liye galat. Wo teeno'n sifat ghairat, sakhawat aur husn e khulq hai'n. Pehle baat karte hai'n ghairat ki toh aadmi mey agar ghairat ho ki meri biwi par ghairo'n ki nazar naa pade, meri biwi ko dusro'n ke yaha'n kaam naa karna pade wagairah, toh ye uske imaan mey izafa karenge, iske ulat agar aurat ye ghairat mehsoos karne lage ki mera shauhar sirf ghar hi dekhe dusro'n ke kaam naa aaye yaa dusro'n ke yaha'n kaam naa kare yaa dusra nikaah naa kare wagairah toh ye soch, halakat ka bayis hogi. Fir baat kare'n sakhawat ki toh aadmi chu'n ki ghar ka mukhiya hai aur paise kamana uss par farz hai toh ghar walo'n ki zarurat puri karne ke baad wo bache paiso'n sey logo'n ki madad kare toh uske liye ye amal imaan mey izaafe ki wajah banega, iske ulat, aurat agar mard ke kamaye paiso'n ko idhar-udhar madad ke naam par bina shauhar ki ijazat ke dene lagegi toh jald hi wo ghar ko tabahi ki aur le jaayegi. Aakhri mey baat kare'n, husn e khulq ki toh ye bhi mard ke liye imaan mey izaafe ka bayis hai'n.

Husn e khulq yaani achcha akhlaaq waala wo aadmi kehlayega jab duniya ke saath-saath, aapke apne ghar'waale bhi aapke akhlaaq ki tareef kare'n. Duniya mey aese bahaut log hai'n ki jin ke dost, padosi aur bahar'waale toh unke akhlaaq ki tareef karte hai'n lekin ghar'waale, biwi aur bachche un sey naa'raaz rehte hai'n. Rasoolullah sallallahu alaihe wa aalihi wasallam ki hadees hai ki tum mey sey behtar wo hai jo ghar'walo'n ke saath sab sey behtar ho. Paigham'bar e islaam hazrat mohammad sallallahu alaihe wa aalihi wasallam ney jab ye farmaya ki mai tum sab sey zyada behtar hu'n tab bhi aapne ye baat kahi ki mai tum sab sey zyada behtar hu'n kyu'n ki mai, apne ghar'walo'n ke saath tum sab ke mukable mey zyada behtar hu'n.

Jo shakhs be'wajah biwi ko takleef deta ho, maar peet karta ho, gaali bakta ho aur uske maa-baap par tanz kasta ho toh aese shakhs ke khilaaf khud rasoolullah khuda ke saamne uss aurat ki wakalat karenge aur aese mard ko saza dilwayenge. hala'nki iska matlab ye nahi ki aurat be'pardagi aam kare yaa be'deen rahe tab bhi usey samjhana yaa daant'na nahi chahiye. Rasoolullah sallallahu alaihe wa aalihi wasallam ney apni biwiyo'n mey sey kisi ko naa kabhi maara aur naa kabhi talaak diya, saath hi saath wo apni biwiyo'n ko haq bhi samjha'te rahe aur duniya o aakhirat mey unke liye kaamyabi ki raah bhi bat'laate rahe, be'shak, mohammad o aal e mohammad ke raaste mey hi kaamyaabi hai.

Ham baat kar rahe the husn e khulq ki toh aurat, aurato'n sey achche akhlaaq sey pesh aaye toh bahaut achchi baat hai. Ghar'walo'n aur shauhar sey, bachcho'n sey khush'akhlaaqi ke saath pesh aaye toh bahaut achchi baat hai lekin jis husn e akhlaaq ko aurat par haraam bataya gaya wo ye hai ki agar ghar mey shauhar ki gair'maujoodgi mey koi ghair'mard darwaze par dastak de toh us sey narm lehze mey baat nahi karna chahiye balki sakht lehze mey baat karna chahiye taaki agar uske dil mey koi marz hai toh wo khatm ho jaaye. Aurat ko chahiye ki wo ghair'mardo'n ke saamne achche akhlaaq yaa narm rawaiya apna'ne sey bache.

Ek sahaba radi'allah ka wakiya milta hai, jis mey jyo'n ka tyo'n tafseer sey nahi likh raha balki mukhtasar sa bayaan kar deta hu'n. Kuch logo'n ko iski sanad par aitraaz bhi hai aur kuch ke nazdeek ye wakiya sahi hai hala'nki is sey seekh bahaut achchi milti hai. Ek sahaba radi'allah the, jo aashiq e ahlebait Alaihis'salaam bhi the aur dar e ahlebait Alaihis'salaam ke ghulaam bhi, rasoolullah sallallahu alaihe wa aalihi wasallam ney unke mutalliq ye tak farmaya tha ki mera ye sahaba, hashr ke roz, hazaaro'n logo'n ki maghfirat karwayega. Inke baare mey ye bhi padha ki jab inka wisaal hua toh khud rasoolullah sallallahu alaihe wa aalihi wasallam ney inhe'n kandha diya aur namaaz e janaza padhayi, sattar hazaar farishte bhi unke janaze mey shamil huye. Jab ye kabr mey utaar diye gaye aur rasoolullah sallallahu alaihe wa aalihi wasallam wapis chale gaye toh logo'n ney rasoolullah sallallahu alaihe wa aalihi wasallam sey sawaal kiya ki inka kabr mey kya maamla bana toh aaqa sallallahu alaihe wa aalihi wasallam ney farmaya ki ye, duniya mey bahaut nek tha aur isey wo saare in'aam milenge jinka zikr maine kiya hai lekin iski kabr tang kar di gayi hai kyun ki ye apni biwi ke saath bad'akhlaaqi sey pesh aata tha.

Toh aadmi ko toh zaruri hai ki ghar ke andar aur bahar dono'n jagah khush'akhlaaqi ke saath rahe lekin aurat sey ye kaha gaya hai ki naa'mehram sey be'rukhi sey pesh aaye, sakht lehze'n mey baat kare. Ab soch'ne waali baat ye hai ki jo islaam aurat ko naa'mehram sey narmi ke saath baat karne ki bhi ijaazat nahi deta, wo be'pardagi ke saath, bazaaro'n mey ghoom'ne ki aur ghair'mardo'n ke saath hansi-thitho'li ki ijaazat kaise de sakta hai?

Aurat aur mard mey allah ney farq nahi'n rakha lekin kisi jagah aurat ko kuch sahulat di'n hai'n toh kisi jagah mard ko. Kuch zimmedaariya'n mard par daali hai'n toh kuch zimmedaariya'n aurat par daali hai'n. Zarurat hai apni-apni zimmedaari nibhane ki aur ek dusre ke liye raah aasaan karne ki. Allah ta'alaa ham sab ko kehne sunne sey zyada amal karne waala banaye.

18. Naa'mehram aurat ko chuna -

Ek wakiya hai, jo kaafi bada hai lekin, mai apne alfaaz mey mukhtasar taur par bayaan kar raha hu'n taaki uske mafhoom sey seekh hasil ki jaa sake. Ek sahabi the jo hazrat ali Alaihis'salaam ke wafa'daar the aur Imaamat o wilayat par bhi imaan rakhte the, ek dafa maula ali Alaihis'salaam ki khidmat mey hazir huye aur salaam arz kiya, hazrat ali Alaihis'salaam ney jawaab diya lekin muh fer liya. Wo sahabi radi'allah, dusri taraf gaye lekin hazrat ali Alaihis'salaam ney dobara muh fer liya. Wo sahabi ghabra gaye, gham'geen ho gaye aur farmane lage, "yaa maula! Mai aap Alaihis'salaam ke deedaar ki talab le kar aaya hu'n aur aap mujh sey naa'raaz lag rahe hai'n. Yaa maula! Batayiye meri khata kya hai?", Maula ali Alaihis'salaam ney farmaya, "tu naajis ho chuka hai aur aesi najasat, ham ahlebait Alaihis'salaam sey bardasht nahi'n hoti." Sahabi kehne lage, "mere maula! Mai ghar sey gusl kar ke nikla tha, jism ko paak saaf kiya tha, yaha'n tak kapde bhi paak wa saaf hi pehne hai'n, fir kaisi najasat?"

Maula ali Alaihis'salaam ney farmaya, " ye bata ki jab tu ghar sey nikla aur raaste mey tha, toh tune ek aurat sey haath milaya tha yaa nahi?, Tu uske saath chala tha yaa nahi?", Wo sahabi kehne lage, "wo aurat meri chachi(chaachi) thi, mere walid ka intkaal mere bachpan mey hi ho gaya tha tab sey le kar mai jawaan hone tak unhi ke ghar mey reh kar pala bada hu'n, isliye maine chachi ko dekha toh un sey haath milaya aur unke saath chalne laga." Maula ali Alaihis'salaam ney farmaya, "chaachi thi toh kya hua, thi toh naa'mehram hi. Tune ye kaise samajh liya ki aal e mohammad, apne aese maan'ne waale ko bardasht kaise karenge jo kisi naa'mehram ko chuta hai?, Jab koi shakhs, naa'mehram ko chuta hai toh hame aesi takleef hoti hai jaise kisi ney hamare sar par talwaar maari ho, tumhare aese takleef pahunchane par, ham ahlebait tum sey kaise khush rahenge?"

Mujhe ek baat samajh nahi aati ki hamare muashre mey, naa'mehram sey muraad sirf ajnabi aurat kyu'n liya jaata hai?, Kya hamari jaan pehchaan waali gair aurate'n, naa'mehram nahi'n?, Kya hamare rishtedaaro'n mey aane waali wo aurate'n, jinhe quran aur hadees mey hamare liye naa'mehram wa gair bata diya hai, wo naa'mehram nahi'n?, Ye hi farq hai haqeeqi islaam aur Takhleeqi islaam mey.

Chahe baat muharram ke juloos ki ho yaa shadiyo'n ki yaa kisi bhi program ki, aesa nahi'n hai ki taaziye, alam, ke saamne aakar, mehram-naa'mehram ka koi farq nahi'n bachta yaa aesa bhi nahi'n hai aam dino'n mey shariyat ke hukm aur hote hai'n aur shadi-biyaah ke mauke par ye hukm badal jaate hai'n. Kayi baar toh dekhta hu'n ki shadiyo'n yaa julooso'n mey yaa kisi program mey khana khane ki liye logo'n ki itni bheed hoti hai ki mard aur aurat chalte firte huye jaane-an'jaane mey aapas mey mas hote rehte hai'n toh kayi baar ye bhi dekhne mey aata hai ki tabarruk baant'ne ke liye ladko'n ko hi mardo'n ke saath-saath, aurato'n ke darmiyaan bhi bheja jaata hai aur haatho'n sey haath mas hote rehte hai'n.

Sab sey zyada afsos toh tab hota hai jab hamari kaum ke ek bade tabke ko, jadidiyat, taleem aur zamane ke saath ham'kadam ho kar chalne ke naam par ye jahalat, be'pardagi aur fahsha aam karte huye dekhta hu'n. Chahe mard ho yaa aurat, mai kabhi kisi ki taleem ke khilaaf nahi'n raha balki ilm toh itna gehra samundar hai ki agar insaan, hosh sambhaal'ne sey le kar marte dam tak bhi seekh'ta rahe toh kam hi rahega lekin afsos hai ki log shariyat ko chor kar duniya ki talaash mey nikalte hai'n. Logo'n ke paas duniyawi ilm hasil karne ke liye toh paisa bhi hai aur waqt bhi lekin deeni taleem seekh'ne ke naam par din bhar mey chand lamhe nikaal'na bhi naa'mumkin lagta hai. Hamari kaum, quran o ahlebait Alaihis'salaam ko chor kar pata nahi'n kitna nuqsaan utha chuki hai aur agar ab bhi nahi'n samjhi toh allah hi jaane ki aage aur kitne nuqsaan uthayegi. Mere apno'n! Allah sey daro aur insaano'n ke banaye Takhleeqi islaam ko chor'kar haqeeqi islaam ki taraf lauto, wo deen jo khuda ney tumhe diya hai.

19. *Maksad e Imaam Hussain Alaihis'salaam -*

Jab ham karbala ki tareeq par gaur karte hai'n toh maloom hota hai ki hamare Imaam Alaihis'salaam ney haq deen yaani islaam ko bachane ke liye apni aur apne ghar'baar ki qurbani de di. Ye haq deen kya hai?, Haq deen yaani sahi aqeede, sahi imaan, namaaz, roze, zakaat, haj, jihaad. Haq deen yaani parda karna, mehram-naa'mehram ka farq samajh'na, haq aur baatil ka farq samajh'na, sahi aur galat ka farq samajh'na, halaal aur haraam ka farq samajh'na. Galat, gunaah aur badi ki raah sey bachna, sahi, neki aur haq ki raah par chalne ki koshish karna, baatil sey takrana aur mazloom ka saath dena, achcha akhlaaq rakhna,ek dusre ki madad karna wagairah. Aaj bahaut saare bhai-behan aese bhi hai'n jo ye toh yaad rakhte hai'n ki Imaam Hussain Alaihis'salaam ney karbala mey haq deen islaam ke liye kurbani di lekin maqsad e Hussain Alaihis'salaam sey khud bhi dur rahe'n.

Kabhi fursat ke lamho'n mey baith kar sochiyega ki Hussain Alaihis'salaam haqeeqi deen islaam ko bachane ke liye karbala mey zulm sahe, jihaad kiye, apna sab kuch lutaya aur aakhir mey khud bhi kurbaan ho gaye, wahi'n saamne ki taraf khadi yazeedi fauj, musalmaan nahi'n thi?, Kya wo namaaz nahi'n padhte the?, Kya wo kalma nahi'n padhte the?,

Be'shak, uss fauj ke lag'bhag sabhi log khud ko musalmaan batate the, apne deen ko islaam batate the. Yaha'n tak koi rasoolullah ke daur mey kalma padha hua shakhs tha toh koi tabayeen ke daur ka musalmaan tha lekin wo haq deen par nahi'n the balki Takhleeqi deen par the. Kabhi iss par sochta hu'n toh ajeeb si ghabra'hat mehsoos hoti hai ki yazeediyo'n ney hazrat Hussain Alaihis'salaam aur maksad e Hussain Alaihis'salaam yani haqeeqi islaam ko mitane ki koshish ki aur be'shak wo bahaut bade gunaah'gaar hai'n lekin ham bhi toh haqeeqi deen ko chor kar Takhleeqi deen ki pairvi mey lage hai'n, kahi'n na kahi'n hi sahi, ham bhi toh hazrat Hussain Alaihis'salaam ke maksad ke khilaaf kaam kar rahe hai'n aur jaane-anjaane mey hi sahi, yazeediyat ko faida pahuncha rahe hai'n.

Ek baat aur kahunga ki yu'n toh har jagah hi gunaah sey bachna chahiye lekin muashre ko ek din mey nahi badla yaa sudhara jaa sakta, iss mey badi mehnat bhi lagti hai aur waqt bhi toh ham dheere-dheere hi sahi, ek behtar insaan aur allah waala musalmaan banne ki koshish kare'n. Shuruat yahan sey ki jaaye ki kam sey kam, ham muharram yaa juloos yaa azaa'daari yaa majlis o takreer wagairah mey haqeeqi islaam par chalna shuru kare'n. Koi ye matlab naa nikaale ki mai gham e Hussain Alaihis'salaam ka mukhalif hu'n balki mai toh iss gham ko aam karne ko bada behtar kaam samajhta hu'n lekin shariyat ke dayere kahi'n bhi, bhool'na nahi'n chahiye, yaha'n par haq deen par chalna zyada zaruri hai. Maslan ke taur par sharaab peena bada gunaah hai lekin agar masjid mey baith kar sharaab pee jaaye toh ye gunaah aur bhi badh jaata hai baa'nisbat khud ke ghar mey sharaab peene ke. Aur kaaba ke saamne baith kar sharab peena aur bhi badh kar gunaah hoga baa'nisbat masjid mey baith kar sharaab peene ke. Theek aese hi yu'n toh dheere-dheere, har jagah sey Takhleeqi islaam ko nikaal'na hoga aur haqeeqi islaam ko basana hoga lekin shuruat mey kam sey kam deen sey jude kaamo'n mey hi sahi, haq deen aur shariyat ka khayaal rakha jaana chahiye.

20. *Shimr kaun sey islaam par tha?* -

Daawa toh shimr layeen ka bhi yehi tha ki wo deen e islaam ka pairo'kaar hai, imaan waala hai, musalmaan hai. Fir ye kaun sa islaam tha ki jis mey rasoolullah ke ghar'walo'n ka qatl karna jayaz tha?, Jis mey laasho'n ki be'hurmati Karna jaayaz tha?, Jis mey cheh maah ke masoom bachche ko maar'na jayaz tha?, Ye kaun sa islaam tha ki jis mey musalmaan, baatil ki baiyat kar raha tha?, Ye kaun sey musalman the ki jo chaar saal ki bachchi par, chaar saal ke bachche par zulm dhane sey baaz nahi'n aa rahe the?, Ye kaun sey musalman the ki jinke nazdeek, aurato'n sey unki chadar cheen'na jayaz tha?, Khemo'n mey aag lagana, kode barsana, bure alfaaz bolna, pani band karna ye kaun sa islaam tha aur ye kaun sey musalman the?

Jab Imaam Hussain Alaihis'salaam ki shahadat ho chuki thi, kheme jal chuke the, ahle haram, ahlebait Alaihis'salaam ko kaidi banaya jaa chuka tha aur karbala sey shaam ka safar shru ho gaya tha. Baaz riwayato'n mey hai ki ahlebait Alaihis'salaam ko pure raaste paidal chalaya gaya toh baaz riwayat mey aata hai ki jab karbala sey nikle toh ahlebait Alaihis'salaam ko oonto'n par sawaar kiya gaya. Unhe raahat pahuncha ney nahi'n balki un par zulm dhaane aur alag-alag karne ki niyat sey. Imaam sajjad aur unke bete bakir Alaihis'salaam ko hath'kadi, tauk aur rassiyo'n mey jakad kar paidal chalaya gaya aur bibiyo'n ko alag-alag oont par bithaya gaya, oont ke upar baith'ney ke liye kuch nahi rakha gaya tha balki sab ko oonth ki sakht peeth par baithaya gaya, hadh ye ki bibi sakina ko alag oonth par baithaya gaya aur oonto'n ko tez dauda'ya gaya, jis wajah sey bibi sakina kayi baar zameen par giri'n. Ye dekh kar shimr ney kaha ki ab mai intazaam kar deta hu'n ki ye naa gire aur bibi sakina ko oont ki peeth par lita'kar, rassiyo'n sey baandh diya aur fir oont ko tez daud'waya gaya.

Jab agle makaam par pahunche toh bibi zainab salaamullah alaiha ney dekha ki sakina ka jism chil chuka tha aur kurti, khoon sey laal ho chuki thi. Sakina bint e Hussain salaamullah alaiha ney shimr ko pani peete dekha toh kaha ki, "tumhare paas itne saare mashkize hai'n thoda saa paani mujhe bhi de do." Chahta toh shimr keh deta ki mai tumhe pani nahi'n dunga yaa ye paani tumhare liye nahi'n hai lekin shimr ney unhe paas bulaya aur mashkiza lekar chal pada, sakina bhi chalne lagi'n, fir shimr ney ek-ek kar ke saare sipaahiyo'n ko paani pilaya, fir jaanwaro'n ko bhi paani pilaya. Sakina ney pucha, "haath mey paani dega yaa mai koi bartan laau'n?", Sun kar shimr hansa aur pani ko zameen par bahana shuru kar diya. Sakina royi'n aur umr bhi unki 4 saal ke kareeb thi yaani bahaut choti aur masoom thi'n lekin fir bhi sabr kar liya aur apne wisaal tak iss kadar sabr kar ke dikhaya ki duniya aaj tak hairaan hai. Kabhi waqt nikaal'kar sochna ki siffeen ho yaa karbala, musalmaano'n ke darmiyaan huyi har jung mey dono'n faujo'n ka daawa ye rehta tha ki mai haq par hu'n, deen par hu'n lekin hala'nki ek fauj, haqeeqi islaam par hoti thi aur dusri fauj Takhleeqi islaam par. Haqeeqi islaam par chalne waala musalmaan hai jabki Takhleeqi islaam par chalne waala, munafiq hai, chahe wo apne aapko musalmaan kahe aur kehal'waaye yaa momin hi kyu'n naa kehne lage aur yaad rakhe'n munafiq, kaafir sey bhi bad'tar hota hai.

◁◁◁

TWO
DUSRA BAAB

21. Maula ali Alaihis'salaam ka fauran jawaab dena -

Allah ney jisey duniya mey ilm aam karne ke liye khud chuna ho aur allah ke nabi ney jisey shahar e ilm ka darwaza kaha ho, uss ali ke dar ko chor kar ye duniya aur tamaam ummat, dar-dar bhatakti rahi aur aaj bhi laa'ilmi ki giraft mey hai. Maine kuch saal pehle, do firko'n ko aapas mey iss baat par ladte huye dekha tha ki kauwa(crow) khana kaisa hai?, Ek firke ke maan'ney waale ka kehna tha ki halaal hai toh dusra usey haraam bata raha tha aur mai ye soch kar pareshaan ho gaya ki quran o ahlebait Alaihis'salaam ko chorne ke bayis ye ummat, jahalat ki uss hadh tak pahunch gayi hai ki iske liye ye bhi bahas ka bada masla hai ki kauwa(crow) khana halaal hai yaa haraam.

Hamare Imaamo'n ko deen o duniya, vigyaan, ganit, khagol, bhautiki, rasaayan, bhugol, falsafa aur lag'bhag har cheez aur har vishay ke mutalliq itna ilm tha jitna ham soch bhi nahi sakte the. Maslan ke taur par jaabir ibn e hayyaan ko hi dekh le'n, jinhe qadeem keemiya ka baba yaani pracheen rasaayan shaastr ka pita(Father of ancient chemistry) kaha jaata hai, wo khud, Imaam jaafar sadiq Alaihis'salaam ke shagird rahe hai'n. Aap agar maula ali Alaihis'salaam sey lekar Imaam hasan askari Alaihis'salaam tak ke sikhaye ilm ko dekhe'n aur samjhe'n toh akle'n hairaan reh jaayengi aur Imaam e qayam bhi isi haqeeqi ilm ke waris hai'n.

"""

Ek wakiya zahen mey aa raha hai, Jo maula ali Alaihis'salaam ke ilm ki bulandi ko samjhne ke liye kaafi hai, saath hi saath iss wakiye sey ye bhi seekh milti hai ki aakhir kyu'n logo'n ko idhar-udhar naa bhatak'kar, baab ul ilm ke zariye hi shahar e ilm mey dakhil hona chahiye. Ek shakhs, maula ali Alaihis'salaam ki khidmat mey hazir ho kar kehne laga, "maula! Aap sey koi sawaal karta hai toh aap fauran jawaab kyu'n dete hai'n?, Behtar ye hai ki aapko dil hi dil mey pehle jawaab dohra lena chahiye aur uss par soch wa fikr kar lena chahiye kyu'n ki koi Kitna hi bada aalim kyu'n naa ho, Kitna hi maahir kyu'n naa ho lekin galti aur chook toh uss sey bhi ho sakti hai." Maula ali Alaihis'salaam muskuraye aur uss sey pucha, "tere ek haath mey kitni ungliya'n hai'n?", Uss shakhs ney fauran jawaab diya, "paanch", maula ali Alaihis'salaam ney pucha, "tumne fauran kyu'n jawaab de diya, iss par socha nahi'n?", Kehne laga, "maula, haath aur ungliya'n toh mere saamne hai'n aur mujhe iss baare mey yaqeeni ilm hai aur iske jawaab mey koi shak ki gunjaish nahi'n isliye fauran jawaab de diya." Maula Alaihis'salaam ney farmaya, "allah ki ata'a sey, har shay mere saamne theek waise hi hazir hai aur nazar aa rahi hai, jaise tere saamne tera haath aur ungliya'n hai'n. Mujhe allah ki ata'a sey unn saare sawaalo'n ke jawaab pata hota hai'n jo log mujh sey puch'te hai'n aur un mey shak ki koi gunjaish nahi'n hoti isliye fauran jawaab de deta hu'n.

Afsos ki logo'n ney duniya hasil karne ke liye deen ko seekh'na, samajh'na hi chor diya aur kuch log jo thoda bahaut deen ki taraf jhukaav rakhte hai'n wo bhi Takhleeqi islaam hi seekh rahe hai'n aur haqeeqi islaam sey dur hai'n. Wajah sirf itni ki rasoolullah sallallahu alaihe wa aalihi wasallam ney jo do kadr waali cheeze'n hamare darmiyaan chori thi'n aur unhey thaam'ne ka hukm diya tha, iss ummat ney un dono'n ko hi chor rakha hai yaani quran e paak aur ahlebait Alaihis'salaam ko. Allah ham sab ko haq par chalne waala banaye.

22. Wo jawaab jis ney, science'daano'n ko hairaan kar diya
-

Bade-bade akhbaaro'n mey, magzine mey, ilm sey judi baate'n, khoj, research wagairah chaapi jaati hai'n. Research paper, research journal bhi publish kiye jaate hai'n, aaj kal kayi online sites bhi hai jo science sey judi research yaa theory wagairah publish karti hai'n. Publish karne waali aur research ko pura karne waali ek team hoti hai jis mey uss fann yaa ilm ke mahireen log hote hai'n. Log un sey, unke research sey mutalliq sawaal bhi karte hai'n, jiska jawaab bhi wo researcher dete hai'n.

Pakshi-vigyaan (ornithology), ye jeev-vigyaan (zoology) ki ek shakha (branch yaa stream) hai, jis mey parindo'n ke baare mey padha aur samjha jaata hai. Maine ye buzurgo'n sey suna hai ki takreeban 20-30 saal pehle, parindo'n aur uske bachcho'n ke upar kisi ka research paper chapa tha, jis mey likh ney waale science'daan ney kuch baato'n ke saath sawaal bhi kiya tha aur logo'n sey guzarish ki thi ki agar kisi ko iss baare mey ilm ho toh wo fala'n pate par khat likh kar zarur bataye, saath hi ye bhi bataya tha ki uski team ke tamaam researcher, bahaut khoj'been karne ke bawajud bhi jawaab nahi dhund sake.

Kayi logo'n ney wo research paper padha, uski ilmi tehreer ko samjha aur tareef bhi ki lekin kisi ney uske sawaal ka jawaab nahi diya. Kayi dino'n ke baad uss science'daan ko ek khat mila, uss ney padha aur padh kar hairaan reh gaya, fir jawaab ke mutabik uss ney, parindo'n par apni tehkeek jaari rakhi aur iss natije par pahuncha ki jawaab sahi hai. Wo science ka ilm rakhne waala insaan, khud hi khat likhne waale ko dhund'te huye pahuncha aur dekh kar hairaan reh gaya kyu'n ki wo shakhs uske tasavvur kiye shakhs sey alag tha. Science'daan ko ummeed thi ki koi bada researcher hoga lekin wo toh ek aam aadmi nikla. Bahar'haal dono'n mey baat'cheet shuru huyi toh khat likhne waale shakhs ney kaha, "mai zyada padha-likha shakhs nahi'n hu'n lekin kahi'n maine aapka sawaal padha tha aur maine koi zaati taur par tehkeek nahi'n ki lekin maine Imaam Alaihis'salaam ke khutbo'n ki ek kitaab mey ye hi sawaal pehle padha tha jo Imaam ali Alaihis'salaam ke daur ke kisi shakhs ney un sey kiya tha aur Imaam Alaihis'salaam ney uska jawaab diya tha, maine bas jyo'n ka tyo'n likh kar aapko bhej diya." Toh mere apno'n, aayimma e ahlebait Alaihis'salaam ko ilm ka waris uss khuda ney banaya hai jo khaliq e akbar hai, zaahir si baat hai ki allah ke banaye huye waris e ilm ka mukabla, duniya ki koi makhlooq nahi'n kar sakti. Ornithology ke researcher ke sawaal sey juda waqiya, maula ali Alaihis'salaam ke daur mey milta hai, toh mai wo hi wakiya likh raha hu'n.

Ek shakhs ney maula ali Alaihis'salaam sey sawaal kiya, "yaa maula! Kaun sey jaanwar, bachche dete hai'n aur kaun sey jaanwar ande dete hai'n?", Maula ali Alaihis'salaam ney farmaya, "jo apne bachcho'n ko daana khilate hai'n, wo ande dete hai'n aur jo apne bachcho'n ko doodh pilaate hai'n, wo bachche dete hai'n. Jaa ek saal jaa kar tehkeek kar fir mujhe aa kar batana." Wo shakhs chala gaya aur ek saal baad lauta, izzat dene ki bayis us ney salaam kiya aur maula ke saamne jhuk kar arz karne laga, "yaa maula! Maine ek saal tak tehkeek ki aur aapki baat ko har lihaaz sey sahi paaya." Maula ali Alaihis'salaam ney farmaya, "jo daane ko yu'n hi saboot nigal lete hai'n wo ande dete hai'n aur jo khane ko chaba'kar khate hai'n, wo bachche dete hai'n. Jaa ek saal jaa kar tehkeek kar fir mujhe aa kar bata ki maine tujhe sahi jawaab diya yaa galat?", Wo shakhs dobara gaya aur ek saal baad lauta, arz karne laga, "yaa ameer ul momineen ali Alaihis'salaam! Maine tehkeek ki aur aapki dusri daleel ko bhi har lihaaz sey khara paaya."

Maula ali Alaihis'salaam ney farmaya, "nahi'n, aur sun. Jinke kaan andar ki taraf poshida hai'n yaani nazar nahi'n aate wo ande dete hai'n aur jinke kaan bahar ki taraf hai'n, wo bachche dete hai'n. Jaa aur iss par fir ek saal tehkeek kar aur fir mujhe aa kar bata." Sawaal karne waala shakhs, maula ali Alaihis'salaam ke kadmo'n mey gir gaya aur kehne laga, "yaa maula! Mujhe aap par yaqeen hai ki aap jo baat keh rahe hai'n wo haq hai. Meri zindagi agar qayamat tak badh jaaye aur agar mai saari zindagi bhi aap sey ye ek hi sawaal karta rahu'n aur aap har baar ek nayi daleel ke saath ilm batate rahe'n aur mai tehkeek karta rahu'n toh aapki daleel aur baat har dafa sahi hi niklegi."

Toh mere apno'n, ye wo sil'sila e masoomeen hai, jisey allah ney apne deen ki hifazat ke liye khalq kiya. Aayimma e ahlebait Alaihis'salaam ko allah rabbul izzat ney khush'ki aur tari ka, zahir aur ghaib ka aur tamaam shay ka ilm ata'a kiya. Be'shak, aalim e akbar toh sirf mera allah hai, jis ka ilm zaati hai aur baqi sab ka ilm ataayi hai lekin ye zahen mey rakhna chahiye ki allah ney waris e ilm masoomeen ko banaya hai lihaza unke paas dusro'n ki nisbat bahaut zyada ilm hai aur haqeeqi ilm hai. Dusro'n sey liye ilm mey kami, khaami yaa galti ho sakti hai lekin waris e dastaar e nabi sey mile ilm mey shak ki gunjaish baqi nahi rehti kyu'n ki allah ney khud hi in mey ilm ko sama diya hai.

23. Shaitaan aur muhibb e ahlebait Alaihis'salaam -

Shaitaan ney yu'n toh jinno'n aur insaano'n ko gumraah kar diya lekin jab uska saamna muhibb e ahlebait Alaihis'salaam sey hua toh wo shikast kha gaya. Shaitaan ney socha ki ab jab inka aqeeda bhi sahi hai, deen bhi haqeeqi hai, in mey ilm hai aur mawaddat bhi, khuda ki bandagi bhi hai aur rasoolullah sey wafa'daari bhi, chaudah masoomeen aur Imaamo'n ki mohabbat sey inke dil bhi raushan hai'n. Ye toh tauheed, risaalat, nabuwat, wilayat, Imaamat aur kitabullah sab ko thaam kar rakhte hai'n, ab inhe kaise gumraah kiya jaaye?, Ab jab shaitaan, muhibb e ahlebait Alaihis'salaam ke aqeedo'n ko nahi'n bigaad paaya toh uss ney jahannum mey dalwane ke liye tarah-tarah ke payntre aazmaaye aur aakhir'kaar jab wo aqeede nahi bigaad paaya toh uss ney pura zor aamaal bigad'waane par laga diya.

Imaam Alaihis'salaam ke wo muhibb jo shaitaan ke fareb sey bach gaye wo toh sabit'kadam rahe lekin wo muhibb jo marifat e ilaahi mey bahaut peeche the, haqeeqi islaam ki jagah Takhleeqi islaam ke amal apna liye aur afsos toh ye ki unhe anjaane mey kiye iss gunaah ki khabar bhi nahi'n isliye wo isey hi deen samajh kar karte jaate hai'n.

Misaal ke taur par, har insaan ko apni shabeeh/chehra/tasveer pasand hoti hai chahe woh aayine mey dekhe yaa kisi tasveer mey usey pasand karta hai aur khush hota hai lekin jab usi aadmi ka koi cartoon bana diya jaaye toh usey dukh hota hai. Kehne ke liye tasveer ho yaa cartoon dono'n mey usey hi banaya gaya hai lekin ek cheez usey pasand aa rahi hai aur dusri naa'pasand kyu'n ki ek mey toh uski khoob'surat si tasveer hai aur dusre mey uske chehre aur jism ko bigaad kar banaya hua cartoon. Kuch cartoon mey jism chota aur chehra bada kar diya jaata hai toh kuch mey koi aur bigaad kar diya jaata hai. Bahar'haal, iss misaal sey ye baat samajh aati hai ki insaan ko khud apni shakl aur jism bhi usi tarah pasand aate hai'n, jis tarah wo hai aur wo uss cartoon ko naa'pasand karta hai jo hai toh usi ka lekin bigaad kar diya gaya hai, fir deen ke maamle mey insaan ko kya jo jaata hai?, Agar haqeeqi islaam haq ki tasveer hai toh Takhleeqi islaam haq ki bigadi huyi tasveer hai aur yaad rakhe'n haq sirf tab tak haq rehta hai jab tak usey uski asal surat mey pesh kiya jaaye, uss mey kisi bhi tarah ki kami karna yaa beshi karna (badha dena) yaa bigaad kar dena uss haq ko batil bana deta hai.

Ek baat aur iss misaal sey samajh aati hai ki haq parast ko cartoon dekh kar gussa hi aata hai chahe apna ho yaa kisi aur ka ho lekin munafiqo'n ki pehchaan ye hai ki unhe apna cartoon dekh kar toh gussa aata hai lekin dusro'n ka cartoon dekh kar hansi aati hai. Mere apno'n, hamari zindagi ka maqsad ye nahi'n hona chahiye ki ham khud ko behtar sabit kare'n aur dusro'n ko galat sabit kare'n balki hamari koshish toh ye honi chahiye ki ham haq ko haq keh sake'n, haq ko aam kar sake'n aur hamare wo bhai-behan jo haqeeqi islaam ko chor'kar Takhleeqi islaam ki aur chal pade hai'n unko naseehat kare'n aur hamesha batil sey mukabla karte rahe'n. Allah ney jo islaam ata'a kiya hai, wo bahaut hi khoob'surat hai, uss par chal kar har kadam par kaamyabi milti hai lekin logo'n ka banaya Takhleeqi islaam bhi logo'n ko gumraah kar raha hai. Hame allah ke deen par chal'na chahiye naa ki mulla ke deen par.

Duniya mey logo'n ney deen ka tamasha bana diya hai, kuch logo'n ney deen ke naam par duniya ko aesa chora ki khud ko sufi, peer, baba kehkar tasbeeh pakad li aur 24 ghante ibadat mey lage hai'n, duniya aur duniya'waalo'n sey aese ghaflat hai jaise unhe, huqooq ul ibaad sey chutkara mil gaya hai, ab un par kisi ke haq ada'a karna farz hi nahi bacha. Mai aese kayi logo'n ko jaanta hu'n jo tahajjud'guzaar hai'n, har waqt zikr karte rehte hai'n lekin unki aulaad be'deen ho kar fir rahi hai'n kyu'n ki unhone allah-allah karne mey toh waqt lagaya lekin allah ke hukmo'n ko hi bhula baithe. Fir kuch log aese hai'n jinhone duniya ke naam par deen ko puri tarah bhula diya hai aur fir aate hai'n aese log jo namaaz toh bara'bar padhte hai'n lekin haraam bhi kama kar khate hai'n yaani unke liye deen ka matlab bas namaaz padh lena hai.

Afsos hota hai logo'n ke halaat dekh kar, muashre mey agar waliden ka haq bayaan kiya jaaye toh subhaan'allah, subhaan'allah ki sadaye'n aati hai aur agar aulaad ka haq bayaan kiya jaaye toh logo'n ko lagta hai ki ye fitna faila raha hai, naya deen bata raha hai kyu'n ki mohammad o aal e mohammad ki jagah ye kisi na'ahal sey deen lete rahe aur ab jab farman e ahlebait inke saamne sunaya jaaye toh inhe naya aur galat lagta hai. Jis tarah, aulaad par maa'n-baap ke huqooq ada'a karna farz hai, theek aese hi walidain par bhi aulaad ke huqooq ada'a karna farz hai. Agar shauhar ka haq bayaan kar diya jaaye toh biwiyo'n ko bura lag jaata hai aur agar biwi ke huqooq bayaan kar diye jaaye'n toh saas aur nanad ko ye galat lagne lagta hai. Shaitaan ney bahaut logo'n ke toh aqeede kharaab kar diye hai'n aur jin par fatah hasil nahi'n kar paaya, unke aamaal kharaab kara diye hai'n. Ab haqeeqi islaam par bahaut Kam log hi sabit'kadam hai'n aur ab Takhleeqi islaam ko hi log, deen e islaam samajh'kar chal rahe'n hai'n. Allah hidayat aam kare.

24. *Jaabir ibn e abdullah ansaari ka khwaab -*

Jaabir ibn e abdullah ansaari ko ek khwaab aaya aur wo pareshaan ho gaya, maula ali Alaihis'salaam ki khidmat mey hazir huye aur kehne lage, "yaa ameer ul momineen Alaihis'salaam, mujhe kal raat ek ajeeb sa khawab aaya jiska matlab mai nahi'n samajh saka." Maula ali Alaihis'salaam ney farmaya, "apna khawaab bayaan karo." Kehne lage, "maula maine dekha ki zameen sey aasmaan tak ek khoob'surat kapda latka hai koi pabandi nahi'n, koi pehre'daar nahi'n, jo chahe le jaaye lekin maine dekha, aane waale aate hai'n aur uss mey sey ek tukda kaat'kar le jaate hai'n, agar koi pura tukda le jaata toh kaam bhi aata lekin log chote-chote tukde kaat rahe the jis wajah sey wo chote tukde kisi kaam ke nahi'n bache the aur chadar bhi bad'numa aur kharaab ho gaya tha."

Fir maine ye dekha ki, "kuch tandurust jaanwar hai'n aur kuch kamzor jaanwar hai'n, bajaaye iske ki kamzor jaanwar, tandurust jaanwaro'n sey kuch fayda hasil kare'n, tandrust jaanwar, kamzor jaanwaro'n ka doodh pee rahe hai'n. Kuch tandurust log bhi hai'n aur kuch beemaar log bhi hai'n bajaaye iske ki tandurust log beemaar ki ayaadat ke liye jaaye'n, beemaar aur kamzor log, tandurusto'n ki khairiyat lene ke liye jaa rahe hai'n."

Maula ali Alaihis'salaam ney farmaya "aye jaabir! Ye khawaab aakhiri zamane ke saahib e imaan ke baare mey. Khawaab mey tum ney zameen sey aasmaan tak jo khoob'surat chadar dekhi wo haqeeqi deen hai aur usey pura liya jaa sakta hai lekin log uske tukde le jaa rahe hai'n, jisey jo hissa pasand aata hai wo bas utna rakh leta hai aur baaki chor deta hai. Jo tandurust jaanwar aur kamzor jaanwar dekhe wo hakim aur riya'aa hai'n, bajaaye iske ki hakim, riya'aa ki madad kare (jab ki uske khazane mey kami nahi'n hogi), wo ghareeb riya'aa ka maal choos'ney mey laga rahega yaani be'wajah ke tax wagairah ke zariye." Fir maula ali Alaihis'salaam ney farmaya, "aye jaabir! Ye jo sehat'mand aur beemaar log dekhe ye dar'asal aakhiri daur ke ameer (sahib e daulat) aur ghareeb log honge. Ameer logo'n ko chahiye ki wo ghareeb tak khums wa zakaat pahunchaye'n lekin iske ulat, ghareeb ko khums wa zakaat lene ke liye ameero'n ke darwaze par jaana hoga."

Ek baat aur zehan mey aa rahi hai jiska zikr karna behtar samajh'ta hu'n. Aaj bhi agar ham dekhe'n toh sahib e daulat mey aese bhi kayi log hai'n jo maal ko kharch karne mey peeche nahi'n hai'n lekin laa'ilmi ki wajah sey wo galat jagah maal dete hai'n. Chanda'khor molviyo'n ko badh-chadh kar maal dete hai'n lekin khums aur zakaat ke naam par paise dene mey peeche hat'te hai'n. Baaz dafa toh kayi maulvi aate hai'n aur yateem bachcho'n ke naam par chanda maang'te hai'n, yateemo'n ko dena galat nahi'n hai lekin chanda naa de kar yadi aap sahi aadmi ke zariye khums wa zakaat ki niyat sey paise pahunchayenge toh ye zyada behtar amal hoga. Paisa toh dono'n hi surat mey kharch ho raha hai lekin agar khums aur zakaat ki niyat sey kharch karenge toh iska sawaab bhi milega. Khums dar par jaa kar khud dena padta hai aur chanda maang'ney waale ghar-ghar aate hai'n, insaan abhi tak ye samajh hi nahi'n saka ki agar sahib e daulat ho toh khums aur zakaat dena kitna zaruri hai. Kuch hazrat aese bhi hai'n jo khums aur zakaat isliye nahi'n dete kyu'n ki dikhawa nahi'n kar paate isliye Chanda dikha-dikha kar dete hai'n aur kuch log aese bhi hai'n jo sochte hai'n ki unhone, zakaat naa dekar, paise bacha liye. Afsos ki logo'n ney khums aur zakaat naa nikal'kar, halaal ke maal ko bhi khud haraam bana kar rakha hai.

Deen sey dur ho kar logo'n ka aqeeda ye hai ki rasoolullah sallallahu alaihe wa aalihi wasallam aur ahlebait Alaihis'salaam hamari shafa'at karayenge. Kuch lamhe nikaalo aur socho, kya hamne khud ko iss laayak banaya hai ki un logo'n mey shamil ho sake'n jinki shafa'at mohammad o aal e mohammad karwayenge?, Haqeeqi deen ko chor kar ahlebait Alaihis'salaam ko naa'raaz toh kiya jaa sakta hai lekin raazi nahi'n. Baat iski bhi nahi'n ki ham sey galti huyi toh maafi nahi'n mil sakti lekin zaruri hai sachchi tauba karke, haq deen ki taraf lautne ki. Allah ham sab ko hazrat hurr (hur) ki taraf, haq ki aur palat'ney ki taufeeq ata'a farmaye aur hamare dilo'n sey Takhleeqi deen nikaal de aur hamare dilo'n aur amal mey haqeeqi deen daal de.

25. *Dadhi aur mard ka sone ki anguthi pehen'na -*

Apni baat shuru karne sey pehle mai ek wakiya bayaan karna chahta hu'n, wakiya bada hai isliye usey mukhtasar sa bayaan kar raha hu'n taaki aap samajh sake'n ki daadhi naa rakhna aur sone ki anguthi pehen'na kitna bada gunaah hai. Ek riwayat mey aata hai ki sulah e hudaibiya ke baad rasoolullah sallallahu alaihe wa aalihi wasallam ney kayi hukumato'n aur kabilo'n ko qasid ke zariye khat bhij'waaye aur islaam ki dawat di. Kuch nasrani rasoolullah sallallahu alaihe wa aalihi wasallam sey mulakaat ke liye aaye, unhone sone chandi ke zewar aur anguthiya'n pehni thi'n, moonche'n badi rakhi thi'n aur unki dadhi bhi nahi'n thi'n. Jab wo rasoolullah sallallahu alaihe wa aalihi wasallam sey mulakaat karne pahunche aur aapko salaam kiya toh aap sallallahu alaihe wa aalihi wasallam ney unki taraf sey muh fer liya aur khamosh rahe. Jab wo bahar nikle aur sahabao'n sey kaha ki ham jung ki niyat sey nahi'n aaye balki ham toh rasoolullah sallallahu alaihe wa aalihi wasallam sey mulakaat kar ke unka deen jaan'ney aaye hai'n lekin unhone toh salaam ka jawaab tak nahi'n diya, aakhir kya baat hai?

Sahaba radi'allah ney kaha ki ali bin abu talib Alaihis'salaam ke paas chaliye kyu'n ki sirf wo hi hai jo mizaaj e nabuwat sey wakif. Fir wo sab maula ali Alaihis'salaam ke paas aaye aur aapko haal suna kar pucha ki aakhir kyu'n rasoolullah sallallahu alaihe wa aalihi wasallam ney hamari taraf sey muh fer liya?, Maula ali Alaihis'salaam ney farmaya, "kyu'n ki allah ke rasool ko aapka chehra aur huliya pasand nahi'n aaya." Nasraniyo'n ney hairani sey pucha, "iski kya wajah hai?", Maula ali Alaihis'salaam ney farmaya, "aapko dadhi nahi'n hai aur moonche'n badi hai, saath hi aapne sone ki anguthiya'n bhi pehni hai'n. Ab dadhi toh fauran aa nahi'n jaati lekin anguthiya'n utaar'kar jab wo rasoolullah ke paas pahunche toh aap sallallahu alaihe wa aalihi wasallam ney salaam ka jawaab bhi diya aur mohabbat sey bitha'kar baat'cheet bhi ki.

Ab yaha'n gaur o fikr karne waali baat ye hai ki jab nasrani, imaan qubool bhi nahi'n kiye yaani rasoolullah par imaan nahi'n rakhte the aur deen jaan'ney ki niyat sey aaye the tab bhi rasoolullah sallallahu alaihe wa aalihi wasallam ney jo rahmatullil aalameen hai'n aur sab sey behtareen akhlaaq waale hai'n, wo bhi muh fer liye. Ab zara soche'n ki aap agar imaan waale hone ka daawa kare'n aur sone ki anguthiya'n pehne'n, badi moonch(Mustache) rakhe'n aur dadhi naa rakhe'n toh aapka hashr mey kya maamla banega?, Aapki shafa'at ki jaayegi yaa aapki taraf sey muh fera jaayega?, Rasoolullah ko aapki wajah sey khushi hogi yaa takleef?

Pehle baat dadhi par karunga, aadam Alaihis'salaam sey le'kar mohammad sallallahu alaihe wa aalihi wasallam tak har ek ambiya Alaihis'salaam ney dadhi rakhi hai. Imaam maula ali Alaihis'salaam sey lekar Imaam mehdi Alaihis'salaam tak bhi saare ke saare Imaam dadhi waale hi hai'n, fir musalmaano'n ko dadhi rakhne mey dikkate'n kyu'n hai?, Dadhi allah ko bhi pasand hai aur rasoolullah ko bhi. Dadhi musalmaan ki pehchaan hai aur kamaz kam itni dadhi zarur honi chahiye ki jo nazar aaye, dadhi kitni rakhni chahiye in mey ikhtilaaf ho sakta hai lekin dadhi rakhna chahiye yaa nahi'n iss mey koi ikhtilaaf nahi'n, saare maslak iss baat ke kaayal hai'n ki dadhi rakhna sunnat e rasool hai, sunnat e ambiya hai, sunnat e Imaam hai.

Ab kuch log aese bhi hai'n jo dadhi nahi'n rakhte yaani ek galti karte hai'n, fir upar sey badi-badi moonch(Mustache) bhi rakhte hai'n. Chalo maan liya jis kaam ka deen ney hukm diya, wo aap nahi'n kar sake lekin wo kaam kyu'n kar rahe ho jis sey deen ney roka hai?, Yaani hadh hai be'deeni ki, ki dadhi rakhne ka hukm aaye toh rakhna nahi'n hai aur moonch(Mustache) rakhne sey roka jaaye toh zarur rakhna hai, kahi'n aesa kar ke aap deen sey bagawat toh nahi'n kar rahe?, Mere musalmaan bhaiyo'n! Tauba karo, moonche(Mustache) rakhne sey bacho aur dadhi rakhna shuru karo.

Ab baat karte hai'n sone ki anguthi par ki jiska pahen'na mard ke liye haraam hai. Deen sun'ney mey bada aasaan lagta hai, dusro'n ko samjhaa'ne mey bada maza deta hai lekin jab baat amal ki aaye toh maine bade-bade deen ke theke'daar ke imaan ka janaza nikalte dekha hai, dusro'n ko deen ki sau naseehate'n karne waale bhi apne maamle mey aese chuppi saadh lete hai'n, jaise kuch galat ho hi naa raha ho. Beti ki sagayi ke naam par damaad ko sone ki anguthi di jaayegi, arey ye kaisa rishta hai ki jiski buniyaad dal rahi hai, nikaah pakka ho raha hai, aur haraam cheez tohfe mey pesh ki jaa rahi hai?, Ladke ke ghar'waale bhi badi hi be'sharmi ke saath batate hai'n ki hamare yaha'n toh sone ki anguthi ki riwaaj hai lihaza itne-itne gram ki anguthi dena, jahilo'n tumhe sharm nahi'n aati, jo be'sharmi sey batate ho ki hamare yaha'n, haraam cheeze'n tohfe mey li aur di jaati hai'n. Ab ye riwaaj itna aam ho gaya hai ki ghareeb gharo'n ki betiya'n isliye kunwari baithi hai'n kyu'n ki unke baap ki itni haisiyat nahi'n ki haraam cheeze'n (sone ki anguthi wagairah) de sake aur shadi mey fizool'kharchi kar sake. Allah ke waaste ye bekaar ke riwaaj band kar do, ye haraam cheezo'n ka lena dena band kar do, deen dusro'n ko baith kar sunane ke liye nahi'n hai balki amal mey utaar'ne ke liye hai. Dusro'n ko agar deen ki dawat bhi do toh amal sey do, agar mehfil mey zubaa'n kuch aur kehti hai aur amal ka mauka aane par amal kuch aur hi kehte hai'n toh ye munafiqat ki nishani hai.

26. Musalmaan aur mushriko'n mey mohabbat wa nikaah -

Quran e paak mey allah rabbul izzat ney irshaad farmaya hai -

وَلَا تَنْكِحُوا الْمُشْرِكَاتِ حَتَّىٰ يُؤْمِنَّ ۚ وَلَأَمَةٌ مُؤْمِنَةٌ خَيْرٌ مِنْ مُشْرِكَةٍ وَلَوْ أَعْجَبَتْكُمْ ۗ وَلَا تُنْكِحُوا الْمُشْرِكِينَ حَتَّىٰ يُؤْمِنُوا ۚ وَلَعَبْدٌ مُؤْمِنٌ خَيْرٌ مِنْ مُشْرِكٍ وَلَوْ أَعْجَبَكُمْ ۗ أُولَٰئِكَ يَدْعُونَ إِلَى النَّارِ ۖ وَاللَّهُ يَدْعُو إِلَى الْجَنَّةِ وَالْمَغْفِرَةِ بِإِذْنِهِ ۖ وَيُبَيِّنُ آيَاتِهِ لِلنَّاسِ لَعَلَّهُمْ يَتَذَكَّرُونَ

Khabar'daar mushrik aurato'n sey uss waqt tak nikaah naa Karna jab tak imaan naa le aaye'n ki ek momin kaneez mushrik aazaad aurat sey behtar hai wo tumhe kitni hi bhali maloom ho aur mushrikeen ko bhi ladkiya'n naa dena jab tak musalmaan naa ho jaaye'n ki musalmaan ghulaam aazaad mushrik sey behtar hai chahe wo tumhe Kitna hi achcha kyu'n na maloom ho. Ye mushrikeen tumhe jahannam ki dawat dete hai'n aur khuda apne hukm sey jannat aur maghfirat ki dawat deta hai aur apni aayato'n ko wazeh kar ke bayaan karta hai ki shayad ye log samajh sake'n. (Surah baqar ki aayat 221)

Mai iss mauzu par kya kahu'n?, Kya likhu'n?, Jab ki allah rabbul izzat ney quran ki iss aayat e kareema mey saaf bayan kar diya hai. Fir aakhir kya wajah hai ki hamari kaum, ab tak gumrahi mey mubtila ho?, Kya wajah hai ki Roz roz quran padh'kar/sun'kar bhi ham sab allah ke hukmo'n sey ghafil ho?

Be'pardagi aam ho rahi hai, behudiyat badh rahi hai, jadidiyat ke naam par ghair mard aur aurat saath ghoom rahe hai'n, deen mey toh ye bhi ijazat nahi'n hai ki nikaah ke bina, imaan waali aurat, imaan waale mard yaa imaan waale mard, kisi imaan waali aurat ke saath ghoome'n lekin yaha'n toh nazare hi kuch alag hai'n mushriko'n ke saath mohabbat karna aur bhaag'na fir apne deen wa imaan sey fir jaana aam hota jaa raha hai. Musalmaan ladke bhi kam nahi'n hai'n, kahi'n gali mohallo'n mey, kahi'n chai paan ki dukaan par khade, awaara'gardi karte nazar aa jaayenge. Afsos ki jis kaum ko paida hi isliye kiya gaya tha ki wo logo'n ko haq ki taraf bulaye aur badi sey roke, uss kaum ko ab khud hi sudhar'ney ki zarurat hai.

Jab tak beej mey mitti nahi'n milti, ped nahi'n mil sakta. Theek aese hi jab tak quran ko ahlebait Alaihis'salaam ke saath nahi'n milaya jaaye tab tak haq nahi'n mil sakta. Nabi e kareem sallallahu alaihe wa aalihi wasallam ki kahi har baat aesi hai jaise patthar ki lakeer, jo naa badli jaa sakti hai aur naa hi radd ki jaa sakti hai aur gumrahi sey bachne ke liye hukm sirf quran thaam'ne ka nahi'n balki quran o ahlebait Alaihis'salaam ko thaam'ne ka mila hai, matlab saaf hai inn dono'n gira'n kadr cheezo'n ko thaam kar rakhna zaruri hai, naa ki kisi ek ko.

Yu'n toh duniya mey ek nahi'n balki hazaro'n bigaad aur galat cheeze'n faili huyi hai'n jinki wajah ek hi hai, iss ummat ney ahlebait o quran ko chor diya lihaza gum'raah ho gayi aur har galat amal sey bachne ka ilaaz bhi ek hi hai, "quran o ahlebait Alaihis'salaam ko thaam lo." Agar iss kaum ko tabaah wa barbaad hone sey khud ko bachana hai toh Takhleeqi deen ko chor kar haqeeqi deen par laut'na hi hoga.

27. Momin ka khauf aur ummeed -

Momin ki pehchaan ye hai ki wo sirf apne parwardigaar sey darta hai aur ummeed bhi sirf ek wahid khuda sey rakhta hai. Be'shak, mera allah, awwalo'n sey zyada awwal aur aakhiro'n sey zyada aakhir hai. Hadeeso'n mey aata hai ki, momin ke dil mey itna khauf hona chahiye ki agar roz e hashr ye elaan ho ki khuda ney sab ko bakhsh diya hai siwaye ek bande ke toh momin ye khauf rakhe ki siwaye uske baaki sab ko baqsh diya hai yaani sirf wo jahannumi hai aur baqi saare jannati. Theek aese hi momin ko khuda sey ummeed itni honi chahiye ki agar roz e hashr ye elaan ho ki khuda ney sab ko jahannum mey daal diya hai, siwaye ek bande ke toh momin ye ummeed rakhe ki shayad wo ek wo hi hai yaani wo momin khud.

Aaj ham ney quran o ahlebait Alaihis'salaam ko chor diya lihaza dilo'n sey khauf e khuda bhi jaata raha aur ummeed bhi, ab halaat yu'n ho gaye hai'n ki banda, khuda sey nahi'n darta aur isi wajah sey wo, har shay aur makhlooq sey khauf'zada hai. Logo'n ney khuda sey ummeed rakhna chor diya lihaza aaj dar dar ki thokare'n khane majboor hai. Allah ham sab ko tauheed, risaalat, nabuwat, wilayat, Imaamat aur kitabullah thaam'ne waala banaye.

28. Shadi mey bewa ki be'hurmati -

Ye baat yu'n toh sab musalmaan jaante hai'n ki rasoolullah sallallahu alaihe wa aalihi wasallam ney bewao'n sey nikaah bhi kiya aur ummat ko naseehat ki ki bewao'n, talaak'shudao'n sey bhi nikaah karo lekin afsos hai pyare nabi ki gumraah ummat par ki iss ney sab sey pehle unn do besh'keemti cheezo'n ko hi chora, jinhe thaam'kar rakhney ka hukm tha. Nateejatan ab ye ummat gumraah ho chuki hai aur jaha'n rehti hai, waha'n ke taur-tareeko'n aur rasmo'n ko deen samajh kar apnati hai. Pehle hamare mulk mey faili ku'reetiyo'n ki wajah sey hanoodo'n ke mazhab Mey bewao'n ko achcha nahi'n samjha jaata tha, unn par tarah-tarah ki bandishe'n laad di gayi thi'n aur unka aana ap'shagun samjha jaata tha, afsos iss baat ka ki ab hanood toh iss ku'reeti aur buri rasme aur riwaaj sey bahar aane ki koshish kar rahe hai'n lekin musalmaano'n mey kuch logo'n ney isey deen samajh kar rakha hai.

Kuch jaahil musalmaano'n ke ghar mey ye hota hai ki shadiyo'n yaa khushi ke lamho'n sey bewao'n ko dur rakha jaata hai aur ye tasavvur kiya jaata hai ki unke hone sey kaam bigdege yaa jis ladki ki shadi hai uski zindagi aur kismat par galat asar padega, ajeeb jahalat bhari soch hai. Hamare pyare aaqa sallallahu alaihe wa aalihi wasallam ney aurato'n ko uncha utha ney, unhe haq dilane ke liye shariyat di. Jab ladkiyo'n ke paida hone par unhe qatl kiya jaata tha, tab rasoolullah sallallahu alaihe wa aalihi wasallam ney betiyo'n ko rehmat bataya, jab sirf bete ko waris samjha jaata tha, tab rasoolullah sallallahu alaihe wa aalihi wasallam ney beti ko hissa de kar bata diya ki beti ka bhi haq hai. Jaahil musalmaan, rasoolullah ki taleem ke khilaaf saare amal karte hai'n, rasoolullah ka dil dukhane waale kaam karte hai'n aur fir kehte hai'n ki shadi sunnat hai. Shadi sunnat bhi tab hai, jab rasoolullah sallallahu alaihe wa aalihi wasallam ke bataye tareeqe par ki jaaye.

Aakhir mey ye kahunga ki islaam mey waham/andh'vishwaas ki koi jagah nahi'n hai lihaza aesi behuda baato'n sey bache'n ki fala'n ke aane sey ye ho jaayega, wo ho jaayega wagairah. Ghar ki tamaam bewao'n ko bhi khushiyo'n mey shamil kare'n aur unki duae'n le'n, unka dil dukha kar, tumhe'n bhi khushi nahi'n mil sakegi.

29. Dahej aur be'wajah ki rasme'n -

Musalmaano'n mey pehle ye rasm nahi'n thi lekin ab ye rasm, nasoor ki tarah fail rahi hai. Nikaah ko itna aasaan banane ka hukm tha ki zina mushkil lage lekin afsos ki logo'n ney nikaah ko mushkil sey mushkil kar diya hai. Dahej ke naam par puri ghar gruhasti ka samaan liya-diya jaata hai. Kahi'n-kahi'n toh ladke waale muh sey maang kar dahej lete hai'n, toh kahi'n-kahi'n ladki waale dikhawe ke liye bhi dahej dete hai'n, iska asar ghareebo'n par padta hai. Muashre mey dahej aam ho jaata hai aur ghareebo'n ki betiya'n, paiso'n ki kami ke chalte, ghar mey baithi reh jaati hai'n.

Shadi mey yu'n toh nikaah padhna yaani ahzaab qubool karwana, mehar ada'a karna, saad'gi sey walima karna ye farz aur sunnat amal hai'n aur wakeel/gawaah ki zarurat gawahi ke liye padti hai, inke alawa nikaah mey agar kuch bhi zaruri nahi'n hai lekin afsos ki ummat ney tarah-tarah ki be'fizool ki rasme'n bana rakhi hai'n. Gaana bajana aam kar rakha hai, naach'na, jute chori karna, mehndi le jaana wagairah tarah-tarah ki wahiyaat rasme'n hoti hai'n. Jin maulanao'n ko aalaat e elaan aur aalaat e mausiki mey farq nahi'n maloom, jo muharram mey dhol bajne par lambi-lambi takreer karte nazar aate hai'n wo shadiyo'n mey baj rahe band-baajo'n ko sun kar behre ho jaate hai'n.

Yaha'n musalmaan aksar ye daawa karte huye nazar aate hai'n ki, agar ham karbala ke daur mey hote toh Imaam Alaihis'salaam ka saath dete. Maula Hussain Alaihis'salaam ki jung shariyat ke bigaad ke khilaaf bhi thi, jo musalmaan aaj aankho'n ke saamne shariyat mey hote bigaad ko dekh raha hai, jo apne padosiyo'n aur rishtedaaro'n ko bhi nahi'n samjha paa raha, yaha'n tak ki ghar ki aurato'n ke khilaaf bhi nahi'n bol paa raha, wo kya khaak, haq ke liye jung karta. Yaa ali yaa Hussain ka naara buland karna aasaan hai, pehli baar kaaba ke deedaar par aaye aansuo'n ke kisso'n ko sab ko sunana bhi aasaan hai, yaha'n tak deen par badi-badi baate'n karna bhi aasaan hai lekin amal karna bahaut mushkil kaam hai.

Bahaut saare musalmaan aese bhi hai'n jo har waqt deen ki baate'n karte hai'n lekin unki itni himmat bhi nahi'n hoti ki apni hi aulaad ki shadi shariyat sey kar sake'n aur ghar'walo'n sey iss baat par lad sake'n ki mai deen o shariyat ke khilaaf nahi'n jaaunga. Shadiyo'n mey jab inki betiya'n bina parde ke firti hai'n aur ghair'mard dekh rahe hote hai'n, tab inki ghairat kaha'n mar jaati hai?, Be'wajah ki rasme'n dekh kar, be'fizool kharch dekh kar inhe deen yaad kyu'n nahi'n aata?, Jab mehndi ki rasm mey inki ek beti, dusri beti ke hone waale shauhar (Jis sey uss rasm ke waqt tak nikaah tak nahi'n hota hala'nki usey chuna toh baad mey bhi jayaz nahi'n.) ka haath yaa ungli pakadti hai, tab parde'daari, mehram-naa'mehram ki tameez kaha'n kho jaati hai. Afsos ke saath keh raha hu'n lekin mera tajurba ye hi kehta hai ki ab logo'n ney deen ko zindagiyo'n sey nikaal diya hai. Afsos ki deen par dusro'n ko badi-badi naseehate'n karne waale khud hi amal ke maidaan sey faraar dikhayi dete hai'n. Jo aadmi apne ghar mey bhi shariyat aur haqeeqi deen ke liye nahi'n khada reh saka, wo Imaam e Hussain Alaihis'salaam ke peeche khada hota?, Khud sochiyega iss par.

30. *Koi aur deen o shariyat* -

Allah rabbul izzat ney quran mey irshaad farmaya -

وَمَنْ يَبْتَغِ غَيْرَ الْإِسْلَامِ دِينًا فَلَنْ يُقْبَلَ مِنْهُ وَهُوَ فِي الْآخِرَةِ مِنَ الْخَاسِرِينَ

Aur jo islaam ke alawa koi aur deen talash karega toh uska wo deen hargiz qubool naa kiya jaayega aur wo qayamat ke din khasara (saqt ghate) waalo'n mey hoga.
(Surah aal e imraan ki aayat 85)

Yaha'n par "koi aur deen" sey muraad yahood, nasara, hanood wagairah hi hai'n yaa wo islaam bhi shamil hai jo insaano'n ney khud bana liya?, Takhleeqi islaam aur haqeeqi islaam mey be'hadh farq hai. Allah ka banaya deen yaani haqeeqi islaam hi rab ko qubool hai aur iss par chalne waale kaamyaab hai'n iske alawa allah kisi deen ko qubool nahi'n karta, uss naa'kabil e qubool deen mey Takhleeqi islaam bhi shamil hai. Quran mey allah rabbul izzat ney irshaad farmaya hai -

قُلْ إِنْ كَانَ آبَاؤُكُمْ وَأَبْنَاؤُكُمْ وَإِخْوَانُكُمْ وَأَزْوَاجُكُمْ وَعَشِيرَتُكُمْ وَأَمْوَالٌ اقْتَرَفْتُمُوهَا وَتِجَارَةٌ تَخْشَوْنَ كَسَادَهَا وَمَسَاكِنُ تَرْضَوْنَهَا أَحَبَّ إِلَيْكُمْ مِنَ اللَّهِ وَرَسُولِهِ وَجِهَادٍ فِي سَبِيلِهِ فَتَرَبَّصُوا حَتَّى يَأْتِيَ اللَّهُ بِأَمْرِهِ ۗ وَاللَّهُ لَا يَهْدِي الْقَوْمَ الْفَاسِقِينَ

Paigham'bar aap keh dijiye ki agar tumhare baap dada, aulaad (bachche), baradraan (bhai band), azwaaj (biwiya'n), asheera (khaandaan) wa qabeela aur wo amwaal (maal-daulat) jinhe tumne jama kiya hai aur wo tijarat jiske khasara (ghate) ki taraf sey fikr'mand rehte ho aur wo makanaat jinhe'n pasand karte ho tumhari nigaah mey allah, uske rasool aur raah e khuda mey jehaad (jung) sey zyada mehboob (mohabbat) hai toh waqt ka intizaar karo yaha'n tak ki amr e ilaahi (allah ka hukm) aa jaaye aur allah fasiq (naa'farmaan) kaum ki hidayat nahi'n karta hai'n.
(Surah tauba ki aayat 24)

Agar hamara daawa ye hai ki ham musalmaan hai'n toh ham sab ko khud ke islaam, imaan, niyat aur amal ko quran ki iss aayat ke mutabiq dekhna chahiye aur fikr karna chahiye, kya ham wakayi musalmaan hai'n yaa ham ney quran o ahlebait Alaihis'salaam sey itni duri bana li hai ki ab ham zubani taur par toh musalmaan hai'n lekin haqeeqat mey, ham sab haqeeqi deen sey dur, Takhleeqi deen par amal kar rahe hai'n. Quran paak ki ek aur aayat e kareema mey allah ta'alaa ney irshaad farmaya -

صلى النَّبِيُّ أَوْلَىٰ بِالْمُؤْمِنِينَ مِنْ أَنْفُسِهِمْ

Be'shak nabi tamaam momineen sey unke nafs (jaan) ki ba'nisbat (mukable mey) zyada aula (bartar, haqdaar) hai.
(Surah ahzaab ki aayat 6 ka hissa)

Kya ham ney iss aayat par amal kiya hai?, Ham kis ki banayi shariyat par chal rahe hai'n?, Mere apno'n! Ham ney khuda ki, mohammad o aal e mohammad ki, deen e haq ki shariyat par chalna chor diya hai aur ham insaano'n ki banayi, shariyat par chal rahe hai'n. Allah ki banayi shariyat bahaut aasaan hai lekin afsos, maulviyo'n ki banayi shariyat ki wajah sey gair'mazhab ke log aaj shariyat e islaam ka mazaak banate hai'n kyu'n ki gair'mazhab ke log kaha'n sey samjhege jab ki musalmaan khud bhi nahi'n samajh paa raha ki islaam mey shariyat bhi do hai'n haqeeqi shariyat aur Takhleeqi shariyat. Aaj Takhleeqi shariyat ko log deen e islaam ki shariyat samajhte hai'n aur hansi udaate hai'n maslan ke taur par ek baar mey teen talaak dena wagairah. Iska haqeeqi shariyat sey koi talluq nahi'n hai lekin Takhleeqi shariyat ney isey aam kar rakha hai.

Bhale hi aese case kam hote hai'n lekin jab hote hai'n toh ummat ko islaam ke mutalliq galat paigham dete hai'n. Mere apno'n haq ki taraf aa jao. Shariyat ney koi aesa hukm nahi'n diya ki jis par amal karna hamare liye naa'mumkin ho lekin afsos ki musalmaano'n ney un hukmo'n par shariyat ko saqt kar rakha hai jaha'n haqeeqi shariyat ney narmi di thi aur jaha'n shariyat sakht thi, waha'n narmi de rakhi hai bas isliye ab shariyat par chal'na naa'mumkin aur mushkil lagta hai jab ki haqeeqi shariyat par chalna be'hadh aasaan hai. Quran e kareem mey allah rabbul izzat ney irshaad farmaya hai -

لَا يُكَلِّفُ اللّٰهُ نَفْسًا إِلَّا وُسْعَهَا ۚ لَهَا مَا كَسَبَتْ وَعَلَيْهَا مَا اكْتَسَبَتْ

Allah kisi ko uski wus'at (taqat) sey zyada takleef nahi'n deta. Har shakhs ke liye uski hasil ki huyi nekiyo'n ka faida'mand hai aur uski kamayi huyi buraiyo'n (gunaah) usi ke zimme hai'n.
(Surah baqar ki aayat 286 ka hissa)

31. Shariyat mey waham/andh'vishwaas ke liye jagah nahi'n hai -

Hamare muashre mey ajeeb-ajeeb sey waham aur andh'vishwaas faile huye hai'n jinki shariyatan koi haisiyat nahi'n, waise toh aurate'n zyada jaldi inn wahamo'n ka shikaar hoti hai'n lekin maine bahaut saare mardo'n ko bhi andh'vishwaas sey bhari baate'n karte dekha hai. Koi ghar sey nikal raha ho aur kisi ko cheenk aa jaaye toh kaha jaata hai ki thoda ruk kar nikal'na kyu'n ki nikalte waqt cheenk aana nahusat hai. Jab ki cheenk khudrati cheez hai aur islaam mey cheenk aane ko achcha bataya gaya hai hala'nki Takhleeqi islaam waale isey bhi nahusat maan kar baithe hai'n. Agar billi saamne sey guzar jaaye toh kehte hai'n billi raasta kaat gayi aur nikal'ne sey khatra paida hoga. Ye kaun sa deen o shariyat hai?

Ek jahalat bhari baat ye bhi suni hai ki budh ke roz marna sahi nahi'n hota aur agar koi mar jaaye toh agle chaar budh tak ghar mey maut maiyat hoti hai'n. Jahalat ki hadh hai, ab insaan maut ka din kaise taal sakta hai?, Agle chaar budh tak ghar'waale dare sehme rehte hai'n. Ek wakiya yaad aa raha hai jo maine ek moatabar shakhs sey suna hai, wo batate hai'n ki, "budh ke roz kisi sahab ka intakaal ho gaya aur janaze mey mai bhi gaya. Waha'n unka beta ek thaila le kar aaya tha, jab dafna diya gaya toh usne kabr ke ek kone sey mitti hatayi aur thaile mey haath daal kar ek parinda nikala aur kabr mey daal kar dobara mitti daal di, fir theek aese hi kabr ke baaki teen kono'n mey bhi kiya. Maine uss sey pucha ki aesa karne ki kya wajah hai toh kehne laga, aapko maloom nahi'n aaj budh hai, malikul maut ab agle chaar budh tak mere pariwaar mey kisi na kisi ki rooh lene aayenge isliye maine pehle hi chaar jaan'daar parindo'n ki rooho'n ko pesh kar diya." Ab ye kya jahalat hai?, Malikul maut ko rishwat de rahe hai'n yaa dhoka?, Maut ko taala jaa sakta hai?, Bas ye hi toh farq hai, haqeeqi islaam aur Takhleeqi islaam mey.

Ek aur waham/andh'vishwaas, jo shadiyo'n ke waqt dikhayi deta hai, jab nikaah ki tareekh tay ki jaati hai toh achcha din-bura din dekha jaata hai jab ki Imaam jafar sadiq Alaihis'salaam ka kaul hai ki allah ka banaya koi bhi din bura nahi'n hota. Agar ham baat kare'n shariyat ki toh shiya-sunni maslak mey jitne bhi firke hai'n sab iss baat par muttahid hai'n ki kamar dar aqrab mey nikaah karne sey bachna chahiye lekin yaad rakhe'n, isey bhi zyada sey zyada makrooh kaha gaya hai, haraam nahi'n, iske alaawa koi din haraam nahi'n. Koi bhi nek aur achcha kaam shuru karna ho yaa safar par nikal'na ho toh uske liye achcha-bura din dekhna ye hamara deen nahi'n, musalmaan ke liye har ek din achcha hai aur uski kaamyaabi aur khushi ka ta'aalluq rab e kaaba ki raza sey hai naa ki kisi din sey. Koi bhi din nek yaa bad nahi'n hota, shariyat mey aesi koi bhi baat nahi'n batayi gayi lihaza apne kaamo'n ko maslan tijaarat, khareed farokht, aagaaz e safar, shadi wagairah tareekh ko bad samajh kar nahi'n rok'na chahiye. Ye hi wo baat hai'n jo shariyat ke naam par faili huyi hai'n, log ek-ek din ka hisaab lagaate hai'n ki fala'n din kaisa rahega, fala'n kaisa aur baad mey kehte hai'n ki shariyat badi sakht hai, arey nadaano'n! Jo shariyat mey hai hi nahi'n usey tum khud hi khud ke upar bojh bana'kar rakhe ho aur naam shariyat ka de rahe ho toh iss mey kis ki galti hai?

Mere apno'n! Apne aas'paas rehne waale logo'n ke aqeedo'n ko dekh kar apne aqeede naa banao aur naa hi mulla-maulviyo'n yaa zaakireen ko sun kar apne aqeede banao. Hamara deen, hamari shariyat wo hi hai jo rab e kaaba ney apne habeeb mohammad sallallahu alaihe wa aalihi wasallam ke zariye ham tak pahunchayi, iss ek haq deen wa shariyat ke alawa koi deen, allah ko qubool nahi'n chaahe wo insaano'n ka banaya Takhleeqi islaam hi kyu'n naa ho. Gumraah ho rahi ummat ko gumraahi sey bachane ka ek hi raasta hai. Rasoolullah sallallahu alaihe wa aalihi wasallam ka farmaan e mubarak hai, "jab tak meri ummat inn do gira'n kadr cheezo'n ko thaam kar rakhegi gum'raah naa hogi, ek toh kitabullah aur dusri meri itrat e ahlebait." Lihaza gum'raahi sey bachana hai toh maulviyo'n ko chor do aur quran o ahlebait Alaihis'salaam ko thaam lo.

32. Shariyat mey bigaad -

Har daur mey hi shariyat mey bigaad kiye gaye. Chu'n ki quran mey badlaav kar paana mumkin nahi'n tha isliye logo'n ney quran o ahlebait Alaihis'salaam sey dur karne ke liye tarah-tarah ki shariyate'n banayi'n aur logo'n ke darmiyaan aam ki'n. Logo'n ki banayi shariyat sakht hai aur uss par chalne ki nisbat duniya ke hisaab sey chal'na aasaan lagta hai jab ki allah ki banayi shariyat be'hadh aasaan hai. Khuda ka khauf nahi'n hai unn logo'n ko, jinhone har daur mey haqeeqi deen o shariyat ko thuk'ra kar, apna man pasand deen aur shariyat banayi aur logo'n ke saamne islaam keh kar pesh ki. hala'nki haqeeqi shariyat aur Takhleeqi shariyat mey utna hi farq hai jitna ki Imaam Hussain Alaihis'salaam ke bahattar aur yazeed ke laakho'n logo'n ke darmiyaan tha yaani ek haq hai aur dusra baatil bhale hi dono'n ka daawa hai ki ham islaam ke maan'ne waale musalmaan hai'n.

Kuch logo'n ney ye bhi shariyat ka hissa maan kar rakha hai ki chaudah masoomeen mey sey kisi ke liye bhi agar padho toh unke roze ki taraf rukh karna yaa haath sey ishaara karna farz hai. Wali auliyo'n ki kabro'n ke mutalliq bhi logo'n ney ye hi aqeeda bana rakha hai jab ki aesa karna shart nahi'n hai, ha'n agar rukh uss taraf kar sake'n toh ye mohabbatan behtar ho sakta hai lekin shariyatan iska koi hukm nahi'n hai.

Muta'a ko le kar bhi logo'n ney ye hi faila rakha hai ki fala'n daur mey ye haraam kar di gayi hala'nki quran mey iske mutalliq ek aayat maujood hai, jo mansookh nahi'n huyi hai yaani aaj bhi quran ka hissa hai aur muta'a ko maan'ney waale bhi padhte hai'n aur naa maan'ney waale bhi padhte hai'n. Allah rabbul izzat ka quran e hakeem mey irshaad hai -

وَالْمُحْصَنَاتُ مِنَ النِّسَاءِ إِلَّا مَا مَلَكَتْ أَيْمَانُكُمْ ۖ كِتَابَ اللَّهِ عَلَيْكُمْ ۚ وَأُحِلَّ لَكُمْ مَا وَرَاءَ ذَٰلِكُمْ أَنْ تَبْتَغُوا بِأَمْوَالِكُمْ مُحْصِنِينَ غَيْرَ مُسَافِحِينَ ۚ فَمَا اسْتَمْتَعْتُمْ بِهِ مِنْهُنَّ فَآتُوهُنَّ أُجُورَهُنَّ فَرِيضَةً ۚ وَلَا جُنَاحَ عَلَيْكُمْ فِيمَا تَرَاضَيْتُمْ بِهِ مِنْ بَعْدِ الْفَرِيضَةِ ۚ إِنَّ اللَّهَ كَانَ عَلِيمًا حَكِيمًا

Aur shadi shuda aurate'n tum par haraam hai alawa unke jo (jehaad mey) tumhari kaneeze'n ban jaaye'n (haraam nahi'n hai'n) ye khuda ka khula hua (tehreeri) kanoon hai aur inn aurato'n ke alawa tumhare liye (aur aurate'n) halaal hai'n ki apne maal (mehar) ke zariye (paak daman) aurato'n sey rishta karo iffat wa paak damani ke saath, bad'kaari wa zina ke saath nahi'n, pas jo bhi aurato'n sey muta'a kare unki muayiyana mehar de de aur mehar mukar'rar hone ke baad bhi aapas mey raza'mandi ho toh kam yaa zyada karne mey koi gunaah nahi'n hai be'shak allah (har cheez sey) wakif aur maslahato'n ka pehchaan'ney waala hai .
(Surah nisa ki aayat 24)

Hala'nki iss par behes nahi'n karunga warna baat lambi khinchegi, isey bayan karne ki mukhtasar si wajah ye hai ki allah ke banaye kanoon ko shariyat ko thuk'ra kar, agar apna banaya kanoon aur shariyat logo'n par thop'ne ki koshish ki jaayegi toh ye halakat aur gum'raahi ka bayis hongi. Shariyat badi aasaan aur mufeed hai agar, samajh'ne waale mey samajh'ne ki quwwat ho toh wo aasaani sey samajh sakta hai. Agar shariyat samajh aa jaye toh har amal aasaan lagega chahe namaaz ho yaa zakaat yaa aur bhi saare amal. Ek baat aur bayan kar du'n ki maulviyo'n ney takreero'n mey iss tarah bayan kiya hai jaise deen o duniya ek dusre sey jude hi naa ho'n maslan ke taur par maulvi kehta hai, deen kamao, duniya ke peeche naa jao aur log samajh'te hai'n ki deen o duniya ek dusre sey jude nahi'n jab ki haqeeqi deen aur shariyat ko thaam'kar duniya mey jeena yaani quran o ahlebait Alaihis'salaam ki di huyi taleem ke mutabik duniya mey zindagi guzaar'na hi deen hai.

33. Itaa'at E Masoomeen Alaihis'salaam -

Mere apno'n! Aapko lagta hoga ki itaa'at ka kya matlab hota hai namaaz padhna, roza rakh lena wagairah-wagairah lekin itaa'at ka matlab kuch aur hi hai, apne maalik ke, apne mehboob ke har hukm ko pura karna hi itaa'at hai. Wakiya bayan kar raha hu'n ek kabeele ke sardaar ki haseen'tareen ladki Zulfa aur Yaman ke ek habshi ghulaam Zubair ka. Wo Zubair jis ka baap bhi ghulaam tha aur jis ki maa'n bhi kaneez thi. Zubair ka rang kaala, kad chota tha, paise sey ghareeb aur ghulami mey rehne waale insaan the. Rasoolullah sallallahu alaihe wa aalihi wasallam par imaan laaye aur baad e hijrat, Madina mey bas gaye. Uss waqt Madina mey do tarah ke musalmaan reh rahe the, ek toh ansaar aur Madina ke rehne waale log aur dusre hijrat kar ke aaye wo log jinke paas zyada paisa nahi'n tha. Ek dafa Zubair masjid mey baithe huye the ki Rasoolullah sallallahu alaihe wa aalihi wasallam tashreef laaye aur Zubair sey baat'cheet karne lage, aap sallallahu alaihe wa aalihi wasallam ney farmaya, "Zubair! Tum nikaah kyu'n nahi'n kar lete?", Zubair kehne lage, "mai ek habshi ghulaam hu'n jiske paas naa kad hai, naa khubsoorati aur naa paisa, mujhe kaun baap apni beti dega?", Rasoolullah sallallahu alaihe wa aalihi wasallam ney pucha, "fir kya karoge?", Kehne lage, "aap sallallahu alaihe wa aalihi wasallam ki khidmat mey zindagi guzaarunga."

Rasoolullah sallallahu alaihe wa aalihi wasallam ney, Zulfa ke baap ka naam le kar kaha ki jao aur usey paighaam do ki maine uski ladki ke liye tumhara rishta bheja hai. Zubair hairaan aur pareshaan reh gaye ki kisi aam insaan ka naam le dete toh baat alag thi, sardaar ki beti ke liye rishta bhij'wa rahe hai'n, jis ka baap kisi baadshah ke rishte ka muntazir hai. Upar sey raat ka waqt yaa subah-subah ka waqt naa chun'kar, dopehar ka wo waqt chuna, jab sardaar ka darbaar lagta hai.

Zubair waha'n pahunche aur Zulfa ke baap sey kaha, "sardaar! Rasoolullah ney aapki beti ke liye nikaah ka paighaam bheja hai." Sun kar sardaar ko gussa aaya aur uss ney mana kar diya, tab Zulfa ney kaneez ko bhej'kar apne baba ko andar bulwaya aur kehne lagi, "baba! Aapko chahiye tha ki aap Zubair ko rok kar rakhte aur peeche sey kisi ghulaam ko bhij'wa kar maloomaat karte." Sardaar ney kaha, "kya tum aese aadmi sey nikaah karti'n ki jis ki surat ek baar dekh kar dusri baar naa dekhi jaa sake (yaani bad'surati ki wajah sey)?", Zulfa ney kaha, " kyu'n nahi'n, agar Rasoolullah sallallahu alaihe wa aalihi wasallam ye hi chahte hai'n toh zarur."

Sardaar, masjid ki taraf chal diya aur jaise hi dakhil hua toh Rasoolullah sallallahu alaihe wa aalihi wasallam ney uss sey rishte ke mutalliq pucha, pas uss ney tauba ki aur rishta tay kar diya, iss rishte ki khabar sun kar saare log hairaan reh gaye. Baaz riwayato'n mey hai ki aap Zubair rishta hone sey pehle aur baaz mey hai ki rishte ke baad aap ek jung mey shaheed ho gaye. Aapke intakaal ke baad Hoore'n nikaah karne ki muntazir thi'n aur Zulfa ke paas bhi dhero'n rishte aane lage, sab aap sey nikaah karne ke khwahish'mand the.

Toh mere apno'n! itaa'at ka matlab hai, apne aaqa ki har wo baat maan'na jo unka hukm ho, iss mey khud ko achcha yaa bura lagne ka dakhal nahi'n. Khuda ki kasam! Jis ney Allah ki, Rasoolullah ki aur Ulil Amr ki itaa'at ki, wo duniya mey bhi kaamyaabi payega aur aakhirat mey bhi kaamyaabi payega. Be'shak, khuda ke deen mey jo kuch bhi qurban karo, uska sila badh'kar hi milta hai.

34. Lashkar E Imaam mey kaun shamil hoga -

Mere apno'n! Momin ki sab sey badi alaamato'n mey sey ek! Toh ye hai ki wo Imaam E Qayam Alaihis'salaam ke zuhoor ka muntazir hai aur saath hi saath wo, Imaam Alaihis'salaam ke liye mehnate'n bhi karta hai aur apni agli naslo'n ko bhi Imaam Alaihis'salaam ke liye mehnat karne waala banata hai. Aaj jo log, buzurg saadato'b ki be'wajah mukhalifat karte hai'n, unko har mauzu par galat sabit karne ki koshish karte hai'n, jin sey deen lena chahiye, unhe hi naa'haq par sabit karne ki koshish karte hai'n, aapko kya lagta hai ki ye Imaam Mehdi Alaihis'salaam ke zuhoor ke baad unka saath denge yaa unki mukhalifat karenge?

Aaj jo log khul'kar ye nahi'n bata paa rahe ki jung e karbala mey kaun haq par tha aur kaun baatil par tha yaa jo Hazrat Hasan Alaihis'salaam ke qatilo'n ke naam nahi'n bata paa rahe, wo kis ke saath nazar aayenge?, Jin mey itni himmat bhi nahi'n ki Jung E Jamal, Jung E Siffeen aur Jung E Nahar'waan par khul kar haq aur baatil samjha sake'n wo Imaam Mehdi Alaihis'salaam ke liye jung karenge?, Jinke paas itni aqal bhi nahi'n ki ye soch sake'n ki jab aakhiri Imaam yaani barahwa'n Imaam yaani Imaan E

Qayam hi Imaam E waqt hai'n, Khalifa E waqt hai'n toh aese kaise ho sakta hai ki pehla Imaam, pehla Khalifa, Allah ka chuna hua numayinda naa ho kar, logo'n ka chuna hua numayinda hoga?, Yaani jinhone Rasoolullah sallallahu alaihe wa aalihi wasallam ke elaan e aam ke bawajood Maula Ali Alaihis'salaam ki khilafat, imaamat, wilayat ko thuk'ra diya, jinhone ameerul momineen ko apna ameer maana hi nahi'n aur aaj bhi nahi'n maante, kya ye log Imaam Alaihis'salaam ke lash'kar mey shamil honge?

Be'shak, Allah bada rehmaan o Raheem hai. Agar Allah ney apne Habeeb aur Ulil Amr ko hukm diya hota aur agar wo yu'n keh dete ki mere lash'kar mey wo hoga jis ney kabhi namaaz kaza naa ki ho'n yaa kabhi roze tark naa kiye ho'n yaa kabhi gunaah e kabeera naa kiya ho toh ham jaise gunaah'gaaro'n ki aas toot jaati lekin Allah aur Allah ke Habeeb ney bada hi aasaan sa meyaar rakha hai, wo ye ki tauheed o risaalat ke saath-saath imaamat o wilayat ka bhi ikraar kare, wo Imaam Alaihis'salaam ka saathi hoga, ghulaam hoga yaani unke lash'kar ka hissa hoga.

Yaha'n yaad rakhne laayak baat ye bhi hai ki karbala mey ek aesa aadmi bhi tha jis ney siffeen mey Maula Ali Alaihis'salaam ki taraf sey jung ki thi lekin karbala mey Imaam Hussain Bin Ali Alaihis'salaam ke khilaaf aa gaya tha. Wahi'n dusri aur Hazrat Hur'r ka bhi zikr milta hai, jo pehle toh Yazeed ki taraf sey aaye the lekin baad mey Hazrat Hussain Alaihis'salaam ki taraf sey jung kiye. Yaha'n nek aur gunaah'gaar dono'n hi taraf ke logo'n ke liye paigham hai. Agar koi nek hai aur raah e Imaam Alaihis'salaam par hai toh usey chahiye ki khud ko sabit'kadam rakhe, tauba karta rahe aur apne irade ko aur mazboot karta rahe. Theek aese hi Jo gunaah'gaar hai, usey chahiye ki mayoos naa ho ki ab hamara kuch nahi'n ho sakega, balki aaj sey hi sachchi pakki tauba kar ke, Imaam Alaihis'salaam ke liye mehnat karne waala aur zindagi guzaar'ne waala ban'ne ki koshish karna shuru kar de.

Imaam Alaihis'salaam ke lash'kar mey jo log honge unki ek sifat toh ye hai ki wo khuda ke diye haqeeqi deen par honge, wo haqeeqi deen jo Allah ke Rasool ney ham tak pahunchaya aur Quran O Ulil Amr ney jiski taraf bulaya, wo haqeeqi deen islaam, jo Allah ko qubool hai yaani Lash'kar E

Imaam Alaihis'salaam mey koi bhi shakhs aesa nahi'n hoga jo Takhleeqi islaam ka pairo'kaar ho. Imaam Alaihis'salaam ke lash'kar ke log, haq ada'a karne waale honge yaani har rishte mey haq ada'a karenge, iske alawa bhi huqooq ul Allah ho yaa huqooq ul ibaad ho, jo bhi huqooq un par daale gaye hai'n, unhe ada'a karne waale honge.

Be'imaan, namazi, roze'daar, zakaat dene waala, haj karne waala hona bhi shart hai lekin uss tarah jis tarah Lash'kar E Hussain Alaihis'salaam ke log the, naa ki uss tarah jis tarah Yazeed paleed ki fauj thi. Yaani deen ke arkaano'n ko samajh'kar karna shart hai, ilm aur ishq ko thaam'kar hi haq tak pahuncha jaa sakta hai. Namaaz tab tak namaaz hai jab tak tauheed ke liye padhi jaaye, risaalat ke bataye tareeke sey padhi jaaye, dil mey wilayat o imaamat ki mohabbat rakh kar padhi jaaye, warna sar patak'ne aur sajda karne mey farq hi nahi'n bachega. Namaaz toh dono'n hi ada'a karte the lekin hur'r aur hur'mala mey bahaut farq tha.

Aesa nahi'n ki momin gunaah nahi'n karta lekin momin gunaah e kabeera karne sey har haal mey bachta hai aur gunaah e sageera ho jaaye toh bhi fauran tauba kar leta hai. Deen o shariyat ke farayiz aur wajibaat ko pura karta hai, sunnato'n par amal karta hai. Quran O Ahlebait Alaihis'salaam ko thaam'kar rakhta hai. Tauheed, risalaat aur nabuwat ke saath-saath imaamat aur wilayat ko bhi thaam'kar rakhta hai. Buland akhlaaq, buland kirdaar bhi momin ki pehchaan hai'n. Hamare Sahaba Radi'Allah aur Muhibb E Ali Alaihis'salaam iski behtareen misaal hai'n. Hazrat salmaan farsi, Hazrat Miqdaad, Hazrat Abuzar, Hazrat Malik E Ashtar, Hazrat Meesam, Hazrat Kambar wagairah sey seekh'na chahiye ki khudai banda yaani Wafa'daar E Mohammad O Aal E Mohammad yaani momin kaise ban jaata hai.

Hame sadaato'n ki khaas'kar wo sadaat, jo apni zindagi, mehnat e deen mey laga kar rakhe hai'n, jo deen o shariyat ka ilm rakhte hai'n, unki khidmat mey reh kar ilm hasil karna chahiye aur un sey hi haqeeqi deen bhi lena chahiye, mere apno'n! Yaad rakhna, be'shak deen e islaam par chal kar hi sau fisad kaamyaabi mil sakti hai lekin yaha'n deen e islaam sey muraad, haqeeqi deen sey hai naa ki Takhleeqi deen sey.

35. Dadhi sunnat hai yaa wajib -

Hamare muashre mey ye baat mash'hoor hai ki dadhi rakhna sunnat hai jab ki ek riwayat mey ye tak aata hai ki ek kaum par isliye azaab nazil ho chuka hai ki wo dadhi moond'te the. Iss riwayat ke alawa bhi agar ham gaur kare'n toh paayenge ki Aadam Alaihis'salaam sey le kar Mohammad Musatafa sallallahu alaihe wa aalihi wasallam tak har ek Ambiya Alaihis'salaam ney dadhi rakhi. Har ek waliyo'n ney dadhi rakhi, Ameerul momineen, sardaar e imaamat, maalik e wilayat Ali Alaihis'salaam aur baaki Imaamo'n ney bhi dadhi rakhi yaani usey sirf sunnat keh dena sahi nahi'n hoga, yaha'n tak ki isey bas mustahab samajh lena bhi kaafi nahi'n, dar'haqeeqat, dadhi rakhna wajib hai aur iss par bhi badi-badi behes aur daleele'n maujood hai'n, jinhe aap shariyat aur usoolo'n ki kitaabo'n mey padh sakte hai'n, mai mukhtasar sa jitna samjhana chahta tha, likh diya hu'n.

Guzishta ummato'n mey kayi kaum aesi hai'n ki agar ham unke baare mey padhe'n toh paate hai'n ki Allah rabbul izzat ney kayi kaumo'n ko jaanwaro'n mey tabdeel kar diya tha, kayi logo'n ko patthar mey badal diya tha yaa badi tabahiyo'n aur azaab mey kaum ki kaum mit gayi thi. Mohammad sallallahu alaihe wa aalihi wasallam, rehmatallil aalameen hai'n aur aap Alaihis'salaam ke aa jaane ke baad sey le kar, aap Alaihis'salaam ke aakhri imaam ke aane tak aese bade azaab taal diye gaye hai'n yaani qayamat nahi'n aayegi lekin iska ye matlab nahi'n ki ham khud ko gunaaho'n sey bari samjhe.

Dadhi kitni rakhni chahiye iss par maslako'n ke darmiyaan ikhtilaaf hai lihaza aap apne aalimo'n sey puche'n aur tehkeek kare'n, mai yaha'n wo baat bayan kar raha hu'n jis par kisi maslak ko ikhtilaaf nahi'n aur wo ye hai ki dadhi ko kaatna nahi'n chahiye yaani moond'na nahi'n chahiye aur mooncho'n ko badha'na nahi'n chahiye. Ab dadhi kitni rakhna chahiye wo aap tehkeek kare'n lekin kamaz'kam dadhi ko moond'na yaani shave karna band karde'n aur badi moonche'n naa rakhe'n.

36. *Maksad E Fatima Salaamullah Alaiha -*

Mai baat kar raha hu'n, Maksad E Fatima Salaamullah Alaiha ki jisey yaa toh bade-bade aalim aaj tak samajh hi nahi'n paaye hai'n yaa shayad jaan'bujhkar chipate hai'n. Masla E Fadak, jisey yaa toh molviyo'n ney bayaan hi nahi'n kiya yaa fir mehez ek zameen ka tukda keh kar, samet diya. Aapko kya lagta hai Rasoolullah sallallahu alaihe wa aalihi wasallam ki pyari beti, jinhe pehle hi jannat ki sardaari ata'a kar di gayi thi, wo baar-baar darbaar mey sirf zameen ke liye mukadma ladne gayi'n?

Mere apno'n Rasoolullah sallallahu alaihe wa aalihi wasallam ke wisaal ke baad yaani aapke parda farma lene ke baad, ummat ney aap Rasoolullah sallallahu alaihe wa aalihi wasallam ka farmaan thuk'ra diye. Allah ke banaye khalifa ko thuk'ra kar, ummat ka chuna khalifa, sarparast bana liya gaya. Wo Ali Alaihis'salaam jo Rasoolullah sallallahu alaihe wa aalihi wasallam ki maujoodgi mey bhi Ameerul Momineen kehlaate the, jinhe khud Rasoolullah ney, apni ummat ka Sarparast, Maula, Wali aur momino'n ka Ameer banaya tha, unki wilayat, imaamat aur khilaafat ko thuk'ra diya gaya.

Fatima Salaamullah Alaiha ney darbaar mey mukadma kiya, jab mukadma kharij kar diya gaya toh aapne dobara dusri daleel ke saath mukadma dayar kiya. Saboot diye, gawaah pesh kiye, yaha'n tak quran ki ek do nahi'n balki takreeban chalees aayate'n pesh kar ke apni baat rakhi lekin aakhir mey aap ke dono'n mukadme kharij kar diye gaye, aur pachaas baar darbaar mey jaa kar, haq daleel dene ke bawajood bhi Fatima Bint E Mohammad khali haath hi lautayi gayi'n. Mai, yaha'n iss par tafseer sey nahi'n likh raha hu'n, agar aap isey tafseer sey padhna chahe'n toh mai apni pichli ek kitaab, "Wasi E Rasool", mey iska zikr kiya hu'n. Jaisa ki iss kitaab ka mauzu do islaam hai, toh mai bas utna hi bayaan kar raha hu'n jitna zaruri samajhta hu'n.

Maqsad E Fatima Salaamullah Alaiha, mahaz ek zameen ka tukda hasil kar lena nahi'n tha, be'shak Fadak aapka tha aur Fadak hi kya ye saari zameen o aasmaan, kaayenaat o Jannat sab aapki hi hai. Amma Fatima

Salaamullah Alaiha, baar-baar darbaar mey gayi'n thi toh haqeeqi deen ko bachane. Aapne logo'n ko yaad dilaya ki tum Nabi sallallahu alaihe wa aalihi wasallam ke parda farmaate hi haqeeqi deen ko chor'kar, Takhleeqi deen ki taraf chal diye ho. Haqeeqi mayine mey, aap Fatima Salaamullah Alaiha ney pehle Imaam ke liye jung ladi hai, aapne imaamat aur wilayat ko bachane ke liye jung ladi hai. Jab saare hi log maula Ali Alaihis'Salaam ke mukhalifeen ban rahe the tab aapne "Aliyun Waliyullah" ke bhula diye gaye paigham ko zinda kiya, aapne ghadeer ke paigham ko aam kiya aur sabit kiya ki fadak hamara hai, saath hi saath, wilayat, imaamat aur khilaafat bhi hamari hi hai.

Lekin afsos ki Ummat E Rasool ney, Rasoolullah ki pyari beti ko bhi jhuth'laya, unhe unka haq nahi'n diya aur ab intiha ye ki ek maulvi ney kuch saal pehle, Amma Fatima Salaamullah Alaiha ko hi khata par bata diya yaani be"deeni itni badh chuki hai, Takhleeqi deen dilo'n par itna chah gaya hai ki ab haq par chalne waale sab sey behtareen log yaani panjtan paak bhi maulviyo'n ko khata par nazar aane lage hai'n, jinhe'n khuda ney tatheer kiya ho unhe'n galat keh kar, aap Qur'an ka inkaar kar rahe hai'n.

Amma Fatima Salaamullah Alaiha ney deen e islaam ke liye badi kurbaani di hai, hame chahiye ki Maksad E Fatima Salaamullah Alaiha ko pehchane'n aur haq aam karne ki mehnat karte rahe'n, ye hi panjtan paak Alaihis'salaam sey sachchi mohabbat aur wafa'daari ki nishani hai. Allahumma salle alaa mohammad wa alaa aale mohammad.

37. Maula Ali Alaihis'salaam aur Aakhirat -

Jab Rasoolullah sallallahu alaihe wa aalihi wasallam ney elaan e nabuwat bhi aam naa kiya tha, wo bachcha (ameerul momineen) unke saath raha karta tha, jis ney islaam ko qubool nahi'n kiya balki wo fitrat e islaam par paida hua, kaabe ke andar paida hua. Rasoolullah sallallahu alaihe wa aalihi wasallam ke saath tab bhi namaaz ada'a ki jab namaaz ummat par farz nahi'n ki gayi thi. Jab Rasoolullah sallallahu alaihe wa aalihi wasallam ney elaan e nabuwat kiya, tab Ali Alaihis'salaam ney hi tauheed o risaalat ki pehli gawahi di aur sab sey pehle Rasoolullah ka saath dene waale momin keh'laaye.

Jab Rasoolullah sallallahu alaihe wa aalihi wasallam par pattharo'n ki barish hoti toh aap Rasoolullah sallallahu alaihe wa aalihi wasallam par hone waale hamle rok'ne ke liye Ali Alaihis'salaam maujood rehte hala'nki tab wo kam umr ke bachche the. Kaaba mey butt girane sey le kar khaibar ka dar ukhaad'ne tak, badr mey kuffar ko jahannum raseed karne sey le kar ohad mey Rasoolullah sallallahu alaihe wa aalihi wasallam ko bacha'kar laane tak jab ki sab aap sallallahu alaihe wa aalihi wasallam ko chor'kar bhaag chuke the, faqat haider hi haider nazar aate hai'n.

Chahe bistar e shab e hijrat ho, chahe Nikaah E Bint E Mohammad ho, har jung ke maidaan mey awwal, Allah aur Rasoolullah sey mohabbat mey awwal, ilm o ishq ke maidaan mey awwal, imaamat o khilafat ke maidaan mey awwal, wilayat ki buniyaad, nabiyo'n ke gham'khwaar aur Allah ki talwaar ban'kar jo zameen par nazar aaya wo Ali Alaihis'salaam hai'n.

Kabhi Rasoolullah ney Abu Turaab kaha, kabhi bhai kaha, kabhi apni nafs kaha, kabhi apna khoon kaha, kabhi apna gosht kaha toh kabhi Ameerul Momineen kaha. Kabhi ghadeer mey haath buland kar ke Maula E Ummat kaha toh kabhi Jung E Tabook ke mauke par apna aamil aur jaa'nasheen kaha. Inki jauza ko jannat ki aurato'n ki sardaari ata'a hui, inke beto'n ko jannat ke jawaan mardo'n ki sardaari ata'a huyi. Ye khud Waliyullah hai'n, Asadullah hai'n, Noorullah hai'n, Aayatullah hai'n, Wajhullah hai'n, Baabullah hai'n, Ainullah hai'n, Yadullah hai'n, Asadullah hai'n, Saifullah hai'n.

Wo Ali Alaihis'salaam raat ke andhero'n mey uth'te hai'n aur apne Rab ko Khaliq E Akbar ko sajda karke rote hai'n, gunaah nahi'n karte lekin tauba karte hai'n, paak hai'n lekin khauf'zada rehte hai'n, Allah raazi hai lekin fir bhi Rab ko raazi karne ki fikr mey lage rehte hai'n, Ameerul Momineen hai'n lekin khud ko nabi ka adna sa ghulaam samajhte hai'n. Qurbaan jau'n, Imaam E Awwal ki zaat par. Hamare baarah ke baarah Imaam, Allah sey darte rahe, Allah ke saamne rote rahe, Allah ko hi apna Rab maana aur manwaya lekin aaj ke daur mey zaakiro'n ki jazbaati takreer sun kar logo'n ney ye maan rakha hai ki ham toh bakhshe bakhshaye hai'n.

Mere apno'n! Be'shak Mohammad O Aal E Mohammad, hamari shafa'at karayenge lekin kya ham'ne khud'ko iss layak banaya hai ki hamari shafa'at karayi jaaye?, Afsos ki ummat ney Imaamo'n ko hi thuk'ra diya aur ham par bhi afsos ki ham'ne Imaamo'n ko toh thaama lekin Imaamo'n ki taleem ko jaane anjaane mey bhula diya. Ek Allah ko hi apna Rab jaan'na aur maan'na, sirf ek Rab ko hi Khaliq E Akbar maan'na imaan hai. Rasoolullah sallallahu alaihe wa aalihi wasallam ki risalat par imaan rakhna aur tamaam nabiyo'n sey mohabbat rakhna bhi imaan ki shart hai. Quran E Kareem aur Ahlebait Alaihis'salaam ko thaam'na yaani inke hukmo'n par amal karna hi deen hai.

Hame ijazat nahi'n ki ham daawa e ishq e imaam kare'n aur deen ke farayiz aur wajibaat sey dur rahe'n. Haqeeqi deen par amal karne ke liye shariyat o tarikat par chalna bhi zaruri hai. Inke bina haq nahi'n milta. Yaad rakhe'n ki bina ishq ka ilm, takabbur paida karta hai aur bina ilm ka ishq, kufr tak le jaata hai. Haq deen par rehne ke liye Quran aur Ahlebait Alaihis'salaam, dono'n ko thaam'na zaruri hai. Hame hamare imaamo'n sey seekh'na chahiye ki apne Rab sey kaise mohabbat karni hai, kaise darna hai aur kaise Allah ki ibadat mey zindagi guzaarna hai. Allah rabbul izzat, ham sab ko kehne-sunne sey zyada, amal karne waala banaye.

38. Ghairat e mard e momin -

Ghairat, momin mard ki sifat mey sey ek sifat hai aur iske baghair insaan adhura hai. Jab koi nek banda gunaah ki taraf kadam badhata hai, haraam ki taraf kadam badhata hai toh uska zameer aur ghairat usey aesa karne sey rokte hai'n. Ghairat lafz khaas taur par self respect ke liye istemaal kiya jaata hai yaa fir khud ko yaa apno'n ko gunaah mey dekh kar yaa gunaah ki soch'kar, uss gunaah sey bachne-bachane yaa bachaye rakhne ki fikr ko jo dil mey khud ba khud paida hoti hai, ghairat kehte hai'n.

Kayi dafa ghairat ka talluq iss sey bhi hota hai ki ham apne maalik, aaqa ke hukmo'n ko pura nahi'n kar paa rahe. Iski sab sey badi misaal Hazrat Abbas Alam'daar hai'n. Aap Hazrat Abbas, Hazrat Hussain Alaihis'salaam ke bhai hai'n lekin khud ko aaqa Hussain ka ghulaam samajh'te hai'n, jab karbala mey aap sey Hussain Alaihis'salaam ki beti ney paani laane ki khwahish zahir ki toh aap hazrat Abbas Alam'daar paani lene nikle, be'tegh ladte rahe aur aakhir mey shaheed kar diye gaye, aap pani nahi'n laa sake toh aap ney wasiyat kar di ki meri laash ko kheme mey naa le jaaya jaaye, jung ke baad jab Ahlebait Alaihis'salaam ko kaidi banaya gaya aur shaheedo'n ke saaro'n ko kaat kar neze par sajaya gaya toh Hazrat Abbas ka sar baar-baar gir raha tha, unhe yu'n ghairat lag rahi thi ki naa paani laa sake aur naa hi Nabi ki betiyo'n aur bahu'o'n ki chadar bacha sake.

Afsos, ummat ney haqeeqi deen ko chor diya aur khud ko Takhleeqi deen mey fansa liya. Ab halaat yu'n ho gaye hai'n ki insaan ke andar ka zameer mar raha hai aur ghairat bhi lag'bhag mar chuki hai. Sadaat buzurg kehte the ki mard ki ghairat ka andaza iss baat sey bhi lagaya jaa sakta hai ki uski biwi aur betiya'n kitni parde'daar hai'n. Aaj islaam ke bataye mutabik parde ko chor kar jadidiyat ke naam par bina chadar firne waali ladkiya'n aur aurate'n, apne ghar ke mardo'n ki be'gairati ki jeeti-jaagti nishaniya'n hai'n.

Ab jab aadmi mey itni ghairat bhi nahi'n bachi ki wo kamaz kam, ghar ki aurato'n ka parda hi sahi Kara de toh deen ke liye ladne ki, shariyat ke liye ladne ki ghairat kaha'n sey laayega?, Haqeeqat toh ye hai ki ab ummat ke lag'bhag sabhi mardo'n ke dilo'n sey ghairat nikal chuki hai, sirf chand log hi aese bache hai'n jinhe ghair'mard maana jaa sakta hai. Afsos, ghairat par takreer karne ke liye toh laakh log maujood hai'n lekin aese aadmi baa'mushkil sey milte hai'n jinke amal sey ghairat jhal'ke. Mere apno'n! Khud ke upar fikr karo, apne soye huye zameer aur ghairat ko zinda karo, yaad karo ki tum wo kaum ho jisey logo'n ke faayde ke liye nikaala gaya tha ki tumhe logo'n ko haq ki taraf bulana tha aur badi sey rokna tha lekin aaj halaat kya ho gaye?, Khud ko dobara badal'ne ki zarurat hai, Quran o Ahlebait Alaihis'salaam ki taraf laut'ne ki zarurat hai, Takhleeqi deen chor kar haqeeqi deen par aane ki zarurat hai.

39. *Kuch aurate'n, Fatima Salaamullah Alaiha ke saath rahengi -*

Kuch aurate'n, aakhirat mey Fatima Salaamullah Alaiha ke saath hongi yaha'n tak ki jannat mey daakhil ho jaayengi. Pehli toh wo, jis ney apne shauhar ka ghareebi ke aalam mey bhi saath diya yaani apne shauhar par be'wajah aur be'fizool ki khwahisho'n ko pura karne ka dabaav nahi'n banaya balki uski muflisi mey bhi saath diya. Jis ney shauhar ko duniya wa daulat ke liye nahi'n deen wa aakhirat ke liye thaama tha. Aaj kal logo'n ney taleem e Ahlebait Alaihis'salaam ko bhula diya hai, Rasoolullah sallallahu alaihe wa aalihi wasallam ney khud apni beti sey kaha tha ki, "maine tumhara nikaah uss shakhs sey kiya hai jo mere baad, duniya ka sabse behtareen aadmi hai, uske saath reh kar duniya toh utni nahi'n milegi lekin aakhirat behtareen hogi." Lekin afsos aaj baap, apni beti ke liye mahez maaldaar aadmi dhund'ta hai naa ki deen'daar.

Dusri wo haya'daar aur sharm karne waali aurate'n bhi Fatima Salaamullah Alaiha ke saath hongi, jin mey sharm itni ho ki kisi ghair mard ko naa dekhe'n naa baat kare'n aur haya itni ho ki koi ghair mard naa hi unhe'n dekh sake aur naa hi baat karne ki himmat kar sake. Maa'n-baap par farz hai ki apni beti ko aakhirat de. Beti jab tak ghar mey rahe uss tak haq deen pahunchaye aur jab wida kare toh aese shakhs ko dhundhe jo do aalam mey uska saath nibha sake, jo duniya sey zyada uski aakhirat bananey ki mehnat kar sake. Mard toh bahaut pehle sey hi mehram-naa'mehram sey jude gunaaho'n mey mubtila the lekin aaj-kal aurate'n bhi mehram-naa'mehram ki tameez bhulti chali jaa rahi hai'n. Shadiyo'n mey, program mey saj sanwar'kar jaana aur tasveere'n khinchna, ghair mardo'n sey baat karna ab aam hota jaa raha hai, meri behno'n! Agar aap wakayi chahte hai'n ki aapko roz e hashr, Fatima Salaamullah Alaiha ka saath naseeb ho toh aapko chahiye ki aap nabi ki beti ke bataye raaste par bhi chale'n.

Teesri kism ki aurate'n wo hai'n, jinhone duniya mey khud ko chughli, hasad, bad'gumani, gheebat sey bacha'kar rakha aur apni agli naslo'n tak haq deen pahunchane ki mehnat ki. Jinhone shaitaan ke fareb sey khud ko bacha kar rakha aur Imaam E Qayam Alaihis'salaam ke liye mehnat karti rahi'n, jinhone deen ki raah mey chal'ne ke liye shauhar ko rahate'n di'n, aasaaniya'n di'n aur apni aulaad ko yu'n taiyaar kiya ki wo Wafa'daar E Imaam ban kar ubhra aur Imaam ke naam par hi apni zindagi qurbaan kar di. Aulaad, apni maa'n sey jitna seekhti hai utna toh baap sey bhi nahi'n seekhti, agar mai kahu'n ki maa'n hi bachche ki pehli ustaad hoti hai'n, toh iss mey kuch galat nahi'n, be'shak maa'n hi aulaad ke kirdaar ki buniyaad rakhti hai, usey taleem o tarbiyat deti hai. Afsos ki aaj maa'nye (mother's) apni aulaad ko duniya ki kaamyabi hasil karne mey toh madad karti hai'n lekin unhe ek achcha insaan, ek achcha musalmaan banane ke liye mehnate'n nahi'n karti'n.

40. Fazilat E Fatima Zahra -

Ek ilm'daar shakhs, Imaam Jafar Sadiq Alaihis'salaam ki khidmat mey aaya aur arz karne laga, "maine surah dahar ki tilawat ki, baar-baar tilawat ki, iss mey Allah ney jannat aur jannat mey milne wali, ata'a ki jaane waali har cheez ka zikr kiya hai lekin iss mey Huro'n ka zikr nahi'n milta hala'nki Qur'an mey kayi jagah Huro'n ka tazkira maujood hai. " Imaam Alaihis'salaam ney farmaya, "ye surah, Amma Fatima Salaamullah Alaiha ki shaan Mey naazil huyi lihaaza Allah ney Huro'n ki baat ko maqfi rakha taaki Fatima Salaamullah Alaiha ki shaan mey koi kami naa aaye.

Allahu akbar kaseeran kaseera, qurbaan jaau'n, Bint E Mohammad Salaamullah Alaiha ki paaki aur bulandi par ki jaha'n aapki shaan bayan ki jaati hai uss aayat mey toh dur, uss surah mey bhi Huro'n ka tazkira nahi'n kiya jaata.

Surah Dahar ka ek akhlaaqi pehlu bhi hai jo logo'n ko samajh nahi'n aata. Amma Fatima Salaamullah Alaiha ke saath, aakhirat mey jannat jaane ki khwahish rakhne waali aurato'n ko chahiye ki iss surah ko baar-baar padh kar samjhe'n. Ye ek surah apne aap mey nazr o nazar ka sahi tareeka, shauhar ki ghurbat mey saath dene ka jazba, sakhawat, taqwa aur sirf allah ki raza ke liye amal karna jaise bahaut saare zahiri aur batini maslo'n par raushni daalti hai.

Jab Imaam Hussain Alaihis'salaam beemaar huye toh ghar'walo'n ney nazr ki ki Hussain Alaihis'salaam ko shifa milne par teen roze rakhenge. Imaam Hussain Alaihis'salaam theek huye aur roze pure karne ka waqt aaya. Aap Ali Alaihis'salaam ek yahoodi ke paas gaye aur teen din ke kaam ki baat tay huyi badle mey uss ney ujrat ki raqam yaa gandum pehle hi ata'a kar di yaani advance mey, aap Ali Alaihis'salaam raqam le kar ghar aaye aur apni zauja ke hawale kar di. Ab jab iftari ka waqt aaya toh dar par dastak huyi ek miskeen aaya tha, Amma Fatima Salaamullah Alaiha ke kehne par saara khana usey de diya gaya aur ghar'walo'n ney faaka kar liya.

Yaha'n gaur o fikr ki baat ye hai ki ghar mey do din ki aur ujrat pehle sey rakhi hai lekin chu'n ki abhi uske badle ka kaam nahi'n kiya gaya hai isliye Amma Fatima Salaamullah Alaiha ke nazdeek uss par haq nahi'n banta. Agle roz fir roza rakha aur jaise hi iftari karne ka waqt aaya darwaze par dastak huyi, ek yateem khada tha, aap Fatima Salaamullah Alaiha ke kehne par saara khana usey de diya gaya. Aese hi jab teesra roza hua aur iftaar ka waqt hone ko tha tab darwaze par dastak huyi aur kaidi ko khada paaya, teesre din ka khana bhi usey hi de diya gaya. Tab Allah rabbul izzat ney Qur'an mey aayate'n nazil ki'n aur irshaad farmaya -

يُوفُونَ بِالنَّذْرِ وَيَخَافُونَ يَوْمًا كَانَ شَرُّهُ مُسْتَطِيرًا
وَيُطْعِمُونَ الطَّعَامَ عَلَىٰ حُبِّهِ مِسْكِينًا وَيَتِيمًا وَأَسِيرًا
إِنَّمَا نُطْعِمُكُمْ لِوَجْهِ اللَّهِ لَا نُرِيدُ مِنكُمْ جَزَاءً وَلَا شُكُورًا

    Ye bande nazar ko pura karte hai'n aur uss din sey darte hai'n jis ki sakhti har taraf faili huyi hai.
Ye uski mohabbat mey miskeen (mohtaaj), yateem aur aseer (qaidi) ko khana khilate hai'n.
Ham sirf Allah ki marzi ki khatir tumhe'n khilate hai'n warna naa tum sey koi badla chahte hai'n naa shukriya.
(Surah Dahar ki aayat 7,8,9)

Yaha'n seekhne samajh'ne laayak naseehate'n ye hai ki shauhar ki ghurbat mey kaise saath diya jaata hai aur taqwe ki hadh ye hai ki kaam karne ke pehle hi teen din ki ujrat di jaa chuki hai yaani ek din kiya hai lekin mehnatana teen din ka de diya gaya hai iss shart par ki agle do din bhi kaam karoge. Ye shariyatan jayaz hai, lekin fir bhi Fatima Salaamullah Alaiha ney uss hisse Mey sey lena gawara nahi'n kiya. Yaad rakhe'n, duniya mey hi Fatima Salaamullah Alaiha ke sikhaye raaste par chal paana aasaan nahi'n hai, aakhirat ki toh baat alag hai. Agar kaum ki behno'n ko lagta hai ki wo shauhar ko haraam ke raaste par le jaa'kar bhi kaamyaabi paa sakti hai'n toh wo galat hai'n. Mere apno'n! Duniyawi bhook bhale hi bardasht kar lena lekin haraam ka ek lukma bhi kabhi naa khana.

❧❧❧

THREE
TEESRA BAAB

41. *Badal'te huye daur mey badal'ti huyi Takhleeqi shariyat -*

Aaj logo'n ney duniya ko iss kadar haawi kar ke rakha hai ki ab maal kamana hi maksad bacha hai, kisi ko iss baat ki fikr nahi'n ki maal haraam hai yaa halaal. Maslan ke taur par bank sey judi naukriya'n haraam hai'n kyu'n ki in mey sood ka len-den hota hai. Yaad rakhe'n share market mey yaa tijaarat mey sahi jagah paisa lagana, jaha'n nafa-nuksaan dono'n surat pesh aane ka imkaan ho waha'n kuch sharto'n aur usoolo'n ke saath paisa lagaya bhi jaa sakta hai lekin bank, jin mey khule taur par hi sood ka kaam hota hai waha'n paisa lagana yaa kaam karna haraam hai magar afsos ki log duniya ke thode sey fayde ke liye, aakhirat mey bada nuqsaan uthane taiyaar hai'n.

Jannat mey jaaney sey pehle pul siraat par araam sey guzaar'ne, aakhirat mey Fatima Salaamullah Alaiha ka saath paane ki ek manzil aur hai. Jo aurat apne shauhar ki bad'akhlaaqi, gusse, bad'zubani par sabr kar leti hai aur haq deen wa imaan ko thaam'kar rakhti hai toh wo bhi Amma Fatima Salaamullah Alaiha ki saathi hogi. Iska ye matlab nahi'n ki shauhar ko chutt de di gayi hai ki biwi sey bad'zubani aur bad'akhlaaqi ke saath pesh aaye, usey tanaa de. Tanaa dena, momin ka dil dukhana aur bad'akhlaaqi ke saath pesh aana, bade gunaaho'n mey sey ek gunaah hai. Agar aapke dost, rishtedaar aur padosi aap sey raazi ho'n lekin aapke ghar'waale aapse raazi naa ho'n toh ye Allah ke huzoor aapki pakad ki wajah banega, lihaza tauba kare'n aur khud ko haq par jamaye rakhne ki koshish karte rahe'n.

Kuch log aurato'n ko gaali dena, gunaah hi nahi'n samajh'te aur biwi ki galtiyo'n ko baar-baar bata'kar, galtiyo'n par taane de-de kar ye samajh'te hai'n ki ham toh bahaut behtar insaan hai'n ki saari baate'n seedhe bol dete hai'n jab ki momin ka dil dukhana apne aap mey bada gunaah hai, chahe wo biwi ka dil dukhao yaa kisi aur momin bhai-behan ka. Agar zarurat pade toh ladayi rokne ke liye jhoot bolna yaa jhuthi tareef kar dena bhi shariyatan jayaz karaar diya gaya hai. Kisi ka mazaak banana yaa kisi ko neecha dikhane ki koshish karna bhi bahaut galat hai.

Zulm ka sirf ye matlab nahi'n hota ki kisi ke saath maar'peet ki hai balki bad'zubani aur bad'akhlaaqi bhi zulm ka hissa hai'n. Agar koi shauhar apni biwi sey buri tarah sey pesh aata hai toh aurat uski shikayat kar ke saza dilwa sakti hai aur chaahe toh uss sey talaak bhi le sakti hai'n hala'nki talaak wo halaal amal hai jo Allah ko pasand nahi'n lihaza pehle tamaam koshishe'n rishte ko bachane ke liye karna chahiye aur talaak ko aakhri raaste ki tarah rakhna chahiye ki agar sulaah ka koi raasta hi naa bacha ho tab talaak li jaaye. Mere bhaiyo'n! Iss baat sey daro ki kahi'n wo gunaah jinhe'n tum gunaah tak nahi'n samajh'te, wo hi tumhe'n jahannum tak naa le jaa le'n.

42. Parda karne waali aurato'n ko pichda samajh'na -

Islaam ney aurato'n ko parde ka hukm diya hai lekin afsos ki ab parda karne waali aurato'n ko pichda aur laa'ilm samjha jaata hai. Koi unhe purane khayalaat ka samjhta hai toh unhe pichde ilaake ka samajh'ta hai. Kuch hadh tak gareeb musalmaano'n ke ghar mey toh parde'daari maujood hai, iska ye matlab nahi'n ki paise waale musalmaano'n ke ghar jahalat hai, balki yu'n kehna chaah raha hu'n ki paise waalo'n ki nisbat gareeb log, parde ke zyada paband nazar aate hai'n. Duniyawi taleem aur paisa hasil karte hi zyada'tar musalmaan farz aur wajib ko iss tarah chor dete hai'n jaise in par saare farz aur wajib maaf kar diye gaye ho'n yaani inhe'n paise mil gaye, oonche ohade mil gaye, rehne ka taur-tareeka aala ho gaya, high status ho gaya toh ab inhe'n wo amal karne mey bhi sharm mehsoos hone lagi jinka hukm khud Khaliq E Akbar ney diya hai.

Ye be'hadh sharm'naak hai lekin haqeeqat hai ki fashion aur jadidiyat ke naam par logo'n ney apne jism ki numaish shuru kar di hai, aurato'n ney tak apna parda hata diya hai, ghair'mardo'n ke saath uth'na-baith'na, ghus'na-firna, fakhr ka bayis samjha jaata hai. Aalimo'n ko sare'aam be'izzat kiya jaata hai, kuch logo'n ka ye kehna hota hai ki hamari niyat kharaab nahi'n, ta'ajjub ki baat hai ki jo amal hi Allah ney haraam karaar de diya ho, wo niyat sey halaal kaise ho sakta hai?, Maslan ke taur par koi sharaab ko dawa ke taur par, nek niyat sey, masjid mey ba'wuzu baith'kar, Bismillah padh kar peena shuru kare aur baad mey Alhamdulillah keh de toh kya sharaab haraam nahi'n rahegi?, Yaa iska gunaah aur zyada hoga?

Kuch logo'n ko jab samjhaya jaata hai toh aalimo'n sey kehte hai'n, aap khuda naa bane'n, Allah hashr mey faisla karega. Are nadaano'n, Allah apne waade sey, aayato'n sey peeche hatt ney waala nahi'n hai, wo apni baato'n sey nahi'n mukarta. Kabhi Qur'an utha kar dekho, Hadees E Rasoolullah utha kar dekho, kaul e baraah imaam utha kar dekho, uss mey pehle sey hi sab bata diya gaya hai, ab agar uske khilaaf koi kaam karta hai toh haqeeqi deen ke aalimo'n ko chahiye ki usey haq samjhaye'n, lekin afsos ki ab aksariyat, behas ki toh shaukeen hai lekin haq ilm seekh'ne ki talab nadarad hai. Dusro'n ki baat sun kar toh musalmaan haraam chor'ne taiyaar hai'n ki fala'n American researcher ney kaha hai ki sharaab haraam hai lekin aalim ki baat sun kar unhe lagta hai ki arey, ye toh purane khayalaat ka insaan hai.

Mere apno'n! Chahe aaj ka daur ho, aaj sey chaudah saal pehle ka daur ho yaa Qayamat ke kareeb ka waqt ho, har daur mey faisle Khuda, Rasoolullah aur Ulil Amr ke bayaan kiye ilm aur hukm ki bina par hi liye jaayenge. Ye Qur'an jis daur mey nazil hua hai, tab sey lekar Roz E Qayamat tak aur yaha'n tak Hauz E Kausar aur Jannat tak bhi nahi'n badla jaayega. Aapko ikhtiyaar hai, Islaam ko maan'ne ka ya chor'ne ka lekin badal'ne ki ijazat aapko nahi'n. Khuda ke haqeeqi deen ko chor'kar khud apna banaya Takhleeqi deen thaam'na aur haq shariyat ko chor'kar, apni banayi shariyat par chal'na, aapko do aalam mey tabaah o barbaad karne ke liye kaafi hai'n. Zarurat hai sachchi tauba kar ke haq deen ki taraf laut'ne ki.

43. *Haqeeqi musalmaan kaun hai? -*

Yu'n toh kalma padh kar jisne apni jaan wa maal ko mehfooz kar liya, kalma padh kar jo imaan le aaya wo musalmaan maana jaata hai lekin haqeeqi musalmaan kaun hai?, Zahir si baat hai ki jab islaam hi do tareeke ke maujood hai'n haqeeqi islaam aur Takhleeqi islaam toh musalmaan bhi do tareeke ke honge, pehle toh haqeeqi musalmaan aur dusre wo musalmaan jo khud'ko musalmaan toh kehte hai'n, batate hai'n lekin unke khud ke amal haqeeqi islaam ke ulat nazar aate hai'n. Mai baat karunga haqeeqi musalmaano'n ki kyu'n ki meri kitaab ka maksad, haq aam karna hai naa ki galat par zyada tawajjo dena. Ab kuch logo'n ko lagega ki maine, un musalmaano'n ka zikr hi nahi'n kiya jo Takhleeqi islaam par chalte hai'n toh pata kaise chalega ki dono'n mey farq kya hai? Toh mere apno'n! Karbala ki tareekh mey yazeedi khema dekh le'n, kayi sahaba aur tabayeen aur unki aulaad keh'laane waale log yazeed ki pairwi mey Hazrat Imaam Hussain Alaihis'salaam sey jung karte huye dikh jaayenge.

Bahar'haal, ham baat kar rahe hai'n haqeeqi musalmaan ki, toh haqeeqi islaam par chalne waala haqeeqi musalmaan hai aur jis musalmaan ke dil mey imaan sahi tareeka sey dakhil ho jaaye aur uski zubaan aur amal sey imaan jhalak'ne lage wo momin hai. Rasoolullah sallallahu alaihe wa aalihi wasallam ney farmaya, "lam yad khulil imaanu fi rajulin hatta yuhibbul Ahlebait", yaani tumhare dil mey imaan uss waqt tak dakhil ho hi nahi'n sakta jis waqt tak mere Ahlebait ki mohabbat dil mey dakhil naa ho jaaye.

Toh haqeeqi musalmaan, deen o shariyat ke har ek farz aur wajib par amal karta hai, saath hi saath, Sunnat E Masoomeen Alaihis'salaam par bhi amal karta hai, Qur'an O Ahlebait Alaihis'salaam ko thaam'kar rakhta hai aur sab sey khaas baat ye ki wo khushi ke mauke par, gham ke mauke par aur darmiyaani halaat mey yaani chahe khush ho, dukhi ho yaa normal ho, wo har haal mey apne deen ko thaam'kar rakhta hai.

Aese bhi log maujood hai'n jo normal dino'n mey toh deen par amal karte hai'n lekin khushi ke mauke par parda chor dete hai'n, shadiyo'n mey be'hayayi failate hai'n. Gham ke mauke par deen aur ibadat ko chor dete hai'n, ye bhi haqeeqi musalmaan naa hone ki daleel hai. Haqeeqi islaam ko thaam'kar rakho, be'shak ye hi kaamyaabi ka ek wahid raasta hai.

44. *Mehndi aur dulhan ki muh dikhayi ki jahalat bhari rasm -*

Apne mulk mey maine aesi wahiyaat rasme'n hote khud dekhi hai'n aur padosi mulko'n mey bhi kayi wahiyaat rasme'n hai'n jo shadiyo'n ka hissa ban gayi hai'n, ta'ajjub ki baat toh ye hai ki in riti-riwaazo'n ko, rasmo'n ko jab tak ada'a naa kar diya jaaye tab tak logo'n ko aesa lagta hai jaise shadi hi adhuri reh gayi ho, kitaab mey pehle bhi bataya hai ki shadi ka sahi tareeka kya hai aur uss mey farz, wajib, sunnat wagairah kya hai'n. Ab mai do aesi rasmo'n ki baat karna chahta hu'n jo be'hadh hi wahiyaat aur jahalat sey bhari huyi hai'n, mehndi aur dulhan ki muh dikhayi. Mehndi mey, dulhan ki behen, dulhe aur dulhan ke dost, rishte'daaro'n ke beech jaa kar, kahi'n dulhe ko mehndi lagati hai, kahi'n mithayi khilati hai'n aur uss sey bhi badh'kar baat ye ki ghair'mardo'n sey baat'cheet, hansi thitholi karna, unke saamne, be'parda rehna aam baat hai. Khud ko deen'daar samajh'ne waale baap bhi ladkiyo'n ki jahalat ko rasm aur maza-mauj samajh'kar aese hawa mey uda'a dete hai'n, jaise koi badi baat hi nahi'n. Allah unn gunaaho'n ko maaf karta hai jo anjaane mey ho jaaye'n lekin saalo'n sey deendaar ban kar baith'ney waale, dusro'n ko deen ki baate'n batane waale, haq jaante huye bhi ye galat rasm karte hai'n aur fir jab jaan'bujhkar kiye gunaah par dhong kar ke maafi maangte honge toh Shaitaan bhi inki makkari dekh kar hairaan reh jaata hoga.

Dusri jahalat bhari rasm hai, dulhan ki muh dikhayi, jo biwi ghar ki izzat hai, jo bahu ghar ki zeenat hai, usey shauhar aur saas, khud hi ghair-mardo'n ke saamne saja'kar bitha dete hai'n aur fakhr sey kehte hai'n ki ye muh-dikhayi ki rasm hai. Mere apno'n! Zyada nahi'n toh naa sahi, zara si toh sharm baaki rakho. Qur'an O Hadees mey parde ka saaf hukm aa jaane ke baad, ye kaunsi Shaitani rasm tumne ijaad kar rakhi hai?

Ek baat aur bata du'n ki har baar galat shauhar yaa saas hi nahi'n hote, aaj kal ladkiyo'n ko bhi be'pardagi badi pasand hoti hai. Nikaah ke din alag, walime ke din alag aur muh-dikhayi ke liye alag, MakeUp karne waali khatoon book ki jaati hai aur ladki saj-sanwar ke, baith jaati hai aur aate-jaate huye sainkdo'n ghair'mardo'n ki nazar uss par padti hai, nazar kya padti hai wo khud hi apna deedaar karane, muh-dikhayi karane ke liye baithi hoti hai. Itna gunaah kar ke shuru hua rishta, duniya mey toh kaamyaab lag sakta hai lekin aakhirat mey siwaye afsos aur azaab me aur kuch hasil naa hoga. Har nek amal ki shuruaat khud sey hoti hai, apni aur apni aulaado'n ki shadiyo'n mey ye fizool ki rasmo'n ko band kare'n aur karwaye'n. Nikaah saad'gi sey kare'n, jaisa ki haqeeqi islaam mey hukm aaya hai.

45. Do kism ke aalim -

Maine iss kitaab ka naam hi do islaam rakha hai Allah rabbul izzat ney toh ek hi deen diya tha lekin logo'n ney ek deen khud bana liya, lihaza ab duniya mey do islaam maujood hai'n, haqeeqi islaam aur Takhleeqi islaam. Kuch log kahenge ki dusre giroh ko jisne khud hi apna deen bana diya hai usey, ham musalmaan hi nahi'n maante, toh mere apno'n! Mere yaa aapke maan'ne sey kuch nahi'n hota, wo bhi khud ko musalmaan kehte hai'n aur duniya unhe isi naam sey pechaanti hai.

Bahar'haal, ab chu'n ki deen do tarah ke hai'n, toh uske maan'ne waale musalmaan bhi do tarah ke honge, shariyat bhi do tarah ki hongi aur aalim bhi do tarah ke honge. Iss mauzu par thodi lambi baat khinchegi lekin mai, un tamaam sawaalo'n ke jawaab likhne ki koshish karunga jo kabhi naa kabhi aapne zarur sune honge. Sab sey pehle baat karte hai'n do tarah ke aalimo'n ki toh islaam mey Baad E Nabi sallallahu alaihe wa aalihi wasallam sey hi do tarah ke aalim huye 'n. Ek toh wo jinhone Maula Ali Alaihis'salaam ko Ameerul Momineen maana aur dusre wo jinhone Ameerul Momineen Ali Alaihis'salaam ko kafir kaha. Aaj bhi aapko kayi aese aalim mil jaayege jo Abu Sufiyan, Muawiya jaise logo'n ko naa sirf musalmaan balki sahaba tak saabit karte hai'n, wahi'n dusri aur Hazrat Abu Talib Bin Abdul Muttalib ko kafir saabit karne ke liye be'fizool mey bada zor lagate hai'n.

Aapko ye jaan'kar bhi ta'ajjub hoga ki Hazrat Hussain Alaihis'salaam ke saath kayi aalim khade huye aur karbala mey apni jaano'n ki qurbaniya'n pesh ki'n, wahi'n dusri aur kayi aalimo'n ney hi aap Sibt E Rasool Hussain Alaihis'salaam ko baaghi kaha, wajibul qatl kaha aur aapke qatl ko jayaz tehraate huye, sar kalam karne ka fatwa tak diya. Mai unhe aalim nahi'n maanta lekin wo khud ko Aalim E Deen kehte hai'n, unke maan'ne waale, unhe Aalim E Deen kehte hai'n aur haqeeqat toh ye hai ki aaj bhi unhone saari duniya mey, khud ko musalmaan ke naam sey mash'hoor kar rakha hai. Isliye mai bhi unki haqeeqat ujaagar karte huye saaf likh raha hu'n ki har musalmaan, musalmaan nahi'n hota, haqeeqi musalmaan wo hai jo haqeeqi deen ko thaama ho. Mere mulk ki sar zameen mey paida huye Syed Khwaja Moinuddin Chishti Rehmatullah Alaih saaf farma gaye hai'n, "Deen Ast Hussain", afsos ki log aaj tak ye hi nahi'n samjh sake ki Khwaja sahab ney kaha kya hai, usey qubool karna, naa karna toh bahaut dur ki baat hai.

Rasoolullah sallallahu alaihe wa aalihi wasallam ke duniya sey parda farma lene ke baad sey hi agar dekha jaaye toh Aalim E Deen do tarah ke milenge. Pehle toh wo jinhone Khalifa E Waqt yaani ummat ke chune huye khalifa ke liye naukri ki chahe Khalifa E Awwal ka daur ho yaa islaam ke zahiri, saatwe'n khalifa ka daur ho yaani yazeed paleed ka (Ab fir kuch logo'n ke dil mey ye sawaal aayega ki maine Yazeed paleed ko saatwa'n khalifa kyu'n kaha, toh isme meri galti nahi'n hai, ye hi haqeeqat hai, musalmaano'n ney Imaam Hussain Alaihis'salaam ka haq kha kar, Yazeed paleed jaise badzaat ko apna khalifa banaya tha aur usey baiyat bhi di thi.) Yaa aur baad ke khalifao'n ka daur ho.

Dusre Aalim E Deen wo jinhone, har daur mey apne waqt ke imaam ko thaama aur unki khidmat mey rehkar deen haasil kiya, ilm haasil kiya aur Qur'an O Ahlebait Alaihis'salaam ko thaam'kar hi zindagi guzaari, saath hi saath, logo'n tak haq pahunchaya. Gyarahwe'n Imaam ke baad, baarahwe'n Imaam ka daur aaya, ghaibat e sughra ka daur raha, ghaibat e kubra ka daur chal raha hai aur jald hi Zuhoor E Imaam bhi hona baaki hai, lekin log ye bhool gaye ki Imaam E Qayam paida ho chuke hai'n, maujood hai'n, bas zuhoor baaki hai. Unka daur chal raha hai aur unke naayab aur unke Ahlebait ke bahaut log, aap Imaam Alaihis'salaam ke liye mehnat karne mey lage hai'n. Toh barahwe'n Imaam ki ghaibat ke baad bhi, haqeeqi Aalimo'n ney Qur'an O Ahlebait, chaudah masoomeen aur apne daur ke sadaato'n ko bhi nahi'n chora.

Yazeedi Aalim ki ek sifat ye hai ki wo shariyat ke mutabik toh faisla deta hai lekin halaat ko nahi'n samajh paata. Qur'an ki ek aayat ko nazar mey rakh kar faisle sunata hai lekin ye bhool jaata hai ki imaan, ek aayat sey nahi'n banta balki Qur'an ki har ek aayat sey banta hai. Qur'an ki ek aayat agar koi raaz bayaan karti hai toh dusri aayat uska khulasa bayaan karti hai. Ek aayat agar ishara karti hai toh dusri aayat tafseer bayaan karti hai. Haqeeqi deen ke aalim, pehle kisi bhi masle ko Qur'an O Ahlebait ki taleem sey parakhte hai'n, fir hi faisla dete hai'n aur unke faisle sey haq, Qur'an, Hadees aur Qaul E Masoomeen Alaihis'salaam ki khushbu bhi maaf mehsoos ki jaa sakti hai.

Mai ye baat karna toh nahi'n chahta kyu'n ki logo'n ko haq sun kar badi takleef hoti hai lekin jaha'n zarurut ho waha'n haq bayaan karna zaruri bhi ho jaata hai chahe logo'n ka dil dukhe yaa wo mujhe dushman hi kyu'n naa maan'ne lage'n. Mujhe isme koi shak nahi'n ki Qur'an Allah ki kitaab hai, naa hi iss baat par koi shak hai ki Qur'an ki hifazat khud Allah kar raha hai. Mera aqeeda hai ki Qur'an jaisa aaya tha, wesa hi maujood hai aur uss mey ek nukta ki bhi haer-fer nahi'n ki gayi, naa hi ki jaa sakti hai, lekin ye bhi haqeeqat hai ki Qur'an apni asal surat mey nahi'n.

Teesre khalifa ke daur mey logo'n ke paas rakhe Qur'an ko lekar mitaya gaya baad riwayato'n mey yaha'n tak aata hai ki jalaya gaya, uske baad, usey naye sire sey jamaya gaya yaani aayate'n toh nahi'n badli gayi'n lekin aayato'n ki jagah zarur badli gayi, surate'n aage peeche ki gayi'n, Qur'an ko paara-paara kiya gaya aur daleel ye di gayi ki iss tarah Qur'an padhne mey aasaani hogi. Yaani Allah ka naazil kiya tareeka sahi nahi'n tha aur insaan ka jamaya tareeka zyada sahi hoga?

Ab kuch log kahenge ki iss sey kya farq pad gaya?, Qur'an toh wo hi hai. Be'shak Qur'an wo hi hai aur iss sey un logo'n ko toh koi farq nahi'n pada, jo bas Qur'an ko padhne ko sawaab samajhte hai'n lekin zara un bando'n sey puchiye, jo Talib E Ilm hai'n, jo Qur'an ki ek-ek aayat ko gehrayi sey padhte hai'n, samajhte hai'n fir unhe'n hadees aur tareekh sey mila kar samajh'ne ki koshish karte hai'n, unhe kya dikkat pesh aa rahi hai?, Khuda ki kasam! Iss baat ko padh toh sab lenge lekin iss baat ko uss gehrayi sey sirf wo hi samjhega jis ney, haq ki tehkeek ki hogi.

Ab sochne waali baat ye hai ki Qur'an ko hi paara-paara kar diya gaya. Aayato'n ko badal nahi'n sakte the toh aayato'n ki jagah hi badal di, toh aur kya-kya nahi'n hua hoga?, Jab chatwa'n (6) khalifa yaani muawiya aur saatwa'n khalifa yaani yazeed hukumat karne laga toh sainkdo'n sahabao'n ko, haqeeqi deen ke aalimo'n ko maara-marwaya gaya aur yazeed paleed ney jo Karbala mey kiya, wo kisi sey chipa nahi'n hai. Fikr iss baat par ki jaani chahiye ki jis khalifa ney, Hazrat Hussain Alaihis'salaam aur Aal E Rasool ko qatl tak karwa diya tha, jisne Nabi ke gharane ki bahu-betiyo'n ko be'chadar safar karne par majboor kiya tha, jisne masoomo'n ko bhi nahi'n chora, aurato'n-bachcho'n par zulm ki intiha kar di, Imaam Sajjad Alaihis'salaam aur Imaam Bakir Alaihis'salaam (jo uss waqt chote the), Sakina jaisi masoom bachchi ko qaid mey rakha, aese khalifa aur uske pairo'kaaro'n ney hadees aur tareekh mey badlaav nahi'n karaye honge?, Ahlebait Alaihis'salaam ki shaan mey aayi hadeeso'n ko aur tareekhi wakiyo'n ko nahi'n mitwaya hoga?, Khud ki, khud ke baap-dada aur baap-dada ke saathiyo'n ki jhoothi fazilate'n nahi'n gadhwayi hongi?

Aaj baat-baat mey daleele'n maangi jaati hai ki Fazeelat E Ahlebait Alaihis'salaam ki, Shaan E Chaudah Masoomeen Alaihis'salaam ki, baarah Imaamo'n ke makaam ki daleele'n pesh karo. Suno ab daleele'n, Imaam Nasaayi jo Shiyao'n ke nahi'n balki sunniyo'n ke bade muhaddis hai'n (Ahle sunnat hadees ke jaankaro'n ko yaa likhne waalo'n ko muhaddis samajhte hai'n, isliye muhaddis lafz istemaal kar raha hu'n), unhe masjid mey peet-peetkar shaheed kiya gaya aur wajah kya thi?, Wajah ye thi ki aapne, Ali Alaihis'salaam sey mohabbat mey Nabi sallallahu alaihe wa aalihi wasallam ki kuch sahih hadees sunadi thi. Ahle sunnat wal jamaat ke zyada'tar log chaar Imaamo'n ko maante hai'n yaani Abu Hanifa, Shafayi, Malik, Ahmad Bin Hambal, waise toh in par bhi do alag-alag tarah ke nazariye milte hai'n, par uss baare mey yaha'n baat nahi'n karunga, mera maksad bas itna batana hai ki aesa bataya jaata hai ki in chaar logo'n par bhi, Zikr E Ahlebait ki bina par shiya'at ka fatwa lagaya gaya tha. Ab ye baat unki kar raha hu'n jinhone Muawiya ko galat nahi'n kaha yaa khul'kar uski mukhalifat nahi'n ki, unhe bhi shiya raafzi kaha gaya, toh sochiye ki khul'kar Ali Alaihis'salaam ka haq bayaan karne waalo'n, Baagh E Fadak par bayaan dene waalo'n, Imaam Alaihis'salaam ka saath dene waalo'n ke saath kya sulook kiya gaya hoga.

Kuch log kehte hai'n ki Syed/Sadaat/Aagaah/Shareef yaa wagairah yaani Aulaad E Zahra aur Aulaad E Ali Alaihis'salaam, Arab mey kam hai'n aur baaki har mulk mey Syed hai'n yaani wo iss tanz mey kehte hai'n jaise Aulaad E Ali bachi hi nahi'n hai aur logo'n ney jhootha lakab laga liya jab ki haqeeqat toh ye hai ki khud Hazrat Ali Alaihis'salaam ko madina chor'na pada, Hazrat Hasan Alaihis'salaam ke laashe par tere maare gaye, Hazrat Hussain Alaihis'salaam ki kabr mubarak bhi uss mulk mey nahi'n hai, jis mulk mey, unke pyaare naana, amma aur bhai ki mubarak kabr hai'n. Sadaat aaj sey nahi'n, chaudah sau saal pehle sey hi be'watan ho chuke hai'n. Uski bhi do wajah rahi'n, pehli wajah toh ye ki saath mey naa ke bara'bar log rahe toh dushmano'n sey ladna mumkin nahi'n tha aur be'wajah aesi jagah rehne ki ijaazat nahi'n hai jaha'n haq deen par chal paana mumkin naa ho yaani aesi jagah sey hijrat kar sake'n toh karna chahiye aur khud Rasoolullah sallallahu alaihe wa aalihi wasallam ney bhi ki jaisa ki Qur'an ki aayat mey bhi maujood hai. Dusri wajah ye ki dusre mulko'n mey jaa kar, haqeeqi deen ko faila sake'n kyu'n ki musalmaan toh kayi mulko'n mey the lekin zyada'tar Takhleeqi deen waale the naa ki haqeeqi deen ke pairo'kaar.

Mere apno'n! Badi mushkil sey ye deen ham tak pahunchaya gaya hai, isko ham tak pahunchane ke liye hamare Imaamo'n ney jo mehnat ki hai'n aur qurbani di hai'n, wo toh bayaan kar paana hi naa'mumkin hai, Jung E Ali Alaihis'salaam sey le kar, Sulah E Hasan tak, Karbala E Hussain sey le kar Safar E Sajjad tak aur Imaam Bakir Alaihis'salaam sey le kar Imaam

Hasan Askari tak, sabhi ney bahaut badi-badi qurbaniya'n di hai'n aur ab ye Daur E Imaam Qayam Alaihis'salaam hai, jis mey Qyaam kiya jaayega. Imaam Alaihis'salaam ki taleem ko aam karne ke liye, Muhibb E Ahlebait Alaihis'salaam ney bhi bahaut badi-badi qurbaniya'n pesh ki hai'n. Meesam Tammaar ney daar ka mimbar abaad kiya hai toh kabhi Aba'a-Wahaab ney Behlol ban kar zindagi kaati hai.

Chahe wo Hazrat Salmaan, Hazrat Abuzar, Hazrat Mikdaad, Hazrat Maalik E Ashtar, Hazrat Ammaar jaise Sahaba Radi'Allah ho'n yaa Hazrat Hussain Ibn E Rooh, Hazrat Abdul Qadir Jilani, Hazrat Khwaja Moinuddin, Hazrat Nizamuddin, Hazrat Shahbaaz Qalandar, Hazrat Shaikh Sadduq jaise Allah ke mehboob bande aur Aulaad E Ali ho'n, sab ney apne-apne daur mey haq aam kiya hai. Yu'n toh hamare mulk mey pehle sey hi kuch log maujood the jo Hazrat Mohammad sallallahu alaihe wa aalihi wasallam ko apna Nabi Tasleem kar chuke the aur islaam ko maante the lekin Mohammad Bin Kasim ke jeet jaane ke baad sey hi musalmaano'n ki tadaad mey thoda aur izafa hua lekin wo musalmaan Takhleeqi islaam par chalne waale the, kabhi Madaar Shaah ney, kabhi Nizamuddin Auliya ney, kabhi Shahbaaz Qalandar ney haq aam kiya. Mere Khwaja Moinuddin Chishti Rehmatullah Alaih ney toh apne daur mey kaha tha "Deen Ast Hussain", jab ki uss daur mey Ali Alaihis'salaam ka naam lene waalo'n ko Shiya, Raafzi, Tafzeeli keh kar pukara jata tha. Ek baat aur waazeh kar du'n ki Hazrat Abdul Qadir Jilani Rehmatullah Alaih ke naam sey, Muawiya ki shaan mey jhoothi baate'n bayaan ki jaati hai'n aur jis kitaab ka hawala diya jaata hai, uss mey bigaad mumkin hai aur ye bhi mumkin hai ki ye kitaab kisi aur ney likh kar aapke naam sey mash'hoor kar di ho. Jitna maine Hazrat Abdul Qadir Jilani Rehmatullah Alaih ke ash'shaaro'n ko padha aur samjha hai, mere aqeede ke mutabik wo khud faqat Ahlebait Alaihis'salaam ke ishq aur ghulaami mey sar'shaar rehne waale bande the.

Ab baat karte hai'n daleelo'n ki rawiyo'n ki toh baat zahen mey zarur rakhe'n. Bahaut saare Muhibb E Ahlebait Alaihis'salaam aese bhi guzre hai'n, jinhone kuch saal, Imaam Alaihis'salaam ki khidmat mey rehkar zindagi guzari aur baad mey Imaam Alaihis'salaam ney hi unhe watan chor'kar jaane ka hukm de diya. Jab un logo'n ney aur ruk'ne aur seekhne ki ijaazat chahi toh Imaam Alaihis'salaam ney farmaya ki, "nahi'n! Ab yaha'n sey chale jao kyu'n ki tum ab, hukumat ki nazar mey aa chuke ho, an'kareeb tum par hamle honge aur tum wo bhi kho doge jo tumne seekha hai. Ye wakiya kisi ek Imaam ke daur mey nahi'n balki har ek Imaam Alaihis'salaam ke daur mey pesh aaya hai. Hukumat sey bachte-bachte, Muhibb E Ahlebait Alaihis'salaam ney thoda-thoda seekh-seekh'kar, badi mushkil sey haqeeqi deen ham tak pahunchaya hai. Iski badi qadr ki jaani chahiye.

Kayi baar Muhibb E Ahlebait ke Aalimo'n ko galat ilzaam laga'kar giraftaar kiya jaata tha, un par tarah-tarah sey zulm kiye jaate the. Jab un Aalimo'n ko ehsaas hota ki ab giraftaar kiya jayega toh apni likhi kitaabe'n, dusro'n ke hawale karte aur kabhi itni mohlat bhi naa milti toh kahi'n zameen mey gaadh dete. Baaz dafa, wo aalim 10-15 saal baad riha kiye jaate aur chip'kar, usi jagah pahunchte, jaha'n kitaabe'n gadayi thi'n, unhe'n nikaal'te aur dekhte ki kitaab fat rahi hai, gal gayi hai, panne fat rahe hai'n, kahi'n rawiyaa'n ka naam nahi'n bacha, kahi'n hadees hi puri nahi'n bachi, kahi'n kitaab hi puri gal chuki hai. Allah bada buland makaam de un Aalimo'n ko ki iske bawajud unhone budhape mey dobara, apni hi pehle ki likhi kitaabe'n jo kharaab ho chuki thi'n, unhe dobara samjha, tehkeek ki, safar kiye, fir sey rawiyaa'n aur unke ghar'walo'n sey mile aur kitaab likhi. Mere apno'n! Yazeedi deen ke Aalim agar shaitaan sey badtar hai'n toh Hussaini deen ke Aalim, Khuda aur Mohammad O Aal E Mohammad tak pahunchne ki raah hai'n, unki waqt rehte qadr kar lena aur unsey haq ilm hasil kar lena hi samajh'daari hai aur nijaat hai. Allahu akbar kaseeran kaseera. Allahumma salle alaa mohammad wa alaa aale mohammad.

46. Deen E Khuda aur jaali ahadees -

Aaj har taraf sey ek shor buland hota hai, falaa'n hadees mey ye bayaan hua hai, falaa'n hadees mey wo bayaan hua hai. Falaa'n shakhs ki tareef mey ye hadees aayi hai wagairah-wagairah aur jab baat Ahlebait Alaihis'salaam ki aati hai toh daleele'n maangi jaati hai'n, aesa nahi'n ki Fazeelat E Ahlebait Alaihis'salaam mey ek bhi hadees maujud nahi'n lekin ye bhi haqeeqat hai ki jitni hadees bayaan ki gayi'n, utni maujud nahi'n.

Ek aur fikr karne waali baat ye hai ki Imaamo'n ke naam sey yaani unki riwayat sey bhi bahaut si jaali hadeese'n maujud hai'n. Kisi bhi mauzu par yaa kisi shakhs ki jhuthi tareef mey, likhne aur likhwane waalo'n ney apni apni taraf sey likh kar, usey Imaamo'n sey mansoob kar diya hai.

Ek haqeeqat jisey maulvi, aam karne sey darte hai'n. Wo ye hai ki hukumat ke dil mey hamesha sey hi Ahlebait Alaihis'salaam ke liye bugz raha hai aur Qatil E Ahlebait, Dushmanane Ahlebait Alaihis'salaam sey mohabbat rahi hai. Afsos! Haq E Ahlebait Alaihis'salaam ko cheen'ne waale, khane waale, dabane waale, Radi'Allah ban'kar baithe hai'n aur Rasoolullah sallallahu alaihe wa aalihi wasallam ko godi mey paal'ne waale, unke muhafiz, Sarkaar Abu Talib ko kafir tehraya jaata hai.

Har daur mey hukmraano'n ney Aalim E Deen yaani Aalim E Takhleeki Deen ki ek jamaat taiyaar ki, jiska kaam hi ye tha ki wo jhoothi hadeese'n banaye, Ahlebait Alaihis'salaam ki shaan mey aayi hadeeso'n ko mitaaye aur radd kare aur saath-saath Imaamo'n ki taraf sey mansoob karke, apni pasand ki baate'n aur pasandida shakhs ki tareef likh sake. Har daur mey hukumat ney apna ek numayinda aesa bhi taiyaar kiya jisey daur ke Imaam ke saamne khada kiya gaya toh kuch munafiq aese bhi taiyaar kiye jo Imaamo'n ke saamne toh khud'ko haqeeqi deen par chalne waala saabit karte rahe lekin Imaam Alaihis'salaam ke parda farmate hi unke naam sey jhoothi hadees bayaan karne lagte. Iss par agar ghaur kare'n toh hairaan reh jaayenge ki kitni mushkil sey haq deen ham tak aaya hai. Kabhi Imaam Hasan Alaihis'salaam ney badi sujh'bujh ke saath, makkaro'n sey sulah karke musalmaano'n ko bachaya aur deen ko aam hone ki mohlat di toh kabhi Imaam Hussain Alaihis'salaam ney kurbaani e azeem pesh kar ke deen aam kiya balki yu'n kahu'n ki jab har taraf sirf Takhleeqi deen fail gaya tha, haqeeqi deen ka pata hi nahi'n tha tab haqeeqi deen zinda kiya.

Agar ham har daur ke Imaam Alaihis'salaam ke qaul ko dekhe'n toh bhi Imaamo'n ney kisi naa kisi ke baare mey ye farmaya hai ki fala'n sey hadees mat lena wo mere baba par bohtaan kasta hai, falaa'n sey hadees mat lena ki wo mere dada ki taraf jhoothi hadees mansoob karta hai wagairah. Ek daur aesa aaya ki haqeeqi deen par chal'ne waale momin, hadees lene mey tak darne lage aur jab tak tehkeek naa ho jaaye kisi aese shakhs sey bhi hadees naa lete jo khud'ko Imaam Alaihis'salaam ka pairokar batata tha, jab puri tasalli ho jaati tab hi hadeese'n lete.

Aaj ke daur tak bhi ye chala aa raha hai, maulviyo'n ko bhi maloom hai ki Ali Alaihis'salaam ke ghulaamo'n ko bhadkana, behkaana aasaan nahi'n isliye wo khud ko pehle toh maulayi sabit karte hai'n, iske wo Fazilat E Chaudah Masoomeen bhi padhte hai'n aur jab aapko ye yaqeen aa jaye ki ye maulvi toh Ali Alaihis'salaam ka ghulaam hai tab wo asal rang mey aate hai'n aur un sab ki tareef mey kaseede padhte hai'n jinhone kabhi naa kabhi 14 Masoomeen mey sey kisi naa kisi ko takleef di ho. Agar unhen lagta hai ki isme bhi kaamyaab naa honge toh Imaam Alaihis'salaam ki taraf mansoob kar-karke bayaan karne lagte hai'n ki Imaam Ali Alaihis'salaam ney fala'n shakhs ki shaan mey ye kaha, Imaam Bakir Alaihis'salaam ney fala'n shakhs ke difa mey yu'n kaha wagairah. Afsos iss ummat par ki wo ye bhool gayi ki ye chaudah ke chaudah Masoomeen, Mohammad hai'n. Inki baate'n ek dusre ko kaat'ti nahi'n hai'n. Aesa ho hi nahi'n sakta ki jin sey Fatima Salaamullah Alaiha naraaz ho'n un sey koi aur Masoomeen raazi ho jaaye yaa jin sey Ali Alaihis'Salaam ney jung ki ho uss shakhs ko koi aur Imaam sahi maane.

47. Ahlebait Alaihis'salaam ki mohabbat ka jhootha dawaa -

Jab shaitaan ney dekha ki Ali Alaihis'salaam ke ghulaamo'n aur muhibbo'n ko haq sey dur nahi'n kiya jaa sakta, inhe Qur'an O Ahlebait Alaihis'salaam sey juda karna lag'bhag naa'mumkin hai toh usne ek badi sazish rachi. Shaitaan ney apne pairo'kaar munafiqo'n ko Muhibb E Ahlebait Alaihis'salaam ki safo'n mey dakhil karna shuru kiya. Itna toh ye pehle hi samajh chuke the ki Ali Alaihis'salaam ke ghulaamo'n ke dilo'n sey Mawaddat E Ahlebait Alaihis'salaam nahi'n nikaali jaa sakti isliye inhone ulti tarkeeb apnayi aur Ahlebait Alaihis'salaam ki mohabbat mey hadh sey aage badhane ka kaam kiya. Ahlebait sey ishq ki yu'n toh koi hadh nahi'n hoti lekin agar isey, tauheed o risalat sey badh'kar pesh kiya jaane lage toh haqeeqi mawaddat nahi'n balki haraam mohabbat mey shumaar hone lagti hai.

Ali Alaihis'salaam ke maan'ne waalo'n ka khula aur zahir aqeeda hai ki sirf ek Allah hi wahid Rab hai, wo Allah hi khaliq E Akbar hai aur saari kayenaat ka maalik hai. Wo hi Maalik E Yaumiddeen hai, wo hi Rabbul Aalameen hai. Baad E Khuda sab sey afzal, hamare pyaare aaqa Mohammad sallallahu alaihe wa aalihi wasallam hai'n aur Baad E Rasool ham, Aal E Rasool ko maante hai'n, Panjtan Paak ko, Chaudah Masoomeen ko, baraah Imaam ko aur Ahlebait Alaihis'salaam ko maante hai'n. Khud ko Ali Alaihis'salaam ka shiya batane waale kuch log, Ali Alaihis'salaam ko khuda kehte hai'n, hala'n ki wo nusehri hai'n aur shiya-sunni dono'n hi unhe khud sey alag maante hai'n lekin kuch log aese bhi maujud hai'n jo ye aqeeda rakhte hai'n ki khuda ney sirf duniya bana di hai baaki saara nizaam chaudah Masoomeen chala rahe hai'n yaani ye hi zindagi dete hai'n, aulaad dete hai'n, rizq dete hai'n, maa'n ke shikam mey Aulaad ko banate hai'n aur maut dete hai'n, ye hi hisaab lenge aur ye hi jannat-jahannum taqseem karenge. Aese aqeede bhi durust nahi'n aur ye hargeez, Ali Alaihis'salaam ke ghulaamo'n ke aqeede nahi'n ho sakte.

Ali Alaihis'salaam ke maan'ne waale, tauheed o risaalat ko sab sey upar rakhte hai'n, uske baad wilayat o imaamat ko maante hai'n. Qur'an O Ahlebait Alaihis'salaam, dono'n ko thaam'kar rakhne ka hukm hai aur wo dono'n ko thaam'kar rakhte hai'n. Ek baat aur bata du'n ki gumraah bhi dono'n tarah ke maujood hai'n, kuch toh aese hai'n jo Qur'an ko thaame hai'n lekin Ahlebait Alaihis'salaam sey dur hai'n, wahi'n kuch aese bhi hai'n jo Ahlebait Alaihis'salaam ko toh thaame hai'n lekin Qur'an sey dur hai'n. Ek aur baar mai samjhane ki koshish kar raha hu'n, iss par fikr kijiyega, Qur'an ilm hai aur Mawaddat E Ahlebait ishq hai, in dono'n ko thaam'na zaruri hai, bina ilm ka ishq, kufr tak le jaata hai aur bina ishq ka ilm takabbur tak le jaata hai. Haq tab hi milta hai jab ham ilm aur ishq, dono'n ko ek saath thaam'kar rakhe'n. Mere apno'n! Mawaddat E Ahlebait Alaihis'salaam ke naam par bhi haq sey dur karne waalo'n sey bachna utna hi zaruri hai, jitna ki Yazeediyo'n ke makar wa fareb sey bachna zaruri hai.

Beshak wo Allah hi Khaliq E Akbar hai jisne Qur'an diya aur Mohammad O Aal E Mohammad ko khalq kiya. Sirf wo Rab hi wahid Rab hai, ahad hai ki jise Masoomeen bhi sajda karte hai'n. Tamaam hamd uss Allah ke liye hai'n jo arsh wa kursi, zameen o aasmaan aur jinn o ins sey maujood tha. Naa insaani wahimo'n sey usey jaana jaa sakta hai aur naa akal o fahm sey uss ka andaaz hi ho sakta hai. Usey koi sawaal karne waala, dusre saayilo'n sey ghafil nahi'n banata aur naa bakhshish o ata'a karne sey uske yaha'n koi kami aati hai. Wo aakho'n sey dekha nahi'n jaa sakta aur naa kisi jagah mey uski hadd'bandi ho sakti hai. Mere apno'n! Tauheed, risaalat aur wilayat ko thaam'kar rakho. Qur'an O Ahlebait ko thaam'kar hi haq tak pahuncha jaa sakta hai.

48. *Muhibb E Ahlebait aur zayeef hadees -*

Tareeq mey kayi daur aese bhi guzre hai'n ki Muhibb E Ahlebait Alaihis'salaam badi mushkil sey deen ko bacha kar, seekh'kar aage pahunch paaye. Un daur mey tehkeek kar paana mumkin nahi'n tha isliye Aalimo'n ney hadeeso'n ko jama karne par zyada mehnat ki aur socha ki aage chal kar yaa hukumat sey bach kar jab mumkin hoga tab hadeeso'n ki sanad jaanch li jaayegi, un par tehkeek kar li jaayegi aur hua bhi ye hi, Aalimo'n ney hadeeso'n ko jama kiya, kitaab ki shakl di aur baad mey tehkeek kar ke unhen sahih aur zayeef hadees mey baant diya. Kayi baar tehkeek mey pata chala ki jinhe'n pehle ke Aalim, raawi samajhte the, wo jhootha nikla aur iss tarah uski riwaayat ko radd kar diya gaya yaa zayeef maan kar alag kar diya gaya. Yaha'n gaur karne waali baat ye bhi hai ki har Talib E Ilm ko hadeeso'n ko samjhna chahiye aur un par tehkeek karna chahiye.

Ilm ka samundar bada gehra hota hai, kisi ek firke ki kitaabo'n ko padh kar, uss ek firke ko hi haq jaan'na aur baaki maslako'n aur unki kitaabo'n ko galat jaan'na bhi laa'ilmi hai. Ek sachche Talib E Ilm ka kaam ye hona chahiye ki zyada sey zyada waqt, ilm seekhne mey aur tehkeek karne mey lagaye. Har ek maslak ko jaan'ne aur samajh'ne ki koshish kare aur haqeeqi ilm hasil karta rahe. Sau feesad sahi tareekh toh kahi'n nahi'n mil sakti kyu'n ki hukmraano'n ney apne mutabik tareekh gadh'wayi hoti hai, theek ye hi maamla hadeeso'n ka bhi hota hai ki hukmraano'n ney apni pasand ki jaali hadees gadh'wayi hoti hai'n aur naa'pasandida sahih hadeeso'n ko mitwaya hota hai lekin fir bhi haq ke kuch maan'ne waale apni jaano'n par khel kar har daur mey haq aam karte hai'n. Qur'an hi wahid aesi kitaab hai jis mey shak ki koi gunjaish nahi'n. Lihaza hame chahiye ki ham tareekh aur hadeeso'n ko, Qur'an paak ki raushni mey padhe aur samjhe'n. Qur'an O Ahlebait ko thaam'kar, safar jaari rakhe'n.

49. Masle masayil aur Aalimo'n ka apni galti sudhaar'na -

Achche aalim ki ye pehchaan hai ki wo deen ke maslo'n par apni neeji raye nahi'n deta balki jo bhi kehta hai Qur'an O Hadees ki raushni mey kehta hai, sirf wo hi baat batate hai'n jo Qur'an O Ahlebait Alaihis'salaam ke nazdeek sahi ho. Fir bhi yaad rakhe'n ki hamare deen ke achche Aalim bhi Masoomeen nahi'n hai'n. Kayi baar aesa bhi hota hai ki Aalimo'n sey jaane-an'jaane mey galat fatwe bhi nikal jaate hai'n yaa wo galat'bayani kar dete hai'n yaa kasi masle-masayil par galat raye de dete hai'n lekin haqeeqi Aalim ki pehchaan ye hai ki jaise hi usey iss baat ka ehsaas hota hai, wo fauran tauba kar ke, apni kahi baat sey ruju karta hai aur tehkeek ke baad, Qur'an aur Taleem E Ahlebait ki raushni mey apni raye rakhta hai.

Be'shak pairwi aur maan'ne ke laayak toh sirf khuda hai, chaudah Masoomeen hai'n aur Qur'an hai, inke hukmo'n ko maan'na deen hai lekin ek aam musalmaan ke liye deen aur shariyat ki barikiyo'n ko samajh'na aasaan nahi'n hota isliye usey zarurat padhti hai aese Aalimo'n ki jo kisi maslak ke liye nahi'n balki haqeeqi deen ke liye mehnat karte ho'n. Har insaan ko chahiye ki wo lagataar ilm hasil karta rahe, Aalimo'n ke saath waqt guzaare aur Aalimo'n ko chahiye ki wo tehkeek ke baad, Qur'an aur Taleem E chaudah Masoomeen ki raushni mey haq aam karte rahe'n.

Un maslaki Aalimo'n sey bachna chahiye jo Qur'an O Ahlebait sey hat'kar, apne peer babao'n ke kaul ko hujjat bana kar, masle-masayil batate hai'n, babao'n ke kaul ko daleel samajhte hai'n, khud ke maslaki Aalimo'n ki likhi kitaabo'n ko daleel samajhte hai'n. Aese jaahil! Deen E Islaam ke liye nahi'n balki apne maslak (Takhleeki Deen) ko bachane ke liye koshishe'n karte nazar aate hai'n. Mere apno'n! Yaad rakhna, jitna zaruri ye hai ki ham haqeeqi islaam ke Aalimo'n ke saath waqt guzaare'n, utna hi zaruri ye hai ki ham Takhleeqi islaam ke Aalimo'n ke makar wa fareb sey khud ko bacha sake'n.

50. *Mujtahideen ke darmiyaan ikhtilaaf -*

Teen baate'n hamesha zahen mey rakhna chahiye pehli toh ye ki sirf ek kitaab hi aesi hai jis mey shak ki koi gunjaish nahi'n, wo hai Qur'an aur dusri baat ye ki aesa nahi'n ki Masoomeen ney koi baat galat kahi hai lekin logo'n ney unki kahi baato'n ko chipaya hai yaa unki taraf mansoob kar ke jhoothi hadeese'n gadhi hai'n. Teesri baat ye ki, zaruri nahi'n ki hukmraano'n ki wajah sey hi bigaad aaya hai, kayi baar ye bhi hota hai ki insaan, bhool-chook ki wajah sey, yaad'daasht mey kami ki wajah sey bhi galtiya'n kar jaata hai aur ye hi galtiya'n mujtahideen mey ikhtilaaf ki aham wajah banti hai'n.

Kuch rawiyaan aese bhi hote hai'n jo kisi mujtahideen ke nazdeek toh sachche hai'n lihaza wo mujtahideen un sey riwayat leta hai aur sahih maanta hai, wahi'n dusre mujtahideen ki nazar mey wo hi raawi sahi nahi'n hota toh wo uski hadeese'n bhi qubool nahi'n karta aur iss tarah mujtahideen ke darmiyaan ikhtilaaf paida hota hai.

Logo'n ko yu'n lagta hai ki chaudah Masoomeen ney kisi bhi amal sey jude masle ek saath bataya honge jab ki aesa nahi'n hai. Iss baat ko badi hi aasani sey samjha jaa sakta hai, Qur'an mey agar aap dekhe'n toh aapko wuzu aur namaaz ka masla ek saath likha nahi'n milega balki alag-alag aayato'n mey maujood milega aur usey jab tak hadees ke saath milakar nahi'n dekha jaaye tab tak samajh nahi'n aayega. Ab namaaz ka masla bhi agar dekha jaaye toh sajda kaise kare'n, sajde mey kya padhe'n, sajdo'n ke darmiyaan kya padhe'n, sajde mey kaun-kaun sey aaza'a ko zameen sey chilaaye wagairah sab ke alag-alag jagah masle-masayil bayaan hai'n, alag-alag rawiyaan ki hadees hai'n aur uss par alag-alag mujtahideen apne ilm aur tehkeek ki bina par Qur'an O Hadees ki raushni mey apni raaye rakhte hai'n.

Kabhi-kabhi kisi hadees ke do rawiyaan hote hai'n aur do mujtahideen uss par tehkeek karte hai'n, dono'n mujtahideen ke nazdeek, dono'n rawiyaan sahi aur sachche hote hai'n. Ab yaad'daasht ki wajah sey kisi raawi ney hadees ke do lafz kam keh diye aur dusre ney do lafz zyada keh diye, ab kisi mujtahideen ke nazdeek pehli riwaayat sahi hai toh kisi mujtahideen ke nazdeek dusri riwaayat sahi hai.

Waise toh itna ilm seekh'na har baligh mard aur aurat par farz hai ki halaal aur haraam ka farq samajh sake, Qur'an aur Hadees E chaudah Masoomeen ko samajh sake lekin kuch log har daur mey aese bhi hone chahiye jo haqeeqi deen ke Aalim E Deen bane'n. Ye mumkin nahi'n hai ki har aadmi Qur'an O Hadees O tareekh ko lekar tehkeek karta rahe kyu'n ki duniyawi nizaam ke liye bhi kaam karne waale log chahiye lekin duniya ke kaam karne waalo'n ko bhi zarurat hai ki koi unhe'n haqeeqi ilm aur Takhleeqi ilm ka farq samjha sake aur haq raah par chalne mey madad kar sake. Ab Aalimo'n/ mujtahideen ke darmiyaan maujud ikhtilaaf par ghaur o fikr karna sahi hai lekin behtar hai ki pehle un amal sey jude maslo'n ko samjha jaaye jo har musalmaan ke liye jaan'na, samajh'na aur amal karna zaruri hai'n. Ek musalmaan ke naate aapko deen par amal karna zaruri hai, tareekh o hadees par jo ikhtilaaf maujud hai'n, un par bahes sey bachna behtar hai. Ha'n pehle un maslo'n ko samjhe'n jin par amal karna zaruri hai, uske baad agar waqt ho toh maslo'n ki bhi tehkeek kare'n jin par ikhtilaaf maujud hai'n.

51. Tayammum par ikhtilaaf -

Qur'an kareem mey Allah rubbul izzat ney irshaad farmaya -

يَا أَيُّهَا الَّذِينَ آمَنُوا لَا تَقْرَبُوا الصَّلَاةَ وَأَنْتُمْ سُكَارَىٰ حَتَّىٰ تَعْلَمُوا مَا تَقُولُونَ وَلَا جُنُبًا إِلَّا عَابِرِي سَبِيلٍ حَتَّىٰ تَغْتَسِلُوا ۚ وَإِنْ كُنْتُمْ مَرْضَىٰ أَوْ عَلَىٰ سَفَرٍ أَوْ جَاءَ أَحَدٌ مِنْكُمْ مِنَ الْغَائِطِ أَوْ لَامَسْتُمُ النِّسَاءَ فَلَمْ تَجِدُوا مَاءً فَتَيَمَّمُوا صَعِيدًا طَيِّبًا فَامْسَحُوا بِوُجُوهِكُمْ وَأَيْدِيكُمْ ۗ إِنَّ اللَّهَ كَانَ عَفُوًّا غَفُورًا

Imaan waalo'n khabar'daar nashe ki halaat mey namaaz ke kareeb bhi naa jaana taaki jo kuch muh sey kaho usey samjho bhi aur janabat (badi najasat) ki halat mey bhi magar ye ki (masjid ke) raaste sey guzar rahe ho jab tak gusl naa kar lo aur agar beemaar ho yaa safar ki halat mey ho aur kisi ke paikhana nikal aaye, yaa aurato'n sey sohbat ki ho aur paani naa

mile toh paak sukhi mitti sey tayammum kar lo iss tarah ki apne chehro'n aur haatho'n par masah (mas karna) kar lo be'shak khuda bahaut (bada) maaf karne waala aur bakhashne waala hai.
(Surah Nisa ki aayat 43)

Qur'an paak ki sirf iss ek aayat mey hi tayammum ka zikr maujud hai aur lafz "Sayida" aaya hai. Ab alag-alag mujtahideen aur Aalimo'n ke nazdeek, tayammum ka masla bhi alag-alag hai. Kuch Aalimo'n ney iska mayena mitti hi liya hai aur kuch Aalimo'n ney zameen ki upari satah liya hai, jinhone zameen ki upari satah liya hai, unke nazdeek mitti ke alawa patthar aur ret bhi tayammum ke liye istemaal kiye jaa sakte hai'n. Iss masle par agar ghaur kiya jaaye toh ham paayenge ki mitti ko tayammum ke liye sab sey sahi maan'na har lihaaz sey behtar hai aur iss par kisi ko aitraaz nahi'n lekin masla tab aata hai jab koi sehra mey ho aur waha'n mitti ki jagah sirf ret hi ret nazar aa rahi ho yaa patthreeli jagah par ho, jaha'n sirf patthar maujud ho. Ye baat batane ka maksad bhi sirf itna hai ki ikhtilaaf har jagah hai'n, Qur'an ki aayat par ikhtilaaf nahi'n hai toh aayat ke tarjume aur tafseer mey bhi ikhtilaaf hai'n isliye zaruri hai ki har masle par tehkeek ki jaaye aur Aalimo'n sey masle samjhe jaaye'n.

52. *Zubaa'n- bhashao'n ka farq aur ikhtilaaf -*

Sab sey pehle toh ye baat zahen mey rakhe'n ki pehle arbi zubaa'n ko likhte waqt nukta, zabar, zer wagairah yaani maatraye'n nahi'n lagayi jaati thi'n aur jodi gayi'n toh uski wajah sey bhi lafz alag-alag tarah sey liye aur samjhe gaye. Arbi ke baad, deen sey judi kitaabe'n, faarsi aur urdu mey likhi gayi'n yaa translate ki gayi'n aur kayi lafz aese bhi rahe jo arbi aur urdu yaa urdu aur faarsi dono'n mey maujud the lekin unke mayne alag-alag the lihaza iss wajah sey bhi ikhtilaaf paida huye. Tareekh ko lekar bhi ikhtilaaf rahe aur logo'n ney apne nazariye aur raaye rakhi aur likhi'n, jis wajah sey bhi ikhtilaaf paida huye.

Pehle baat karte hai'n lafzo'n ki wajah sey huye ikhtilaaf ki toh hakeem ka mayena arbi mey samajh'daar aadmi hai jab ki urdu mey doctor ke liye istemaal hota hai. Kamar ka mayena arbi mey chand hai lekin urdu mey waist ke liye istemaal hota hai. Fakeer lafz arbi mey ghareeb ke liye toh urdu mey paak wali sifat insaan ke liye istemaal hota hai. Ghareeb lafz ka arbi mey mayna ajnabi hota hai lekin urdu mey muflis ke liye istemaal kiya jaata hai. Hajaamat lafz ka mayena, baal kaat'na bhi hota hai toh khoon/bahana bhi. Theek usi tarah urdu aur faarsi ke lafzo'n mey bhi farq maujud hai. Shadi lafz ka istemaal urdu mey nikaah ke liye kiya jaata hai lekin faarsi mey iska mayena khushi sey liya jaata hai. Lafz "nazariya" ko Theory aur Ideology dono'n tarah sey liya jaata hai. Lafz "daulat", kahi'n paise aur sampatti ke liye, kahi'n hukumat ke liye toh kahi'n raajya ke liye bhi istemaal kiye jaate hai'n aur bhi iss tarah ke kayi lafz rahe jo logo'n ke samajh'ne yaa translation karne mey yaa samajh'ne mey gadbad ho gaye yaa chu'n ki dono'n mayene hi sateek baith rahe the toh kisi ney kuch mayena le liya, kisi ney kuch aur iss tarah bhi ikhtilaaf paida ho gaya.

Ab kuch ikhtilaaf, tareekho'n mey bhi hai'n jaise Rasoolullah sallallahu alaihe wa aalihi wasallam ki paidaish ka din peer maana jaata hai lekin tareekh mey ikhtilaaf hai. Aapki wafaat ki tareekh mey bhi ikhtilaaf hai. Theek usi tarah Amma Fatima Salaamullah Alaiha ki wafaat ki tareekh purani kitaabo'n mey maujud nahi'n balki Rasoolullah sallallahu alaihe wa aalihi wasallam ki wafaat sey aapki wafaat hone ke darmiyaan dino'n ki tadaad batayi gayi hai aur chu'n ki Rasoolullah sallallahu alaihe wa aalihi wasallam ki wafaat ki tareekh mey hi ikhtilaaf hai Amma Fatima Salaamullah Alaiha ki wafaat ki tareekh mey bhi ikhtilaaf maujud hai.

Tareekh yaa lafzo'n ki buniyaad par aese kayi ikhtilaaf maujud hai'n jin sey koi khaas farq nahi'n padta, haqeeqi deen ke Aalimo'n ke darmiyaan bhi apni-apni tehkeek ke hisaab sey ikhtilaaf hai'n lekin ab baat karte hai'n kuch aese ikhtilaaf par jinhe'n jaan'bujhkar banaya gaya aur in ikhtilaafo'n par haqeeqi deen ke tamaam aalim saath aur Takhleeqi deen ke aalim alag nazar aate hai'n. Maslan ke taur par Imaan E Sarkaar Abu Talib, Haq E Fadak E Fatima, Haq E Khilaafat, Haq E Imaamat, Karbala wagairah-wagairah.

Ye ikhtilaaf, kisi lafz yaa tareekh ki wajah sey nahi'n bane balki haq ko dabane aur chipane ke liye jaan'bujhkar banaye gaye hai'n. Tareekh aur lafzo'n ke mayeno'n ki wajah sey paida huye ikhtilaaf ko toh nazar'andaaz kiya jaa sakta hai, apne mo'atabar aalim sey yaa khud hi thodi tehkeek kar ke samjha jaa sakta hai lekin ye jaan'bujhkar paida kiye gaye ikhtilaafo'n ko samjhna, be'hadh zaruri hai kyu'n ki ye bhi haqeeqi deen aur Takhleeqi deen ka farq wazeh karte hai'n.

53. Jald shadi karne ki takeed -

Hamare muashre mey ek aesi takhleedi rasm bhi hai jo haqeeqi shariyat sey takra rahi hai, wo hai shadiyo'n mey deri karna. Agar ghar mey beti ho toh beta bada bhi ho toh uski shadi, beti ke baad karane ka riwaaz hai, agar badi behan ka kisi wajah sey nikaah nahi'n ho paa raha hai toh choti behan yaa chote bhai ka bhi nikaah nahi'n karaya jaata. Ye kaun si shariyat hai, jis mey bade bhai-behan ki shadi naa hone tak chote bhai-behan ki shadi nahi'n ki jaa sakti?, Maslan ke taur par agar kisi ke do bete hai'n aur bada beta nafs par kabu rakhta hai yaa career banane ki mehnat ki wajah sey nikaah nahi'n kar raha yaa kisi beemari ki wajah sey kuch saal nikaah nahi'n karna chahta toh chote bhai ka nikaah kyu'n roka jaaye?

Ek baat aur dekhne ko milti hai ki maa'n-baap khud aage badh kar aulaad ka nikaah nahi'n karwate aur agar aulaad khud sey nikaah ki baat kare toh usey nafs par kabu karne ki salaah dete hai'n, mere apno'n! Be'wajah nikaah wajib lagne ke bawajud naa kar ke apne hi nafs sey har roz kyu'n takrana?, Jab ki nikaah ka raasta khula hai. Bade hi afsos ke saath ye baat keh raha hu'n lekin haqeeqat toh ye hi hai ki aaj kal ke duniyawi jadidi soch rakhne waale maa'n-baap, khud hi apni aulaado'n ko gunaah ke raaste par chalne par majboor karte hai'n.

Agar aapke do bete hai'n aur bade bete ko bhook nahi'n lagi jab ki chote bete ko bhook lagi hai toh kya iss bina par usey khana nahi'n diya jaayega ki pehle bada bhai khana kha le, fir tum khana?, Afsos hota hai muashre par aur logo'n ki soch par jaha'n ladka-ladki, ghair aurat-ghair mard ke saath ghoomti hai'n, galat kaam karte hai'n lekin muashre ko farq nahi'n padta lekin koi Allah ka banda yaa bandi gunaah sey bachne ke liye agar nikaah ki baat kar de toh usey iss tarah sey dekha jaata hai jaise uss ney zina ki baat kar di ho. Rasoolullah sallallahu alaihe wa aalihi wasallam ney toh hukm diya tha ki nikaah ko itna aasaan kar do ki zina mushkil lagne lage lekin ummat ney nikaah ko itna mushkil kar rakha hai ki zina uss sey aasaan ho gaya hai.

Dusre mazhabo'n aur unki tehzeeb mey ye baat maujud hai ki jab tak bade bhai/behan ka nikaah naa ho, tab tak chote bhai/behano'n ka rishta nahi'n karaya jaata lekin mazhab e islaam mey aese kisi rasm o riwaaz ki jagah nahi'n. Kayi baar ye bhi dekhne mey aata hai ki agar badi beti ko achche rishte nahi'n aa rahe toh choti beti ke liye aaya achcha rishta bhi thukra diya jaata hai. Ye dar bhi rehta hai ki choti beti ki shadi pehle hi ho gayi toh badi beti ki shadi fir kabhi nahi'n ho sakegi aur iske zimmedaar walidain ke saath-saath, pura muashra bhi hai aur aese halaat banne-banane ke zimmedaar bhi ham hi hai'n, hamne hi Qur'an O Ahlebait Alaihis'salaam ko chor kar, Takhleeqi shariyat ko thaam rakha hai.

Pehle toh ye rasm, sage bhai-behano'n tak hi simti huyi thi lekin ab ye badh kar itni aam ho gayi hai ki ab bachche ko apne sage bhai-behan ke saath-saath chacha-baba, mama-fufi-khala wagairah ki aulaado'n ki shadi hone tak bhi intzaar karna padta hai. Agar aap musalmaan hai'n toh taqdeer par imaan rakhte honge aur agar taqdeer par imaan rakhte hai'n toh ye bhi maante honge ki agar badi beti ki taqdeer mey rishta hai toh iss sey farq nahi'n padta ki choti beti yaa chote bete ki shadi pehle huyi yaa baad mey aur agar uski taqdeer mey rishta hi nahi'n hai toh chahe aap das aur logo'n ki bhi shadiya'n rukwa de'n lekin fir bhi usey rishta nahi'n mil sakega.

Aakhir mey bas itna kahunga ki waba ki tarah faili iss rasm ko aasaani sey aur jaldi khatm nahi'n kiya jaa sakta lekin kamaz'kam aap khud mey iss baat ka ahad kar sakte hai'n ki agar iss tarah ke halaat aapke saamne aayenge toh aap apni aulaad ke saath galat naa kar ke, uske saath insaaf karenge aur gunaaho'n sey bachne mey, khud ko saabit kadam rakhne mey uski madad karenge.

54. *Jahannum ki taraf le jaane waale chaar amal -*

Maula Ali Alaihis'salaam aur baaki sabhi Imaamo'n ney chaar bad'tareen amal bayaan kiye aur farmaya ki jo bhi ye chaar kaam karega wo jahannum mey daala jaayega. Pyare aaqa Rasoolullah sallallahu alaihe wa aalihi wasallam ki bhi hadees maujud hai ki meri ummat mey aesa bad'tareen daur bhi aayega jaha'n aurat ye chaar bad'tareen kaam karegi aur shauhar usey un bad'tareen kaamo'n ko karne ki ijazat de dega.

Pehle kaam hai tafri yaani ghoom'na-firna, biwi shauhar sey tafri ki ijazat maangegi aur shauhar ijazat de dega. Dusra kaam hai shadiyo'n mey jaana hai, biwi shadiyo'n mey shareek hone ki ijazat maangegi aur shauhar ijazat de dega. Teesra kaam hai jung mey shareek hona, biwi apne shauhar sey jung mey shareek hone ki ijazat maangegi aur wo de dega aur aakhir mey chautha kaam hai bareek libaas pehen'na, biwi apne shauhar sey bareek libaas maangegi toh shauhar khud laa kar de dega.

Hadees mey yaha'n tak bayaan hua hai ki ye meri ummat ka sab sey bad'tareen daur hoga. Ab soch'ne aur ghaur o fikr karne ki baat ye hai ki naa hi ghoom'na-firna haraam hai aur naa hi shadiyo'n mey shamil hona haraam hai. Yaha'n tak zarurat aane par jung ki naubat aa jaaye toh bhi aurat jung mey shareek ho sakti hai hala'n ki ye tab kar sakti hai jab ye hi aakhiri raasta bacha ho, iss par ikhtilaaf bhi hai bahar'haal bareek libaas ko agar chor diya jaaye yaa upar ke do kaamo'n par ghaur kiya jaaye toh ham paayenge ki ghoom'na-firna aur shadiyo'n mey shareek hona toh pehle sey hi hota aa raha hai fir isey bad'tareen daur ki nishaniyo'n mey kyu'n rakha gaya?

Dar'asal baat ye hai ki ab tafri aur ghoom'ne-firne ke naam par be'hayayi aam hoti jaa rahi hai, shadiyo'n ke naam par parda choot'ta jaa raha hai aur mehram-gair'mehram ki tameez bhi khatm hoti jaa rahi hai. Hamesha parde mey rehne waali khatoone'n bhi, ghoom'ne-firne ke naam par aur shadiyo'n ke naam par parde ko chor deti hai'n aur gair mardo'n ke saath naa sirf baate'n balki hansi-thitho'li karti huyi nazar aati hai'n. Yaad rakhe'n aese shauhar-biwi, dono'n ki sakht pakad hogi.

55. Ek buzurg aabid ka wakiya -

Waise toh ye hikayate'n likhi aur sunayi isliye jaati hai'n taaki log nasihat hasil kare'n, inke sahih hone yaa naa hone ki koi daleel nahi'n hoti fir bhi logo'n ko ghaflat sey be'daar karne ke liye sunayi jaati hai'n. Aesa hi ek wakiya bayaan kiya jaata hai, kisi daur mey ek buzurg tha jo badi ibadate'n karta tha aur jaana-maana aabid tha, ek roz usne khuda sey apni ibadato'n ke mutalliq pucha ki kya meri ibadate'n qubool ho rahi'n hai'n, jawaab aaya, nahi'n teri ibadate'n rok di gayi hai'n, yaha'n zahen mey rakhe'n ki tauba ka darwaza ab bhi khula hai, ibadate'n rad nahi'n ki gayi'n balki unki qubooliyat roki gayi hai. Bahar'haal, uss aabid ney ibadato'n ke qubool naa hone ki wajah puchi toh jawaab aaya ki iski wajah tumhari biwi ka ek shadi mey jaana tha.

Wo aabid ghar aaya aur biwi sey uss shadi mey shareek hone ke mutalliq puchne laga jiski ijazat uss ney khud di thi toh biwi kehne lagi, uss shadi mey mujh sey bahaut galtiya'n huyi thi'n, jaise be'pardagi, ghair'mardo'n sey thodi baat'cheet, dulhan ke nazdeek gaana-bajana wagairah aur in be'fizool ke kaamo'n ki wajah sey meri namaaz bhi kaza ho gayi thi. Dono'n ney sachchi tauba ki aur khuda ney unhe maaf bhi kiya. Mere apno'n! Hame bhi zarurat hai ki ham ne be'fizool ke kaamo'n sey bache'n.

Yaha'n par do baate'n aur batana chahunga ki baaja yaani aalaat e mausiki bajana jayaz nahi'n baaki naat o hamd padhna yaa jung mey jaa'n baazo'n ki himmat mey izaafa karne ke liye nazm padhna yaa shadi mey dayera e shariyat mey rehte huye bina baaje ke achchi nazm padhna haraam nahi'n lekin unki awaaz gair'mardo'n tak nahi'n jaana chahiye baaki naach-gaana-bajana haraam hai aur chu'n ki shariyat ka khayaal nahi'n rakha jaata isliye koshish ye karni chahiye ki iss tarah ke kaamo'n sey mukammal taur par bacha jaaye. Ek baat aur ki apni shadi ke mauke par yaa shadi ke baad bhi kuch dino'n tak roz'marra sey hat kar thode rangeen aur achche dikhne waale kapde pahan'ne mey bhi harz nahi'n lekin khayaal iss baat ka rakha jaana chahiye ki gair'mard ki nigaah naa pade, mard bhi iss tarah sey roz'marra sey hat kar kapde pahan sakta hai.

Waise toh shariyat ke dayera mey rehte huye khushi ki nazme'n bhi padhna haraam nahi'n lekin mere nazdeek toh behtar ye hai ki khushi ke mauke par bhi Qur'an khwani karna, meelaad shareef padhna jis mey naat-hamd wa salaam padhna sab sey behtar hai. Fazeelat E Ahlebait mey likhi manqabat padhna zyada behtar amal hoga.

56. Musa Alaihis'salaam ko Rab ki naseehate'n -

JabMusa Alaihis'salaam, Koh E Toor par gaye aur Rab sey aesi naseehate'n karne ke liye guzarish ki jo ummat tak pahuncha sake'n toh jawaab aaya, 'aye Musa! Jab tak mere khazane khatm hone ka yaqeen naa ho jaaye tab tak rizq ke liye pareshaan naa hona yaani rizq ki fikr naa karna. Jab tak tumhe'n ye yaqeen naa ho jaaye ki tumhare aib aur khataye'n bakhsh di gayi hai'n, dusro'n mey aib, gunaah aur burayio'n ko mat talaash'na. Jab tak tumhe'n shaitaan ke marne ka yaqeen naa ho jaaye uski taraf sey mutmayeen naa baith'na yaani har waqt shaitaan ke fareb sey bachna aur uske bar'galane sey darna ki wo kisi bhi waqt, kisi bhi surat mey aa kar tumahare imaan par hamla kar sakta hai aur karta rahega, wo kisi ke bhi imaan ko chura kar le jaa sakta hai.

Shaitaan toh Ambiyao'n aur Masoomeen ko bhi behkane ki koshish karta hai jab ki un par uska zor nahi'n chal sakta. Ta'ajjub hota hai insaan ki soch par ki jab wo duniya ki zara si daulat paata hai toh apna rahan-sahan aur pehnawa behtar karta hai, paise ko hifazat sey rakhne ke liye bank, tijori , wagairah banata hai aur din-raat maal mey izaafa karne aur jama maal ki hifazat karne ki koshish karta hai lekin afsos ki daulat sey karodo'n guna balki be'hisaab, besh'keemti imaan ki taraf sey ghafil hai, naa hi imaan ko badha'ne ki fikr karta hai aur naa hi imaan ki hifazat hi karta hai aur iska fayda shaitaan ba'khoobi uthata hai. Hame'n apni zindagi ke aakhiri lamhe tak bhi, shaitaan sey jung jaari rakhni hai, usey itni mohlat nahi'n deni hai ki wo hamare imaan ko chura sake. Allah ham sab ko haq deen par jamaye rakhe aur shaitaan ke makar wa fareb sey bachaye.

57. Shariyat mey nikaah ki takeed -

Ek hadees mey yu'n bhi aata hai ki jis ney nikaah kiya uss ney aadhe deen ko bacha liya, ye isliye bhi kaha gaya hai kyu'n ki nikaah hone sey insaan bahaut saare aese gunaaho'n sey bach jaata hai jin sey bagair nikaah bach paana bahaut hi mushkil hai. Har cheez ki hifazat ka apna ek alag tareeka hai, maslan ke taur par bachcho'n ko bachana, maal ko bachana, jaan ko bachana wagairah, theek aese hi un nafsaati khawahisho'n sey jin sey zina ko taraf jhuk'ne ka dar ho, un sey khud ko bachane ka bhi apna alag tareeka hai aur wo hai nikaah. Agar jism o dil mey nafasaati khawahishe'n badh rahi hai'n toh zaruri hai ki shariyat ke bataye tareeke par amal kiya jaaye. Kuch logo'n ka ye maan'na bhi hota hai ki biwi-bachcho'n ko kaun khilayega yaani unka rizq kaha'n sey aayega, ye bhi Allah sey bad'gumani karne ki maanind hai kyu'n ki rizq dene ka zimma Allah ka hai aur wo apni har makhlook ko rizq ata'a karta hai.

Nikaah karo agar tum faqeer ho, toh Allah tumhe'n ghani kar dega, jis ney ghurbat yaa paise ki kami ki wajah sey shadi nahi'n ki uss ney Rab sey bad'gumani ki. Rasoolullah sallallahu alaihe wa aalihi wasallam aur hamare Imaamo'n ney nikaah ko pasand farmaya hai aur Allah ney bhi naslo'n ko chalane ka, aage badhane ka zariya nikaah ko hi mukarra kar rakha hai. Agar sawaab ke lihaaz sey bhi dekhe toh ye wo nek kaam hai jis sey kayi zimmedaariya'n judi hai'n toh iss mey sawaab bhi bahaut milta hai.

Jab aulaad jawaan hoti hai, chahe mard ho yaa aurat, uss mey nikaah ki yaa nafsaati khawahish bhi paida hoti hai agar usey nikaah ki taraf nahi'n moda gaya toh wo zina ki taraf jhuka jaayega aur iske zimmedaar uske maa'n-baap aur wo aulaad khud hogi. Kuch log aese bhi honge jo hashr ke roz apna naama e aamaal dekhenge toh uss mey zina ka gunaah likha hua paayenge aur Allah sey iss gunaah ke mutalliq puchenge toh jawaab aayega ki tere bete yaa beti ney iss gunaah ko anjaam diya tha, uski shadi ki umr ho gayi thi lekin tum uska nikaah naa karwa kar usey gunaah ki taraf dhakel rahe the lihaza tumhe'n bhi iska azaab diya jaayega. Yaad rakhe'n momin paanch kaamo'n mey badi jald'baazi karta hai yaani jald sey jald inn kaamo'n ko karne ki koshish karta hai, namaaz ada'a karne mey, murde ko dafnane mey, karz ki adayegi mey, tauba karne mey aur beti ka nikaah karne mey.

Nikaah ki umr ho jaane ke baad, jawano'n ki raato'n ki ibadate'n mey jo sawaab hai, wo hi sawaab shadi'shuda logo'n ki neend mey bataya gaya hai yaani har tarah sey nikaah ki taraf jhukaya gaya hai. Nikaah karna kayi fasado'n aur gunaaho'n sey bacha'ta hai lihaza hame chahiye ki apni aulaado'n ka nikaah jald karaye'n.

58. Hazrat Bilaal ki shadi ka wakiya -

Ek sahabi ki beti shadi ke kabil ho gayi toh Rasoolullah sallallahu alaihe wa aalihi wasallam ke paas mashwara maang'ney ke liye aaye toh sahabi aur sahabi ke bete kehne lage ki aap toh hamare khandaan aur rutbe ke baare mey, hamari daulat ke baare mey jaante hai'n aur ham apni barabari mey shadi karna chahte hai'n, Rasoolullah sallallahu alaihe wa aalihi wasallam ney farmaya, "Bilaal sey shadi kar do." Wo sahabi uth kar chale gaye, agle din fir aa kar pucha lekin jawaab ye hi mila ki Bilaal sey kar do. Wo sahaba chale gaye aur chand roz ke baad fir sey aaye aur ye hi sawaal kiya lekin fir bhi ye hi jawaab mila ki Bilaal sey kar do. Wo sahaba ney ek baar fir apne maal o zar aur rutbe ke baare mey bataya, Rasoolullah sallallahu alaihe wa aalihi wasallam ney muskura kar fir farmaya, "agar kisi jannati mard sey nikaah karana chahte ho toh tumhe'n Bilaal sey behtar rishta nahi'n milega."

Ta'ajjub ki baat hai ki Hazrat Bilaal Radi'Allah bade hi aala makaam ke sahaba hai'n lekin chu'n ki habshi ghulaam the isliye log unhe'n beti dene mey dar rahe the aur kuch aesa hi haal aaj ke muashre mey bhi maujud hai. Log laayak ladka milne ke bawajud bhi uske rang, kad, rutbe, maal, naukri, khandaan wagairah mey kami nikaal kar rishta tay nahi'n karte, iss baat sey kisi ko farq hi nahi'n padta ki ladka yaa ladki deen'daar hai'n yaa nahi'n?, Unhone Qur'an O Ahlebait Alaihis'salaam ko thama hai yaa nahi'n?, Afsos ki ab log Allah waalo'n ko thukra kar, duniya'daar logo'n ko apni aulaad ke liye chunte hai'n yaani uss shakhs ko thukra dete hai'n jo aakhirat tak saath dene waala hai.

59. Muashra aur fizool kharche -

Apni baat shuru karne sey pehle, ye yaad dilana chahunga ki ham aksar ye keh kar khud ko bari samajh lete hai'n ki muashra hi khaarab hai lekin dar haqeeqat ye muashra, ham aur aap sey hi mil kar bana hai yaani agar ham kharaab rahenge toh muashra kharaab rahega aur ham sahi rahenge toh muashra bhi sahi rahega. Agar ham apni zindagiyo'n mey deen o shariyat dakhil kar le'n toh muashra bhi deen o shariyat par aa jaayega aur agar ham hi deen o shariyat sey duri bana le'n toh muashra bhi apne aap hi deen o shariyat sey dur ho jaayega. Afsos ki baat hai lekin ye haqeeqat hai ki shaitaan ke saathiyo'n ki mehnato'n ki wajah sey aur haq deen ke Aalimo'n ki ghaflat yaa khamoshi ki wajah sey, aaj ye halaat ban gaye hai'n ki muashre mey haqeeqi deen ki jagah, Takhleeqi deen ney le li hai.

Maine kitaab mey pehle bhi iss baat ka zikr kiya hai ki shadiyo'n mey be'pardagi aur be'hayayi ke alawa, fizool'kharchi bhi aam ho chali hai, tarah-tarah ki behudi aur ghair-zaruri rasmo'n ko iss tarah nikaah mey shamil kiya gaya hai jaise inke bina shadi hone ka tasawwur hi nahi'n kiya ja sakta. Waise toh nikaah ko saad'gi ke saath karne ka hukm hai, wo baat bhi alag hoti hai ki koi maal'daar aadmi khane-khilane yaa pahan'ne-pahna'ne mey zyada kharch kar deta lekin ab rasm o riwaaz ke naam par kuch cheeze'n iss tarah dakhil kar di gayi hai'n ki ghareeb sey ghareeb aadmi ko bhi haisiyat naa hote huye bhi fizool kharcha karna padta hai. Dahej, mehndi, haldi, muhn-dukhayi, salaami, wida, juma, sagayi, juta churayi, baraat ko rokna aur pata nahi'n aesi kitni gair'zaruri rasmo'n ney shadi ka paimana hi badal diya hai, afsos ki ab sunnat ke mutabik nikaah kam hi dekhne ko milte hai'n. Ek baat aur kahunga, dusro'n ko din-raat deen ka dars dene waale, din-raat deeni kitaab padhne waale log bhi amal ke waqt deen sey dur nazar aate hai'n, fir kis kaam ka tumhara ilm aur tumhari baate'n?, Jo dusro'n ko tokne, neecha dikhane aur khud ko ilm'daar saabit karne ke liye toh kaam aati hai'n lekin tumhe'n hi gunaah sey nahi'n bacha paati'n.

Yaha'n baat kar raha hu'n fizool'kharche ki toh shadi biyaah toh apni jagah, ab toh logo'n ney maut-mayyat ko bhi mazaak aur tamasha bana diya hai. Kisi ke ghar intkaal hua hai toh hame'n chahiye ki ghar sey kha pee'kar jaaye'n aur marhoom ke ghar'walo'n ke liye bhi apni haisiyat ke

mutabik kuch na kuch khane ko le jaaye'n lekin yaha'n toh ulta hi hota nazar aata hai, log mehmaan ban kar marhoom ke ghar aate hai'n aur yaha'n maiyat rakhi hoti hai yaa dafan ke liye gayi hoti hai aur waha'n khana ho raha hota hai.

Soyam, daswa'n, beeswa'n, chalees'wa'n, wagairah ki fatiha mey bhi tarah-tarah ke khane banaye jaate hai'n, aur ghareebo'n ko naa khila kar, bade-bade logo'n ko khilaya jaata hai. Ek baat yaad rakhe'n naa hi mai fatiha ke khilaaf hu'n aur naa hi khane-khilane ke khilaaf hu'n lekin inhe'n rasm o riwaaz banane ke khilaaf zarur hu'n. Agar kisi ki haisiyat hai toh wo zyada logo'n ko khilaye lekin ghareeb insaan par inhe'n rasm bana kar thop'na sahi nahi'n hoga. Zaruri hai marhoom ke naam par Fatimi padhna aur uski taraf sey ghareebo'n ko kuch de dena, chahe sainkdo'n plate khana ho yaa sirf ek plate khana ho, iss sey farq ni padta, marhoom ke liye zyada sey zyada kalma-darood-Qur'an wagairah padh kar bakhash'te rahe'n. Jis ki jitni maali haisiyat aur gunjaish hai, usey uske mutabik kaam karna chahiye aur muashre ko usey neecha dikhane yaa uss par dabaav daal'ne sey bachne ki koshish karna chahiye.

60. Surat aur daulat yaa seerat -

Islaam ney sab sey zyada zor, aadmi aur aurat ki seerat par diya hai, naa ki surat aur daulat par lekin logo'n ney rishte tay karne ka meyaaar bhi alag hi bana rakha hai, ab surat aur daulat ko zyada tarjeeh di jaati hai, ohde aur badi naukri ko zyada tarjeeh di jaati hai, naa ki achche seerat o akhlaaq aur deen'daari ko dekha jaata hai. Mere apno'n! Mai ye nahi'n keh raha ki har khoob'surat chehre aur jism ke peeche kharaab seerat ka insaan hai yaa har khoob'surat insaan, achchi seerat ka maalik hai lekin ye bhi haqeeqat hai ki bahaut saare bhai/bahan aese hai'n jin ki surat toh duniya waalo'n ke nazdeek achchi nahi'n lekin wo buland seerat ke maalik hai'n aur deen'daar hai'n. Jab kabhi bhi aulaado'n ke liye rishte talaashe'n toh khoob'surati sey zyada khoob'seerati ko tarjeeh de'n.

Kya hame iss baat par ghaur nahi'n karna chahiye ki ham apni beti yaa bete ke liye jis rishte ko khud dekh rahe hai'n, wo Allah ka nek banda/bandi hai'n yaa nahi'n?, Kya usey Qur'an ka kamaz'kam itna ilm hai yaa nahi'n ki Qur'an ki chand aayato'n ka tarjuma aur tafseer hi bata de?, Kya usey maa'n-baap, saas-sasur, shauhar/biwi aur aulaad ke hukook ke baare mey kuch pata hai bhi yaa nahi'n?, Kahi'n aesa naa ho ki ham jadeed khayalaat waale rishte dhundh'ne ki koshish mey, duniya'daar daulat'mand rishte dhundh'ne ke koshish mey apni aulaad ki asal aakhirat ki zindagi aur duniya ki sukoon sey bhari zindagi hi barbaad kara de'n. Ladke aur ladki mey itna toh ilm hona hi chahiye ki halaal-haraam ki tameez jaanta ho,

hukook ul Allah aur hukook ul ibaad ke baare mey jaanta ho warna ye dono'n apni do jahaan ki zindagi barbaad kar lenge yaa shayad duniya mey khush nazar aaye'n lekin aakhirat mey naa'kaamyaab ho jaayenge. Apni aulaad ke liye rishta dekhte waqt duniyawi cheezo'n ko bhale hi naa dekho lekin deen'daari, seerat zarur dekh lena, nikaah koi khel nahi'n balki zindagi bhar ka saath hai. Achcha saath yaani behtareen ham'safar agar zindagi ke safar ko aasaan karta hai toh bura saath yaani be'deen ham'safar, iss safar ko aur mushkil bana deta hai.

FOUR
Chautha Baab

61. *Wo haraam kaam jo rishte dekhte waqt jayaz hai -*

Mere apno'n! Halaal-haraam ke baare mey bhi isi kitaab mey batane ki koshish ki hai aur Ilm E Imaam kitaab mey Imaam Bakir Alaihis'salaam ke hawale sey bhi ye baat wazeh taur par bayaan ki hai ki Allah ney jin cheezo'n ko haraam karaar diya wo hamare liye nuksaan'deh hai'n hala'nki log kam ilmi yaa laa'ilmi ki wajah sey ye soch lete hai'n ki fala'n cheez hi kharab hai maslan ke taur par ghode ka maans haraam hai, iska ye matlab nahi'n ki ghode ka gosht kharab hai balki iska matlab yu'n hoga ki insaan ki sehat aur kudrat ke nizaam ke mutabik ghode ka maans, bataur khana haraam karaar diya gaya hai.

Ye baat isliye kar raha hu'n kyu'n ki rishte dekhte waqt ek haraam kaam aesa bhi hai jo halaal ho jaata hai baaz ulema ke nazdeek toh wo kaam karna zaruri bhi hota hai lekin shariyat ke dayera aur islaam ki hudood mey rehte huye, wo kaam hai gheebat. Jis tarah sharaab haraam hai lekin agar kisi ki jaan jaa rahi ho toh itni sharaab peena ki jis sey jaan bach sake, jayaz hai, theek aese hi khinzeer ka gosht haraam hai lekin jaan jaane ka dar ho aur khane ko kuch naa ho toh itna gosht khana jayaz hai ki jis sey jaan bach sake hala'nki in cheezo'n ko zarurat sey zyada khana-peena tab bhi haraam hi rahega. Theek isi tarah, rishte dekhte waqt gheebat karna gunaah nahi'n lekin utni hi jitni zarurat hai. Yaha'n ye bhi zahen mey rakhe'n ki be'wajah kisi ki burayia'n karna yaa aese shakhs mey kamiya'n nikaal'na jiska rishte sey koi ta'alluk hi nahi'n, ye bhi galat hoga.

Agar pehchaan waalo'n mey yaa rishte'daaro'n mey aapas mey rishte ho rahe hai'n toh ye achchi baat hai baaki naye logo'n mey jab kabhi ladke waale aur ladki waalo'n ki mulakaat ek dusre sey ho toh wo ek dusre sey puch'taach kare'n, malumaat kare'n, ek-dusre ko jaane'n aur ek-dusre ke baare mey dusro'n sey bhi malumaat hasil kare'n ye galat nahi'n hai balki ye hi behtar hoga. Iske baad, apne ghar aa kar aapas mey salah mashwara karna bhi zaruri hai aur iss mashware ke dauraan kisi ko kisi baat yaa shakhsiyat par kisi bhi tarah ka shak hai yaa usey kuch burayi, khami yaa kami nazar aayi toh wo apni raye rakh sakta hai, ye gunaah yaa gheebat mey shumaar nahi'n kiya jayega. Hala'n ki aaj kal mashwaro'n mey bhi log deen'daari, akhlaaq, seerat ki jagah makaan, khandaan, naukri, rutba, standard, status wagairah par zyada charcha karte hai'n. Ye afsos ki baat hai ki aese ameer ladke ke ko toh beti saunp di jaati hai jis ney Qur'an padha tak nahi'n lekin aese ghareeb ladke ko beti nahi'n di jaati jo Qur'an O Ahlebait Alaihis'salaam ko thaam'kar rakhne waala nek momin banda hai, aesa hi ladkiyo'n ke maamle mey bhi hota hai ki khoob'surat aur duniyawi ilm rakhne waali, jadeed khayal rakhne waali ladki ko bahu banaya jaata hai lekin kam khoob'surat yaa duniya ki jagah deen ka ilm rakhne waali, Ahlebait ke hukmo'n par amal karne waali ladki ke rishte ko thukra diya jaata hai, muashre aur naslo'n mey aa rahe bigaad ki ye bhi ek badi wajah hai.

Ab baat karte hai'n dusre kaam ki jo haraam hai lekin rishte dekhte waqt halaal ho jaata hai. Jaisa ki ham sab ko maloom hai ki islaam mey mardo'n ko uss tarah parda karne ka hukm nahi'n diya gaya, jis tarah aurat ko diya gaya hai isliye ladki toh ladke ko dekh sakti hai. Han mard ko ye ijazat nahi'n ki wo gair'aurat ko dekhe lekin rishte dekhte waqt ye haraam kaam bhi shariyat ke dayere mey reh kar jayaz ho jaata hai yaani ladke ko ijazat hai ki wo ladki ko ek baar dekh sakta hai, Aalimo'n ke nazdeek chehre aur baalo'n ko dekhna jayaz hai aur ek dafa bina chadar/burke ke bhi dekha jaa sakta hai yaani salwaar kameez chunri wagairah mey balki haqeeqi deen ke Aalimo'n ke nazdeek, aesa kar lena mustahab aur zaruri hai.

62. Beta-beti ki tarbiyat mey farq -

Mere apno'n! Jab ham duniyawi taleem hasil karte hai'n toh hamare mulk mey daswi'n class tak, ek si padhayi karayi jaati hai lekin gyarahwi'n class mey aane par Talib E Ilm apni-apni pasand ke subject lete hai'n aur college mey aane par padhayi bilkul alag ho jaati hai. Jisey engineer banna ho wo engineering ki padhayi karta hai, jisey doctor banna ho wo doctory ki padhayi karta hai, koi vigyaan, koi ganit, koi itihaas, koi mano'vigyaan wagairah ki padhayi karta hai, theek aese hi jab tak hamare bachche chote hote hai'n unhe'n deen ki ek si taleem di jaati hai lekin jab bachche bade hote hai'n toh ladke aur ladki ki tarbiyat aur taleem bhi alag ho jaati hai kyu'n ki dono'n ki zimmedaari bhi alag hoti hai'n. Ladke ko kamana, pariwaar chalana, deen aam karna, sab ki hifazat karna sikhaya jaata hai toh aurat ko ghar sambhaal'ne, aulaad ki tarbiyat sahi sey karne ki taleem di jaati hai iske alaawa deen ki baaki taleem aur tarbiyat dono'n ko ek si hi milti hai'n.

Jab Rasoolullah sallallahu alaihe wa aalihi wasallam ney apni beti Fatima Salaamullah Alaiha ka nikaah
Maula Ali Alaihis'salaam sey karaya tab aap Ali Alaihis'salaam ke paas zahiri daulat nahi'n thi'n, naa koi bada karobaar tha, naa zameen aur zewar hi the lekin Aaqa Mohammad sallallahu alaihe wa aalihi wasallam ney apni beti sey rukhsati ke waqt hi farmaya tha ki, "maine tumhara nikaah uss shakhs sey kiya hai jo mere baad, duniya ka sab sey behtareen mard hai, iske saath duniya ki cheeze'n bhale hi hasil naa ho'n lekin aakhirat behtareen hogi." Amma Fatima Salaamullah Alaiha ney musibato'n par sabr hi nahi'n kiya balki shukr bhi kiya hai lekin ab Takhleeqi deen par chalne waali Nasl E Aadam, faqa toh dur, halaal kamayi karne waale mard ko bhi haqeer samajh'ti hai agar uski kamayi kam ho. Baap ko beti ke liye duniyawi shauhar ki talaash hoti hai aur ladki bhi apne liye duniya'daar shakhs chahti hai naa ki deen'daar.

Aaj ke daur mey jab aurat dekhti hai ki dusro'n ke shauhar zyada kama rahe hai'n toh wo apne shauhar sey ladayi-jhagda karti hai aur usse bhi zyada kama'kar laane ko kehti hai, usey iss baat sey koi farq nahi'n padta ki dusro'n ke shauhar, haraam ki kamayi kar rahe hai'n aur mera shauhar halaal maal kama'kar laata hai. Bas isi kash'mo kash aur duniya kamane ki bhaag-daud mey halaal-haraam ka farq mitta jaa raha hai aur yaad rakhiye, ilm, deen, haq, sachchayi, shariyat aur imaan dil aur amal mey dakhil hi tab hoti hai jab pet mey halaal niwala jaaye, haraam lukme kha kar insaan haq par nahi'n jama reh sakta. Bahaut saare talaaq bhi isi bina par ho jaate hai'n jab ki iss tarah huye talaaq, Allah ke gazab ki wajah bante hai'n.

Ek moatabar Aalim batate hai'n ki ek dafa unke paas ek joda talaaq ke liye aaya aur aurat kehne lagi ki mere shauhar meri zarurate'n tak puri nahi'n karte, mere paas ek joda kapda bhi nahi'n jab ki mere shauhar bade hi maal'daar hai'n. Ye sunna tha ki shauhar, un Aalim ko apne saath le gaya aur uss ney ek-do nahi'n balki kayi almaari dikhayi jo uski biwi ke kapdo'n sey bhari huyi thi'n jab biwi sey iss mutalliq pucha gaya toh uss ney apne hi pasand ke khareede huye kapdo'n mey ek-ek kar ke kamiya'n nikaal di'n aur sainkado'n kapde hote huye ye hi shikwa karti rahi ki mere paas ek jod kapda bhi sahi nahi'n hai. Zara sochiye, itni naa'shukri?, Itni duniya'parasti?, Itna bad'pan ki Allah ki be'shumaar nemato'n ke milne ke bawajud bhi shikayate'n hi shikayate'n?

63. *Shaitaan ka dilo'n par kabza -*

Jab musalmaano'n ney khud hi haqeeqi deen ko thukra diya aur Takhleeqi deen ki pairvi mey lag gaye tab shaitaan ke liye imaan waalo'n ko haq sey bhatkana bahaut hi aasaan ho gaya. Jaisa ki upar hi maine baat ki naa'shukri ki toh Qur'an O Ahlebait Alaihis'salaam ko maan'ne waala banda/bandi toh faako'n mey bhi Shukr E Ilahi karte nazar aa jaate hai'n lekin Takhleeqi deen par chalne waale logo'n ko bas mayoosi aur shikayate'n hi shikayate'n hoti hai'n. Haqeeqat toh ye hai ki inke dilo'n ko shaitaan ney apne kabze'n mey kar rakha hai, pehle toh insaan ko uss ney bhari-puri duniya hote huye bhi khud ko akela maan'ne aur samajh'ne par majboor kiya aur fir usey TV, internet, movies aur serial ki taraf dhakel diya. Koi maane yaa naa maane lekin ye haqeeqat hai ki aaj zyada'tar log, madarso'n aur schoolo'n sey kam seekhte hai'n aur TV, internet sey zyada seekhte hai'n, seekhne mey bhi harz nahi'n hota lekin sahi ilm naa seekh kar, shaitaani ilm seekhte nazar aate hai'n.

Badal'te huye daur ka aur shaitaani sazisho'n ka ilm rakhne waale aalim bahaut behtar tareeke sey jaante hai'n ki kis tarah New World Order laane ki taiyaari ki jaa rahi hai aur ye duniya ki behtari ke liye nahi'n balki logo'n ko haqeeqi raah sey bhataka kar shaitaani raah par laane ki taiyaari hai. Afsos toh iss baat ka hai ki musalmaan, apne aakhiri Imaam ke muntazir hi nahi'n aur jo unke muntazir hai'n wo bas muntazir hai'n, mehnate'n nahi'n kar rahe aur ginti ke chand log hai'n jo mehnate'n kar rahe hai'n lekin wo bhi uss tarah nahi'n kar rahe jis tarah karne ka hukm tha. Wahi'n dusre aur dajjaal ke maan'ne waale kahi'n secret society bana kar, toh kahi'n hukumato'n mey ghus kar, kahi'n media-social media ke zariye yaha'n tak film industry sey le kar market aur business industry mey ghus kar bhi apna kaam ba'khoobi kar rahe hai'n aur apni soch ko faila rahe hai'n.

Dheere-dheere kar ke logo'n ko pata bhi nahi'n chal raha hai ki kis tarah sey unke dil o dimaagh ko hack kar ke, unke avchetan man yaani Subconscious mind mey dajjaal ko daala jaa raha hai, kis tarah unke haq sey hata kar baatil par laaya jaa raha hai balki sazish toh yaha'n tak hai ki ab dheere-dheere log haq ko naa'haq aur naa'haq ko haq samajh'ne lage hai'n. Mere apno'n! Hame'n zarurat hai khud ko, apno'n ko aur apni agli naslo'n ko shaitaan sey bachane ki aur Imaam Mehdi Alaihis'salaam ke liye mehnat karne ki aur ye hi hamari zindagi ka maqsad hona chahiye.

64. Nateeja nahi'n lekin amal apne haath mey hai -

Jab kabhi ham kisi mauzu par charcha karte hai'n yaa takreer karte hai'n toh sunne waale majme mey kuch naa kuch asar zarur padta hai. Chu'n ki sab ka apna-apna zarf, ilm aur soch ki hadh hoti hai isliye kisi bhi mauzu par charcha yaa bayaan sunne ke baad bhi logo'n ke dil mey alag-alag kaifiyat paida hoti hai. Koi nazar'andaaz kar deta hai, koi uss mauzu par sochta hai aur badlaav laane ki koshish karta hai toh koi ye soch kar khamosh ho jaata hai hi ham toh kuch nahi'n hai'n, ham kar hi kya sakte hai'n?

Maslan ke taur par jab kabhi dajjaal aur dajjaali fitno'n ka zikr kiya jaata hai, shaitaani sazisho'n ko bayaan kiya jaata hai. Musalmaano'n ko ye samjhaya jaata hai ki kis tarah khud ko shaitaan ke fareb sey bachana hai, kis tarah Imaam E Qayam ke liye mehnat karni hai aur kis tarah buri takato'n sey ladna hai aur unhe khatm karna hai tab momin toh haq ko tasleem kar ke, haqeeqi deen ki mehnat mey lag jaate hai'n, haq ko aam karte hai'n aur baatil sey takrate hai'n lekin bahaut saare musalmaan yaa kalma-go, aese bhi hote hai'n jo ye sochne lagte hai'n ki bade paimaane par sazishe'n ho rahi hai'n, ham akele kaise rok sakenge?, Ham akele kya kar lenge wagairah-wagairah jab ki momin, har haal mey apne rab par yaqeen rakhta hai aur jo musibat aur sazishe'n saamne hai'n un sey ladna apni jagah jaari rakhta hai saath hi saath, yaha'n ussey badi rukawato'n aur takato'n sey takrane ke liye bhi khud ko taiyaar rakhta hai.

Jab Yazeed ki maut ka waqt kareeb aaya tab uske bete ney takht aur hukumat ko laat maar di aur kaha ki, "jis takht ki huniyaad Ahlebait E Rasoolullah ke khoon par rakhi gayi ho, mai uss par hargiz nahi'n baith sakta." Wo chahta toh ye keh sakta tha ki Ahlebait par zulm band karwa dunga aur mai toh be'khata hu'n, mai imaan'daari sey hukumat karunga lekin uss ney takht ko hi thokar maar di. Ta'ajjub ki baat toh ye hai ki Yazeed ka beta bhi samajh rakhta tha lekin aaj khud ko momin aur musalmaan kehne waale aur unki aulaade'n haq baat ko samajhne mey kasir hai'n.

Log apni aulaado'n ko haq ki taraf nahi'n bulaate, unki taleem o tarbiyat par dhyaan nahi'n dete aur aksar kehte huye dikhte hai'n ki aaj kal daur hi bura chal raha hai, ab toh mahaul hi sahi nahi'n bacha, ab toh har taraf sey galat hi cheeze'n mil rahi hai'n, kaha'n-kaha'n sey aulaad ko bachaye'n wagairah. Ek misaal de raha hu'n, samajh'ne ki koshish kijiyega, aapne ek beej boya, uss mey achchi mitti daali, khaad daali, roz uss mey paani diya, usey jitni zarurat thi utni dhoop mey rakha, fir uske charo'n taraf boundary banayi taaki uski hifazat ho sake. Aapne apni taraf sey apna farz ada'a kar diya kaafi hai, ab wo paudha ped ban sake yaa naa ban sake yaa uske fal meethe nikle'n yaa kharaab nikle'n, ye aapke haath mey nahi'n aur agar paudha kharaab ho jaaye yaa fal kharaab nikle'n toh aapki qata nahi'n hai lekin agar aapne paudhe ki sahi tarah sey dekh'bhaal nahi'n ki, usey zaruri cheeze'n hi nahi'n di'n toh aapki pakad zarur hogi. Theek aesa hi masla aulaad ke saath hai, aap apne farz pure kijiye, aulaad ko Allah, Rasoolullah, Qur'an O Ahlebait sey jodiye, usey sahi taleem o tarbiyat dene ki koshish kijiye, uske liye mehnat aur dua kijiye baaki Allah par chor dijiye.

Allah ham sab ko aur hamari naslo'n ko haq deen par chalne waala, Qur'an O Ahlebait Alaihis'salaam ko thaam'ne waala, haq aam karne waala, batil sey takra'ne waala aur haq ke liye jaan dene waala banaye.

65. Khums ki adayegi -

Apni baat shuru karne ke pehle ye baat yaad dilana chahta hu'n ki Yazeed ke bete ka ye maan'na tha ki saari hukumat aur do aalam, Ahlebait E Nabi Alaihis'salaam ki hi milkiyat mey hai'n. Maulvi, aaj bhi ye hi kehta sunayi deta hai ki do aalam Mohammad Rasoolullah ke sadqe mey bane hai'n, ham sab Mohammad Rasoolullah ka sadqa kha rahe hai'n wagairah lekin jab baat aati hai khums dene ki toh log peeche hat'te nazar aate hai'n jab ki iska hukm khud Allah ney Qur'an mey diya hai. Yazeed ke bete ki baat isliye kar raha hu'n kyu'n ki Yazeed jaise paleed ka beta ho kar bhi agar koi Haq E Ahlebait Alaihis'salaam bayaan kar sakta hai toh aaj ka kalma-go musalmaan Haq E Ahlebait bayaan karne sey kaasir kaise hai?

Yu'n toh Qur'an mey saaf taur par khums ada'a karne ka hukm aaya hai lekin logo'n ney fir bhi iss hukm par amal karna chor diya hai. Pehle Qur'an ki aayat aap ke saamne rakh raha hu'n, fir iss par aage baat karunga. Qur'an kareem mey Allah rabbul izzat ka farmaan hai -

وَاعْلَمُوا أَنَّمَا غَنِمْتُمْ مِنْ شَيْءٍ فَأَنَّ لِلَّهِ خُمُسَهُ وَلِلرَّسُولِ وَلِذِي الْقُرْبَىٰ وَالْيَتَامَىٰ وَالْمَسَاكِينِ وَابْنِ السَّبِيلِ إِنْ كُنْتُمْ آمَنْتُمْ بِاللَّهِ وَمَا أَنْزَلْنَا عَلَىٰ عَبْدِنَا يَوْمَ الْفُرْقَانِ يَوْمَ الْتَقَى الْجَمْعَانِ ۗ وَاللَّهُ عَلَىٰ كُلِّ شَيْءٍ قَدِيرٌ

Aur ye jaan lo ki tumhe'n jis cheez sey bhi fayda (hasil) ho uska paanch'wa hissa Allah, Rasool ke qaraabat'daar, (qareebi rishte'daar) ayetaam (yateemo'n) masakeen (ghareebo nadaar) aur musafirane ghurbat zada ke liye hai agar tumhara imaan Allah par hai aur uss nusrat par hai jo hamne apne bande par haq (sach) wa batil (jhooth) ke faisle ke

din jab do jamaate'n (giroh) aapas mey takra rahi thi'n nazil ki thi aur Allah har shah par qadir hai.

(Surah An-faal ki aayat 41)

Khums yaani 5 wa'n hissa yaani 20%, jo 4%-4% kar ke paanch jagah kharch karna hai jin sey ek hissa Ahlebait E Rasool ka bhi hai. Ab kuch maulviyo'n ka kehna hai ki iss aayat mey maal e ghanimat ka zikr aaya hai yaani jihaad ke dauraan jung sey jo maal hasil hoga, uss mey bas khums nikala jaayega jab ki haqeeqi deen ke aalim ka maan'na ye hai ki kisi bhi zariye sey agar munafa mile toh uss munafe mey sey khums nikala jaayega. Jo khums ko jihaad sey jodte hai'n wo bataye'n ki jihaad ki aayat mansookh ho gayi kya?, Fir tumne isey kyu'n chor rakha hai?, Aur agar chor rakha hai toh waise hi gunaah'gaar huye, fir ek hukm ko chor kar, dusre hukm ko bhi pura nahi'n kar rahe ho, ye tumhari dohri pakad ki wajah banega.

Sadaato'n par zakaat haraam hai kyu'n ki momin-musalmaano'n par Rasoolullah ka haq hai, unhe'n koi kya sadqa dega jab ki musalmaan ka toh ye imaan hai ki usey jo milta hai, Mohammad O Aal E Mohammad ke hi sadqe sey milta hai lihaza wo khums ada'a karta hai, wo khums jo Rasoolullah aur Aal E Rasool ka ummat ke munafe ke maal par haq hai. Aesa nahi'n hai ki sadaato'n ko pareshaaniya'n nahi'n aati'n, unke bachche yateem nahi'n hote, unke ghar mey bewaye'n nahi'n hoti'n. Un tak, unka khums pahunchana ummat ki zimmedaari hai aur logo'n ko khums zarur nikaal'na chahiye, ye hi haqeeqi deen hai aur ye hi Allah ka hukm hai.

66. Ustaad ki ehmiyat -

Shaitaan ke fareb sey bhari duniya mey kisi bande ko gumraahi sey bacha kar, haq par sabit kadam karne ke liye, achchi taleem o tarbiyat ki zarurat padti hai aur achchi taleem o tarbiyat ke liye zarurat padti hai, ek achche ustaad ki. Pehli baat toh ye zahen mey rakhe'n ki aulaad ki pehli ustaad uski maa'n hoti hai aur dusra ustaad uska baap hota hai, iske baad un ustaado'n ki baari aayi hai jo aulaad ko deen o duniya ki taleem o tarbiyat dete hai'n aur uska dil ilm aur ishq ke noor sey aur rooh haq ki raushni sey

bhar jaate hai'n.

Jab bachcha bahaut chota hota hai toh be'dimaagh nahi'n hota balki wo aapke har amal ka mushahida karta hai, usey observe karta hai, bina kahe, bina bole, khamoshi sey aap ko padhta hai aur seekhta hai isliye aulaad ke saamne achche amal karna aur achchi baate'n karna bhi zaruri hai. Iske baad, jab bachcha thoda aur bada ho toh usey achchi tarbiyat, taleem aur akhlaaq sikhana maa'n-baap ki zimmedaari hai. Apni aulaad ko haq samjhana, halaal-haraam ki tameez sikhana aur Qur'an O Ahlebait ko thaam'ne waala banana bhi walidain ki zimmedaari hai.

Fir jab aulaad thodi aur badi ho jaati hai toh usey ustaado'n ke paas deen wa duniya seekhne ke liye bheja jaata hai, bahaut achchi baat hai ki hamari aulaad deen o shariyat ke dayere mey reh kar zyada sey zyada duniyawi ilm hasil kare aur uss ilm sey fayda uthaye lekin deen ki taleem dene waala ustaad ka Muhibb E Ahlebait hona bahaut zaruri hai. Aaj muashre mey aap ko, Yazeed paleed ki difa karne waale, Ahlebait Alaihis'salaam par ungli uthane waale sainkdo'n jahil maulwi mil jaayenge, jo khud ko aalim batate hai'n, ye unki kharab tarbiyat aur bekaar ustaado'n ki taleem ka nateeja hai. Kayi baar aesa bhi hota hai ki walidain bhi achche ho'n, ustaad bhi achcha ho fir bhi aulaad bekaar nikal jaaye lekin ye laakh mey ek baar hota hai, zyada'tar jagah walidain ki kharab tarbiyat yaa ghaflat aur ustaad ki galat taleeme'n hi aulaad ko be'deen aur gumraah ho jaane ki wajah banti hai'n.

Agar ustaad, Muhibb E Ahlebait Alaihis'salaam hai toh aapki aulaad ko haq par layega aur agar Muawiya'parast maulwi hai toh aapki aulaad ko Yazeed ki tarah bana dega. Aaj duniya mey kayi firke hai'n aur kayi baate'n hai'n, alag-alag nazariye bhi maujud hai'n lekin Ghulaam E Ali Alaihis'salaam chahe kisi bhi ghar mey paida ho, kisi bhi maslak ke maan'ne waalo'n ke ghar paida ho, wo haq hi bayaan karta hai, haq ke elaan ke liye Shia-Sunni ki qaid nahi'n hoti, har momin, Ali Alaihis'salaam ki wilayat ka ikraar karta hai aur usey thaam'kar rakhta hai. Mere apno'n! Apni aulaado'n ki tarbiyat aur taleem par khaas dhyaan de'n. Aap bhi usey behtar sey behtar taleem o tarbiyat dene ki koshish kare'n aur usey nek, deen'daar, Muhibb E Ahlebait ustaad ke paas bheje'n wo haq'parast ban sake.

67. Nekiyo'n ka hukm dena aur burayi sey rokna -

Qur'an mey Allah rabbul izzat ka ek aayat e kareem mey farmaan hai -

وَلْتَكُنْ مِنْكُمْ أُمَّةٌ يَدْعُونَ إِلَى الْخَيْرِ وَيَأْمُرُونَ بِالْمَعْرُوفِ وَيَنْهَوْنَ عَنِ الْمُنْكَرِ ۚ وَأُولَٰئِكَ هُمُ الْمُفْلِحُونَ

Aur tum mey sey ek giroh ko aesa bhi hone chahiye jo khair (neki) ki dawat de, nekiyo'n ka hukm de, burayio'n sey mana kare aur aese hi log najaat yaafta (kaamyaab) hai'n.
(Surah Aal E Imraan ki aayat 104)

Ek aur aayat mey Allah rabbul izzat ney farmaya -

كُنْتُمْ خَيْرَ أُمَّةٍ أُخْرِجَتْ لِلنَّاسِ تَأْمُرُونَ بِالْمَعْرُوفِ وَتَنْهَوْنَ عَنِ الْمُنْكَرِ وَتُؤْمِنُونَ بِاللَّهِ ۗ وَلَوْ آمَنَ أَهْلُ الْكِتَابِ لَكَانَ خَيْرًا لَهُمْ ۚ مِنْهُمُ الْمُؤْمِنُونَ وَأَكْثَرُهُمُ الْفَاسِقُونَ

Tum behtareen giroh ho jise logo'n ki hidayat ke liye paida kiya gaya hai, tum logo'n ko nekiyo'n ka hukm dete ho aur burayio'n sey rokte ho aur Allah par imaan rakhte ho aur agar ahle kitaab bhi imaan le aate toh unke haq mey behtar hota lekin in mey sirf chand hi momineen hai'n aur aksariyat fasiq ki hai.
(Surah Aal E Imraan ki aayat 110)

Qur'an paak ki ek aur aayat e kareema mey bhi Allah ney ek dusre ko nekiyo'n ki taraf bulane aur burayi ki taraf jaane sey rokne ke mutalliq farmaya hai -

وَالْمُؤْمِنُونَ وَالْمُؤْمِنَاتُ بَعْضُهُمْ أَوْلِيَاءُ بَعْضٍ ۚ يَأْمُرُونَ بِالْمَعْرُوفِ وَيَنْهَوْنَ عَنِ الْمُنْكَرِ

Momin mard aur momin aurate'n aapas mey sab ek dusre ke wali (sarparast) aur madad'gaar hai'n ki ye sab ek dusre ko nekiyo'n ka hukm dete hai'n aur burayio'n sey rokte hai'n.
(Surah Tauba ki aayat 71 ka hissa)

Mere apno'n! jab ham, Allah rabbul izzat ki rahmat aur ata'ao'n ki taraf nigaah karte hai'n toh paate hai'n ki beshak! Allah bada nawaaz'ne waala hai. Ek darakht lagane, ek kuwa'n khod'ne, yateemo'n ko khilane ke badle toh dur kisi ko ek ghoont paani pilaane par bhi be'intiha sawaab ata'a karta hai. Musalmaan hone ke naate ham par farz hai ki ham zyada sey zyada logo'n ke kaam aaye'n, yateemo'n-bewao'n ka sahara bane'n, zayifo'n-mufliso'n ka aasra bane'n, qaidiyo'n-musafiro'n ki imdaad kare'n. ghareebo'n ka khayaal rakhne waale, mazloomo'n ke muhafiz bane'n. Ham par farz hai ki ham haq aam karne waale aur baatil sey takrane waale bane'n lekin afsos ki ham ney haq raah ko khud hi chor diya hai aur ye nateeja hai Qur'an O Hadees sey duri ka.

In sab ke saath-saath, Rab ney hukm diya tha aur musalmaan ki ek sifat hi ye batayi thi ki wo nekiyo'n ki taraf bulata hai aur badi sey rokta hai. Haqeeqi islaam par chalne waale musalmaan mard aur aurat toh aaj bhi ye kaam kar rahe hai'n lekin Takhleeqi deen par chalne waale khud hi gumraah hai'n aur jo khud hi gumraah ho usey khud kisi naseehat karne waale ki zarurat hoti hai, wo bhala kisi ko kya nekiyo'n ki dawat dega aur burayi sey rokega?

Aaj ummat ghaflat mey soyi padi hai, zarurat hai usey ghaflat ki neend sey be'daar karne ki. Maslan ke taur par ghar mey aag lag gayi toh jaag'ne waale par farz hai ki soye pade logo'n ko bhi jagaye aur bachaye yaa agar aapne raah par gaddha dekha hai toh aap par farz hai dusro'n ko bhi pehle hi aagaah kare'n aur andho'n ko uss mey girne sey bachaye'n.

Aaj har taraf, Takhleeqi deen apni jade'n, mazboot karta jaa raha hai, zarurat hai toh logo'n ke beech jaa kar, unhe'n sahi-galat ka farq samjha'ne ki, unhe'n haqeeqi deen wa shariyat ki taraf bulaane ki. Ji han, mere apno'n! Ab zarurat hai logo'n ko neki ki taraf bulane ki aur burayio'n sey rokne ki. Mai dawat deta hu'n, Qur'an O Ahlebait Alaihis'salaam ko thaam lo. Be'shak ye hi haq ki wahid raah hai.

68. *Hussain Alaihis'salaam ab bhi pukaar rahe hai'n -*

Maula Hussain Alaihis'salaam Asr E Aashoor ke waqt madad ke liye pukaar rahe the. Iss baat ko iss tarah samjhiye ki ek budha baap ghar mey maujud ho, uske ghar par hamla ho jaaye aur hamla'war uske ghar'baar ko qatl kar de'n toh wo budha baap bhi marna pasand karega, ye toh ho gayi, aam insaan ki baat ab baat karte hai'n Sibt E Rasool ki. Hussain Alaihis'salaam, apne beto'n ke, bhai ke, muhibbo'n ke laashe utha chuke hai'n aur dafna chuke hai'n aur asr ka waqt aa chuka hai, aap Imaam Hussain Alaihis'salaam, madad ke liye pukaar rahe hai'n. Kis liye?, Jaan bachane ke liye?

Hazrat Hussain Alaihis'salaam ki pukaar sun kar farishte aur jinn daude chale aaye lekin aap Alaihis'salaam ney unko wapis lauta diya kyu'n ki Hussain Alaihis'salaam ki pukaar insaano'n ke liye thi. Wo Hussain Bin Ali Alaihis'salaam, jinke liye maut kabhi masla thi hi nahi'n, wo Hussain Bin Ali Alaihis'salaam jo khauf e khuda ke alawa koi khuaf nahi'n rakhte, wo madad ke liye pukaar rahe hai'n. Wo madad ki pukaar, jaan bachane ki nahi'n balki maqsad bachane ke liye lagayi gayi thi.

Har din hi Karbala hai, har din hi Aashoora hai, har din Hazrat Hussain Alaihis'salaam ki pukaar fizaao'n mey goonj rahi hai ki, "hai koi madad karne waala?", Allah ki madad yaani deen ki madad, Hussain ki madad yaani Maqsad E Hussain ko aam karne ki madad, haq ko haq kehne aur batil kehne ki madad, haq ko aam karne ki madad, Takhleeqi deen ko be'naqaab karne ki madad aur haqeeqi deen ko zinda karne ki madad.

Agar aap wakayi Mohammad O Aal E Mohammad ke wafa'daar hai'n, muhibb hai'n toh aapki khwahish ye hona chahiye ki aap Maqsad E Hussain Alaihis'salaam ke liye apni-apni zindagiya'n qurbaan kar sake'n. Imaam E Qayam ke aamad ki taiyariya'n karna aur shaitaan ke har ek waar ka dat kar mukaabla karna chahiye. Logo'n ko neki aur haq ki taraf bulana aur burayi aur batil ki taraf jaane sey rokna hi Hussain Alaihis'salaam ki pukaar ka jawaab hai.

69. Hamare buzurg aur ham mey itna farq kyu'n? -

Aaj maulwi sahab ye toh batate hai'n ki hamare buzurg bade Allah waale the lekin ab koi bhi un buzurg wali auliyo'n ki tarah nahi'n ban sakta lekin iske peeche ki wajah nahi'n batate. Aaj bhi musalmaan, wali ban sakta hai, Allah ka pyara banda ban sakta hai lekin tab jab usey sahi tarbiyat aur taleem mile. Ji han, mere apno'n! Ham waliyo'n ke baare mey toh padhte hai'n lekin unke maa'n-baap aur ustaado'n ke kirdaar sey be'khabar rehte hai'n. Jab ham waliyo'n ke walidain ka kirdaar padhe'n toh paayenge ki jab ye wali apni maa'n ki shikam mey the, uss waqt sey hi maa'n-baap, Qur'an padh kar suna rahe hai'n aur Ahlebait Alaihis'salaam ki mawaddat samajha rahe hai'n. Jab bachche ki wiladat huyi toh maa'n ba'wuzu ho kar, Qur'an ki aayate'n padhte huye yaa khuda ko yaad karte huye doodh pila rahi hai, jab bachcha aur bada hua toh usey Allah ki tauheed, Rasoolullah sallallahu alaihe wa aalihi wasallam ki risalat, Ali Alaihis'salaam ki wilayat thamayi jaa rahi hai, Qur'an O Ahlebait Alaihis'salaam ko thaam'ne waala banaya jaa raha hai aur jab bachcha aur bada hua toh taleem dene waale ustaad bhi itne nek momin mile ki unhone haq ko bachche ke dil mey ghol diya. Ab wo bachcha wali naa banega toh aur kya banega?

Zara sochiye ki aaj ke muashre mey aurat jab haamla hoti hai toh TV dekh kar, serial dekh kar, movies dekh kar, gheebat kar ke waqt guzaarti hai aur jab bachcha paida hota hai toh naa wuzu ka khayaal rakhti hai naa kisi baat ka, gaane sunte huye, gun'gunate huye, aulaad ko uski ghiza deti hai. Jab bachcha thoda bada hota hai toh maa'n-baap ke muh sey bas, duniya ki baate'n hi sunta hai aur seekhta hai, baad mey ustaad bhi sahi nahi'n milte. Bade hote huye gaane sun kar, movies dekh kar, media-social media ke chungal mey fans'kar zindagi guzaarta hai aur iss tarah uski taleem o tarbiyat mukammal hoti hai.

Mere apno'n! Ab in dono'n mey farq kyu'n naa ho?, Kya ham uss tarah aulaad ki tarbiyat kar rahe hai'n, jis tarah karne ka hukm hai?, Zara sochiye ki jab ham tarbiyat o taleem hi sahi nahi'n de paa rahe hai'n toh hamari aulaad wali banegi yaa duniya'parast aur bigdi huyi niklegi?

70. Ek buzurg ka deeni kitaab likhna -

Ham sab par ye farz hai ki ham logo'n ko nekiyo'n ki taraf bulaye'n aur burayi ki taraf jaane sey roke'n. Saath hi saath, agar hamare paas ilm hai toh uss ilm ko uske ahal logo'n tak pahunchaye'n. Kisi daur mey ek buzurg the jo bade hi aalim aur aarif the hala'nki unke walid zyada padhe likhe nahi'n the lekin aur achche bande the. Un buzurg ney kaafi tehkeek ki, kayi kitaabo'n ko padha-samjha fir Qur'an O Hadees ki raushni mey, ek aesi kitaab likhi jo Taleem E Mohammad O Aal E Mohammad sallallahu alaihe wa aalihi wasallam sikhati thi, unke walid chu'nki padhe likhe nahi'n the isliye unhe'n iss baat ki khabar nahi'n thi ki bete ney kitaab likhi hai. Buzurg ke walid masjid mey jaate toh uss masjid ka imaam, namaaz padhane ke baad logo'n ko taleem ki baate'n sikhaya karta tha, jo inhi'n buzurg ki kitaab sey hua karti thi'n.

Ek roz wo buzurg ke walid ghar wapis aaye aur apne bete par naraaz hone lage aur kehne lage, "tum din-raat bas kitaabe'n padhte ho aur likhte rehte ho, fala'n masjid ka imaam dekho, logo'n ko ikattha karke, haq ka dars deta hai, Taleem E Mohammad O Aal E Mohammad sikhata hai, afsos, tum kuch nahi'n kar sake." Ab wo buzurg ney khamoshi sey sab suna aur dil mey aaya ki keh de'n ki wo masjid ka imaam dars deta hai, meri hi likhi kitaab sey padh kar deta hai lekin khamosh rahe aur sochne lage, filhaal abba naa'raaz hai'n, agar jawaab de dunga toh galat sabit honge aur sharminda bhi honge, kya ye kitaab maine naam o shauhrat paane likhi hai?, Kya ye kitaab maine, khud ko aalim saabit karne ke liye likhi hai?, Kya ye kitaab maine duniya ke liye likhi hai?

Nahi'n, ye kitaab toh maine apne Rab ki raza hasil karne ke liye likhi hai, Mohammad O Aal E Mohammad sallallahu alaihe wa aalihi wasallam ka paighaam aur hukm, aam karne ke liye likhi hai, logo'n ko haq ke kareeb laane ke liye likhi hai, haq aur batil ka fatwa samjhane ke liye likhi hai, logo'n ko neki ki taraf bulane aur burayi sey rokne ke liye likhi hai. Buzurg khamosh ho gaye aur apne walid sey maafi maang'kar kaha, "baba! Mai bhi koshish karunga ki haq deen ke liye mehnate'n kar saku'n, mujhe hamesha aapki duae'n chahiye.

71. Haq par rehte huye duniya mey jeena deen hai -

Ham apni aulaad ko jitna chahe'n duniyawi ilm de'n aur dilaye'n lekin saath hi saath usey nek insaan, aala kirdaar musalmaan bhi banaye'n, jo apne amal sey deen ki tableegh karta rahe, jo halaal aur haraam ka farq karte huye zindagi guzaare, jo insaaniyat ko fayeda pahunchane waale kaam karta rahe, logo'n ki madad kare aur sab par rahem kare.

Aaj aksar log ye kehte hai'n ki deen ko aam karne ka mahaul nahi bacha, deen ko logo'n tak pahunchana naa'mumkin sa ho gaya hai, iss daur mey toh deen par chala hi nahi'n jaa sakta wagairah-wagairah. Toh mere apno'n! Hazrat Yusuf Alaihis'salaam ka wakiya yaad kar lo, kis tarah unhe'n gunaah ki pesh'kash ki gayi lekin unhone thukra diya, gunaah ki pesh'kash karne waali bhi koi aam aurat nahi'n balki wazeer ki biwi thi, badle mey aap jail chale gaye aur jail mey bhi haq aam kiya. Aap Alaihis'salaam ney farmaya, gunaah kar ke aazaad rehne sey behtar hai, haq par kadam jama kar qaid mey rehna.

Jab Yusuf Alaihis'salaam qaid mey the aur logo'n ko maloom tha ki inhe'n bada ilm hasil hai toh aksar log aapke paas khwabo'n ki tabeer puchne aaya karte the, jab aap sey sawaal kiya jaata toh aap farmate ki mai tabeer toh bata dunga lekin pehle ye batao ki khudao'n ko maan'na behtar hai yaa ek khud ko maan'na behtar hai?, Yaani aap qaid mey hote huye bhi haq aam karte rahe aur yaqeenan ye hi tareeka hai haq aam karne ka aur deen ki dawat dene ka. Ek aalim agar deen ki tableegh kare toh wo logo'n ko jodega logo'n ke paas jaayega takreer karega, daleel dega tab log samjhenge lekin har imaan waala agar khud ko deen o shariyat ke mutabik dhaal le, logo'n ki madad karne waala ban jaaye, haq par chalne waala ban jaaye toh log khud ba khud uske amal dekh kar aur baate'n sun kar hi haq ki taraf khinche chale aayenge. Mere apno'n! Kisi sey bahes karke khud ko sahi sabit karna samajh'daari nahi'n balki samajh'daari toh ye hai ki ham khud ko nek insaan aur aala kirdaar musalmaan banaye'n aur apne amal aur baato'n sey haq aam karte rahe'n.

72. Safar E Shaam aur qaid sey rihayi -

Agar kabhi dil mey khayaal aaye ki saara zamana hi hamara mukhalif hai, ab ham kis tarah haq aam karenge, toh ek baar Bibi Zainab Salaamullah Alaiha aur Imaam Sajjad Alaihis'salaam ko yaad kar le'n. Shaam ke kuch logo'n ko Ali Alaihis'salaam sey iss qadar bugz tha ki wo kehte the ki, " jis din sey Mohammad ney apni beti ka nikaah Ali seh kiya hai, uss din sey ham ney Mohammad ka kalma padhna chor diya, Ali ko beti dene ke baad wo hamari nigaah mey Rasool keh'laane ke laayak hi naa raha." Aese bad'zaato'n par Allah ki lanat ho.

Ab zara soche'n ki Dushmani E Ali Alaihis'salaam kis hadh tak dilo'n mey maujud tha aur jab syedaniya'n shaam mey pahunchi hongi aur Imaam Sajjad Alaihis'salaam pahunche honge saath mey bachche aur shahido'n ke kate sar nezo'n par buland honge tab un par kitne zulm naa kiye gaye honge. Zara sochiye kya hamare saamne, iss sey bhi bure halaat maujud hai'n?, Kya ham iss sey bhi badi takato'n sey takra rahe hai'n?, Ji nahi'n, mere apno'n! Karbala aur Safar E Shaam ko pas e manzar rakh kar socha jaaye toh hamare saamne khadi mushkile'n kuch bhi nahi'n.

Jung E Karbala ke baad bhi yazeed ko koi afsos nahi'n hua aur uss ney Ahlebait Alaihis'salaam ko qaidi bana kar rakha. Agle hi saal Makka aur Madina par hamla karna, Kaaba aur Masjid E Nabwi ki be'hurmati karna, iss baat ki daleel hai ki Yazeed ke dil mey Bugz E Ali Alaihis'salaam bar'karaar raha. Fir aakhir aesa kya hua ki Ahlebait Alaihis'salaam ko aazaad karne ke liye Yazeed paleed majboor ho gaya?

Zara sochiye wo manzar ki shaam ke nau'jawaan, apne haatho'n mey talwaar le kar, Yazeed ke kile ko gher kar khade hai'n aur Ahlebait Alaihis'salaam ko aazaad karne ki maang kar rahe hai'n, ab Yazeed ko khauf hai ki kahi'n aesa naa ho ki bagawat aam ho jaaye. Ye wo hi nau'jawaan hai'n, jinhe'n Yazeed aur Yazeed ke baap ki himayat karne ke liye paal pos kar bada kiya gaya tha, ye wo hi nau'jawaan hai'n, jin ke dilo'n mey Ali O Aal E Ali Alaihis'salaam ke liye nafrat daali gayi'n thi'n, ye wo hi nau'jawaan hai'n jinke maa'n-baap ney shaam ke bazaar mey Aseer E Karbala par patthar barsaaye the, lekin ab ye sab ulta kyu'n pad raha hai?, Mere apno'n! Ye hai Tableegh E Imaam Sajjad Alaihis'salaam, ye hai

Zainab Salaamullah Alaiha ki mehnat. Qaid mey reh kar bhi tableegh ho sakti hai, haq aam ho sakta hai.

Kabhi Imaam Sajjad Alaihis'salaam ka khutba, kabhi Amma Zainab Salaamullah Alaiha ka khutba, kabhi Masoom Sakina ka apne baba ko yaad karte huye rona, kabhi Masoom Hazrat Imaam Bakir Alaihis'salaam ka apne dada ke liye rona, kabhi shahido'n ki biwiyo'n ka haq bayaan karte huye rona. Saath hi saath amal ki bulandi, kirdaar ki bulandi, akhlaaq ki bulandi, haq ke liye jeene-marne ka jazba, in sab ka asar kuch yu'n hua ki jis shaam ke log Ahlebait Alaihis'salaam ke khoon ke pyaase the, usi shaam ke nau'jawaan ab Ahlebait Alaihis'salaam ko aazaad karane ke liye mehnate'n aur baghawat karte huye nazar aa raha hai'n.

Afsos ki logo'n ko aaj tak samajh hi naa aa saka ki hazrat Hussain Alaihis'salaam ke liye rona, unki mazloomiyat ko bayaan karna, kyu'n zaruri hai, afsos ki logo'n ko aaj tak ye hi samajh naa aa saka ki apni baato'n aur amal sey kis tarah haq ki dawat aam ki jaati hai, kis tarah Paighaam E Hussain aam kiya jaata hai. Allah ham sab ko Maksad E Hussain Alaihis'salaam ke liye jeene-marne waala banaye, Allah ham sab ko haq par jamaye rakhe aur haq aam karne waala banaye.

Ab Yazeed ney ghabra kar, Ahlebait E Mohammad sallallahu alaihe wa aalihi wasallam ko aazaad kar diya lekin Amma Zainab Salaamullah Alaiha ney aazaad hone sey mana kar diya aur Imaam Sajjad ke zariye teen shart rakh di'n. Ta'ajjub ki baat ye hai ki aazaad karne ki sharte'n rakhi jaana toh samajh aata hai ki, "tumhe'n in sharto'n par aazaad kiya jaata hai." Lekin ye baat toh badi ajeeb hai ki aazaad hone waala sharte'n rakh raha hai ki, "agar ye teen sharte'n maani jaayengi toh hi ham aazaadi lenge warna riha nahi'n honge." Ye kehna hi apne aap mey Yazeediyat ki haar aur Hussainiyat ki jeet ka saboot hai.

Sajjad tere sabr sey haari hai'n bediya'n
Zaalim ney khud hi thak kar utaari hai'n bediya'n

Yazeed ke saamne ye sharte'n nahi'n rakhi gayi'n ki hamne mahino'n sey jee bhar kar khaya piya nahi'n hai'n lihaza hame'n khana-peena diya jaaye balki teen sharte'n rakhi gayi'n, pehli toh ye ki hame'n yaha'n ek makaan diya jaaye, jaha'n ham Gham E Hussain Alaihis'salaam yaani azaa'daari kar sake'n, dusri shart ye ki Karbala mey jo tabarrukaat lute gaye the, wo lautaye jaaye'n aur teesri shart ye ki shaheedo'n ke kate huye sar wapis diye jaaye'n.

Aaj Yazeed majboor hai, khauf'zada hai, har ek shart maan'ne ko taiyaar hai. Azaa'daari ke liye jagah mil gayi, Ahlebait Alaihis'salaam baith gaye. Tabarrukaat mil gaye, Alam E Abbas chat par buland kar diya gaya baaki tabarrukaat seene sey laga kar chume gaye. Fir shaheedo'n ke kate huye saro'n ko laaya gaya, jis ka mubarak sar aata, uski maa'n-biwi aur beti mohabbat sey choomti aur fazeelat bayaan karti. Allahu akbar kaseeran kaseera, Yazeed ke qaid sey nikal kar, Yazeed ke saamne Hussainiyat aam ki jaa rahi hai aur Yazeed itna majboor ho chuka hai ki kuch nahi'n kar paa raha. Ye badlaav aaya tha Mehnat E Imaam sey, Tableegh E Ahlebait Alaihis'salaam sey.

73. Roohani zaruriyaat aur maadi zaruriyaat -

Iss baat mey koi shak nahi'n ki roohani zaruriyaat ki ehmiyat, maadi zaruriyaat sey kahi'n zyada hoti hai, albatta ki jab roohani aur maadi zaruriyaat mey takraav ho toh roohani zaruriyaat ko tawajjo dena chahiye lekin iska ye matlab nahi'n ki aap ghar ka ek kona pakad kar baith jaaye'n aur duniya sey kat kar sirf Allah-Allah karne mey lag jaaye'n, aesa karne ka hukm toh islaam bhi nahi'n deta.

Hame'n chahiye ki ham deen ko thaam kar rakhe'n aur duniyawi taur par bhi khud ko mazboot banane ki koshish kare'n. Halaal rizq kamaye'n, zyada sey zyada kamane aur kharch karne ki koshish kare'n, saath hi saath deen ki tableegh bhi aam kare'n. Agar ham hijrat ka wakiya dekhe'n toh Makka sey Madina, apna sab kuch chor kar aane waale nek logo'n ney pehle khud ko roohani taur par mazboot kiya, deen ki mehnat o tableegh ki aur fir apne gharo'n ko banaya, karobaar ko badhaya aur apne aapko roohani aur maadi taur par mazboot kiya.

Kaum ke samajh'daar aur padhe-likhe logo'n ko chahiye ki kaum ko deen o shariyat toh sikhaye hi'n, roohani taur par mazboot bhi kare'n lekin saath hi saath maadi taur par mazboot karne, kaabil banane, padhane-likhane par bhi zor de'n. Ghareebo'n, mazloomo'n ko uncha uthane ki koshish karte rahe'n.

74. Karbala ka paighaam -

Hazrat Hussain Alaihis'salaam aur Zainab Bint E Ali Salaamullah Alaiha ney apni seerat sey jo paighaam duniya tak pahunchaya hai, wo paighaam ham sab ko samjhna aur uss paighaam ke maqsad tak pahunchna be'hadh zaruri hai. Yu'n toh shuru sey hi do tarah ke islaam maujud the kyu'n ki kuch sahabao'n ney apne Rab ko raazi karne ke liye deen qubool kiya tha aur kuch logo'n ney apne zaati fayede aur aage chal kar, hukumat paane ki laalach mey deen qubool kiya tha hala'nki ye sab chip kar apna kaam karte rahe lekin Karbala mey khul kar saamne aaye. Karbala mey Hurr aur Hurr'mala ko dekh kar aap, haqeeqi deen ke pairo'kaar aur Takhleeqi deen ke pairo'kaar ka farq khud ba khud dekh aur samajh sakte hai'n.

Hamare liye zaruri hai ki ham Hazrat Hussain Alaihis'salaam ke maqsad ko zinda rakhne ke liye, haq deen ko aam karne ke liye mehnat karte rahe'n. Agar aap chahte hai'n ki aap kaum ke kuch kaam aa sake'n toh aap apni quwwat aur ikhtiyaar ke mutabik, deen ki mehnat karte rahe'n, khud ko mazboot banate rahe'n, apno'n ko mazboot banate rahe'n. Deen wa duniya ka ilm haasil kare'n, apni-apni jagah rehte huye, jo aur jis tarah mumkin hai, kaam karte rahe'n.

Mere apno'n! Apni naslo'n tak Paighaam E Karbala pahunchao, yahi'n sey aapko haq aur baatil ka, haqeeqi islaam aur Takhleeqi islaam ka farq samajh aayega. Qur'an ko padhna aur hai lekin Qur'an ko padh'kar, samajh'kar, amal mey lena aur hai. Namaaz, roza, zakaat, hajj ada'a kar lena hi sab kuch nahi'n balki namaaz, roza, zakaat aur hajj ko samajh kar fir ada'a karna zaruri hai aur gumraahi sey bachne ke liye zaruri hai ki ham sab, Qur'an O Ahlebait Alaihis'salaam ko thaam'ne waale ban jaaye'n.

Afsos ki baat toh ye hai ki ab duniya ke lag'bhag sabhi log sirf duniya aur duniyawi fayede ki baat hi karna chahte hai'n, usey hi samajh'na aur seekhna chahte hai'n. Agar aap deen o shariyat ki baat batane ki koshish kare'n toh log aap sey duri banane lagte hai'n hala'nki iski ek badi wajah ye bhi hai ki deen o shariyat ki tableegh karne waale zyada'tar log, khud hi amal sey khali hote hai'n. Yaha'n ek baat aur ghaur karne waali hai, wo ye ki sab sey pehle toh har musalmaan ko khud ko iss laayak banana chahiye ki wo apne amal sey haqeeqi deen ki tableegh kar sake. Mimbaro'n ke zariye hone waali tableegh aur mehnat alag cheez hai aur roz apne amal sey deen o shariyat ka paighaam aam karna alag cheez hai. Agar aap Ahlebait Alaihis'salaam ki mehnat par ghaur kare'n toh Baad E Karbala bhi aap Ahlebait Alaihis'salaam ney apne amal sey aesi tableegh ki ki logo'n ke dil badal gaye. Saath hi saath agar aap Ahlebait Alaihis'salaam ke bachpan ke baare mey padhenge toh paayenge ki Hasnain Karimain, Amma Zainab, Amma Umme Kulsum, apne bachpan ke daur mey jab khelte the tab bhi saath mey khelne waale bachche bachchiyo'n tak apne walidain ki sikhayi achchi baate'n pahunchate the.

Matlab saaf hai, agar aap wakayi deen ki tableegh karna chahte hai'n, haq aam karna chahte hai'n toh aapko chahiye ki har haal mey sab sey pehle khud ko deen o shariyat ka paband banaye'n. Iske baad aap kabhi amal ke zariye toh kabhi zubaan ke zariye haq aam karte rahe'n. Jis ohde par hai'n, uss ohde par baith kar, sachchayi sey logo'n ko roo ba roo karane ki koshish karte rahe'n. Ek aur baat yaad rakhe'n, Karbala apne aap mey bahaut sey raaz, ilm, haqeeqat aur hidayate'n samete huye hai, un sey ek baat ye ki haq aam karne ke liye umr, jagah, jins, halaat mayene nahi'n rakhte, Hazrat Ali Asghar ki cheh (6) maah ki umr ki tableegh, Sakina Bint E Hussain ki chaar-paanch saal ki umr ki tableegh, Hazrat Ali Akbar aur Hazrat Kasim jaise jawaan mard aur Gharana E Rasool ki jawaan bahu-betiyo'n ki tableegh, Hazrat Hussain Alaihis'salaam aur unke jaa'n nisaaro'n ki jawaani aur budhape ki tableegh, iss baat ki gawah hai'n ki haq aam karne waale har haal mey haq aam karte hi hai'n, wo bahane nahi'n banate.

Imaam Alaihis'salaam aur Ahlebait Alaihis'salaam ney laakho'n sakhtiyo'n ke bawajud haqeeqi ilm aam kiya aur haqeeqi deen o shariyat logo'n tak pahunchate rahe. Kabhi chip kar, kabhi zahiri taur par, kabhi madarso'n sey toh kabhi ghar sey, kabhi maqtal ke maidaan sey toh kabhi daar ke mimbaro'n sey, Aulaad E Ali aur Ghulaam E Ali ney haq deen logo'n tak pahunchaya bhale hi uske badle apna sab lutana pada ho.

75. Jihaad aur aatank'waad mey farq -

Yaha'n ek baat aur gaur karne layak hai. Be'shak, islaam ney hame jihaad karne ka hukm diya hai aur yaha'n jihaad sey muraad sirf jaddo'jahad karne sey nahi'n balki Allah ki raah mey jung karne sey hai. Ab Allah ki raah mey jung karne sey kya muraad hai?, Be'wajah kisi sey jung karna maksad nahi'n balki haq ke liye ladna maksad hona chahiye. Agar kisi bhi mazloom ko be'khata shaheed kar diya jaaye toh jihaad kiya jaana chahiye. Mazloom ke liye khada hona jihaad hai, batil aur zaalim sey takrana jihaad hai, yateem aur bewao'n ka maal khane waalo'n sey ladna jihaad hai, imaan waalo'n ko iss bina par qatl karne waalo'n yaa mulk sey nikaal'ne waalo'n sey ki ye tauheed, risalat aur wilayat ko thaam'ne waale hai'n, jihaad karna farz hai, yaani har burayi sey takrana jihaad hai, har achchayi ko bachane ladna bhi jihaad hai. Waqt aur halaat ko dekhte huye kabhi apni kalam sey toh kabhi apni talwaar sey jihaad kiya jaata hai. Sulah E Hudaibiya aur Jung E Badr ko samajhna chahiye ki kab kuffar sey sulah ki jaana chahiye aur kab kuffaar sey jung ki jaana chahiye.

Ek aur sawaal, aapke dil mey uthna chahiye wo ye ki kya sirf kuffaar aur mushrikeen ke khilaaf hi jihaad kiya jaata hai yaa munafiqo'n aur haq sey bhatke huye kalma-go sey bhi jihaad kiya jaata hai?, Sulah E Hasan, Jung E Jamal, Jung E Siffeen, Jung E Nahar'waan, Jung E Karbala ko padh kar hi aapko samajh aa sakega ki kalma padhne waalo'n ke khilaaf bhi jihaad karna padta hai aur kab un sey sulah karni hai aur kab jung karni hai, ye bhi Mohammad O Aal E Mohammad ney bata diya hai. Qur'an paak ki aayaat e kareema hai'n. Allah rabbul izzat ney Qur'an mey irshaad farmaya hai -

لَا يَنْهَاكُمُ اللَّهُ عَنِ الَّذِينَ لَمْ يُقَاتِلُوكُمْ فِي الدِّينِ وَلَمْ يُخْرِجُوكُمْ مِنْ دِيَارِكُمْ أَنْ تَبَرُّوهُمْ وَتُقْسِطُوا إِلَيْهِمْ ۚ إِنَّ اللَّهَ يُحِبُّ الْمُقْسِطِينَ ۔

إِنَّمَا يَنْهَاكُمُ اللَّهُ عَنِ الَّذِينَ قَاتَلُوكُمْ فِي الدِّينِ وَأَخْرَجُوكُمْ مِنْ دِيَارِكُمْ وَظَاهَرُوا عَلَىٰ إِخْرَاجِكُمْ أَنْ تَوَلَّوْهُمْ ۚ وَمَنْ يَتَوَلَّهُمْ فَأُولَٰئِكَ هُمُ الظَّالِمُونَ ۔

Wo tumhe'n un logo'n ke baare mey jinhone tum sey deen ke maamle mey jung nahi'n ki hai aur tumhe'n watan sey nahi'n nikala hai iss baat sey nahi'n rokta hai ki tum unke saath neki aur insaaf karo ki khuda insaaf karne waalo'n ko dost rakhta hai.

Wo tumhe'n sirf un logo'n sey rokta hai jinhone tum sey deen mey jung ki hai aur tumhe'n watan sey nikaal bahar kiya hai aur tumhari nikaal'ne par dushmano'n ki madad ki hai ki un sey dosti karo aur jo un sey dosti karega wo yaqeenan zalim hoga.

(Surah Al-Mumtahina ki aayat 8,9)

Qur'an ki in aayaat e kareema ko padh kar, saaf samajh aata hai ki jab tak kuffaar, munafiq aur Takhleeqi deen par chalne waale log, ham sey jung naa kare'n yaa hamare raaste mey pareshaaniya'n paida naa kare'n, un sey jung nahi'n karna hai lekin ye ki unhe'n haq samjha'na, haq ki dawat dena zaruri hai kyu'n ki zaruri nahi'n ki koi insaan kharaab hai isliye hi batil yaa naa'haq ke saath khada ho, ho sakta hai ki wo gumraah kar diya gaya ho. Bahar'haal jab tak saamne sey koi hamla naa kare, hame'n hamari zameeno'n sey hatane ki koshish naa kare, hamare apno'n ko naa'haq qatl naa kare'n, hame naa sataye'n tab tak talwaare'n lekar hathiyaar lekar jung o jihaad nahi'n kiya jaana chahiye. Lekin iske ulat agar zulm aam hone lage toh be'khauf jung o jihaad ke liye bahar nikal aana chahiye, Al jihaad fee sabilillaah ke naare ke saath. Momin jung ke maidaan mey naa'kaamyaab nahi hota yaa toh fatah paata hai yaa toh usey shahadat naseeb hoti hai.

Ab ye dehshat'gard aur aatankwaad kya hai?, Waise toh aatankwaad ka kisi bhi dharm yaa mazhab sey koi ta'alluk nahi'n lekin fir bhi har mazhab ke log aatank failaate mil jaate hai'n. Kabhi kisi musalmaan ko Hunud, Yahud, Nasara, mushrik yaa kaafir maarte mil jaate hai'n toh kabhi koi musalmaan deen ke naam par aatank failaate nazar aa jaata hai. Ye kaun sa deen hai?, Be'shak ye Takhleeqi deen hai, jo Qur'an O Ahlebait ko chor kar banaya gaya hai, Nabi kareem sallallahu alaihe wa aalihi wasallam ke duniya sey parda farma lene ke baad sey hi saamne aane laga aur Karbala mey khul kar saamne aaya. Aaj bhi Abul Yazeed aur Yazeed ke maan'ne waale deen ke naam par aatankwaad failaate nazar aate hai'n aur iss baat mey koi shak nahi'n ki Takhleeqi deen par chalne waale kalma-go aatankwadiyo'n ney sab sey pehla hamla bhi Karbala mey Ahlebait E Nabi par kiya tha.

Ye baat haq hai ki aatankwad ka haqeeqi islaam sey koi ta'alluk nahi'n aur naa hi duniya ka koi bhi mazhab aatankwaad sikhata hai lekin ye baat bhi haq hai ki har mazhab mey sey aatankwaadi nikle hai'n aur ye wo hi hai'n jinhone apne deen ko naa samajh kar, Takhleeqi deen ki pairwi ki. Ek musalmaan ki haisiyat sey keh raha hu'n, apni-apni safo'n par nazar rakho aur Yazeedi soch waale aatankwaadiyo'n ko be'naqaab karo, ye hi Takhleeqi deen ke pairo'kaar, Abul Yazeed ke maan'ne waale, islaam ko bad'naam karte hai'n.

76. Jiska jitna zarf hai, utna hi paani daalo -

Ek baat khaas taur par zahen mey rakhna chahiye aur wo ye ki jiska jitna zarf ho uss mey utna hi paani daala jaana chahiye yaani jab ham kisi ko deen o shariyat bataye'n toh thoda-thoda kar ke bataye'n taaki wo samajh sake. Maslan ke taur par agar koi banda, ye hi nahi'n jaanta ki kalma e tayyaba ka zahiri mayena kya hai toh usey pehle buniyaadi baate'n samjhana chahiye, ab agar usey Siffeen, Fadak yaa Sulah E Hasan Alaihis'salaam jaise mudde samjhane ki koshish karenge toh wo unhe'n samajh'ne sey kasir rahega.

Ek aur misaal deta hu'n ki agar koi insaan mey itni quwwat o taqat hai ki wo bees kilo tak utha kar chal sakta hai toh uss par chalees kilo laad dena, bewakoofi hogi kyu'n ki bees kilo uthane waala wo shakhs, chalees kilo wazan daal'ne ki wajah sey wo bees kilo utha kar chalne sey bhi kasir ho jaayega, jisey utha kar wo pehle chal raha tha.

Be'deen logo'n ko aahista-aahista, deen o shariyat ke kareeb laane ki zarurat hai. Takhleeqi deen par chalne waale gumraah logo'n ko bhi hikmat ke saath, aahista-aahista haq ki taraf bulane ki zarurat hai. Pehle toh kaum ko iss laayak banana hoga ki wo haq ko samajhne laayak ban sake aur fir usey Takhleeqi islaam aur haqeeqi islaam mey farq bataya jana chahiye. Allah hidayat aam kare bil Haq E Mohammad O Aal E Mohammad. Allahumma salle alaa mohammad wa alaa aale mohammad.

77. Kabhi patthar bhi khane padte hai'n -

Haqeeqi deen ko dusro'n tak pahunchana, haq aam karna badi hi hikmat aur mehnat ka kaam hai. Aesa nahi'n hai ki Takhleeqi deen mey giraft log aapki baat ko sun kar fauran qubool kar lenge balki wo aapki mukhalifat karenge, aap par patthar barsaayenge, aapko galat saabit karne ki aur rokne ki tamaam koshishe'n karenge.

Dar'asal, Takhleeqi deen mey logo'n ko duniya ki taraf zyada dhakela gaya hai aur duniya ko paane ki laalach hi aesi hoti hai jo insaan ke soch'ne-samajh'ne ki quwwat ko khatm kar deti hai. Logo'n ko ye ehsaas karana bada hi mushkil ho jaata hai ki haqeeqi deen hi tumhare liye behtar hai kyu'n ki unke dilo'n mey Yazeedi aur Takhleeqi deen racha-basa hota hai.

Jab kabhi aap deen ki Tableegh kare'n toh narm rawaiya apnaye'n, bahes aur mubahise sey bache'n. Saamne waale ko galat saabit karna tableegh nahi'n balki tableegh toh ye hai ki ham saamne waale ko wo bata sake'n jo uske haq mey behtar aur mufeed hai. Wo haqeeqi deen, jo usey duniya o aakhirat mey kaamyaab karne ke liye kaafi hai. Hame chahiye ki ham haqeeqi deen ke buniyadi masle aur baate'n logo'n tak pahunchaye'n, Qur'an O Ahlebait Alaihis'salaam ki taleem ko aam kare'n, tareekh mey jo kuch bhi ghata hai usey sahi tareeke sey logo'n ke saamne rakhe'n. Chahe Masla E Khilafat ho, chahe Masla E Fadak ho yaa Karbala ka wakiya, hame'n chahiye ki ham khul kar lekin shariyat aur sharafat ke dayere mey rehte huye apni baat pesh kare'n.

Deen sey ghafil kuch logo'n ney Ahlebait Alaihis'salaam ke dushmano'n ko gaaliya'n dena shuru kar diya aur haqeeqi deen ko nuksaan pahunchane ka kaam kiya. Ji ha'n mere apno'n! Jitna galat dushmanane

Ahlebait Alaihis'salaam ka difa karna hai, utna hi galat gaali galauj karna bhi hai. Ye hamara tareeka nahi'n ki ham kisi ko gandi aur ghatiya, maa'n-bahan ki gaaliya'n bake'n. Be'shak dushmanane Ahlebait Alaihis'salaam par lanat ki jaa sakti hai'n aur karna bhi chahiye lekin gaali-galauj karna, Muhibb E Ahlebait Alaihis'salaam ka tareeka nahi'n. In gaaliyo'n ki wajah sey hi aaj log tabarra ko galat samajh'ne lage hai'n jab ki tabarra karna Ahle Tashayyo aur Ahle sunnat wal jamaat dono'n ka tareeka raha hai.

Maine aksar ye dekha hai ki agar do alag-alag maslak ke nau'jawaan yaha'n tak ki maulvi aapas mey kisi mauzu par munaazra karte hai'n toh ek dusre ke saamne daleel ke saath apni baat rakhne ki jagah ladte huye nazar aate hai'n kyu'n ki unka maksad haq ko seekhna-sikhana, samajhna-samjhana nahi'n hota balki ek dusre ko galat saabit karna yaa harana hota hai jab ki deen toh sab ki falah ka raasta hai, logo'n ko haq isliye samjhana chahiye taaki wo duniya o aakhirat mey kaamyaab ho sake'n.

78. Tableegh ka sahi tareeka -

Jaisa ki maine upar bataya ki hame'n tableegh aur haqeeqi deen ki dawat ka kaam bahaut hikmat ke saath karna chahiye. Ek baat aur batana chahunga ki deen ki tableegh kis tarah ki jaati hai, ye bhi Qur'an O Ahlebait Alaihis'salaam sey seekh'na chahiye. Kab chip kar, kab zahiri tableegh karna chahiye, kab dushman sey sulah aur kab dushman sey jung karna chahiye, be'deen logo'n ke saath jo hamare liye narmi rakhte hai'n, unke saath kaisa sulook rakhna chahiye wagairah bhi Mohammad O Aal E Mohammad sey seekh'na chahiye. Allahumma salle alaa mohammad wa alaa aale mohammad.

Iss ummat mey muslim kaum ka aalam ye hai ki dadhi rakhne waale shakhs ki izzat karne waale kam aur mazaak udaane waale zyada milte hai'n. Ghareeb aur yateemo'n ka saath dene waale kam aur unhe'n satane waale zyada milte hai'n. Duniya mey paisa kamane ki baate'n batane waale sey toh sab baat karna pasand karte hai'n lekin aakhirat sey aagaah karne waale ke saath baith'na bhi pasand nahi'n karte. Do misaal de raha hu'n, pehli misaal un logo'n ko samajhna chahiye jo tableegh e deen karte hai'n aur dusri misaal unhe'n samajhni chahiye jinke saamne tableegh ki jaa rahi hai.

Pehli misaal - agar aapne ticket ka paisa saath le liya, passport banwa liya lekin visa, nahi'n banwaya yaa koi document mey kami ke saath aap airport pahunch gaye toh aapko lauta diya jaayega jab ki aapko lagega ki mai toh taiyaari ke saath, sab lekar aaya hu'n fir kyu'n mujhe lauta diya hai. Ho sakta hai laut kar aap sab ko bataye'n ki fala'n ney mujh par zulm kiya lekin dar haqeeqat galti aapki hi thi. Theek aese hi jab aap tableegh karte ho toh aapko chahiye ki daleel, ilm, baat ke saath saath sabr, hikmat, narmi bhi apne saath le jaaye'n taaki saamne waala aapki dawat ko qubool kar sake.

Dusri misaal - agar aap kisi raaste par jaa rahe ho'n aur koi aa kar bataye ki ye raaste par aage jaam laga hai yaa raasta kharaab ho gaya hai yaa mahaul kharaab hai aur aap dusre raaste sey chale jao fir agle din aap akhbaar mey padho ki uss raaste par (jis par aap pehle jaa rahe the) ye-ye haadsa ho gaya toh aap kehte hai'n ki koi banda farishte ki tarah aaya aur aagaah kar ke aapko bacha liya lekin afsos bhi aakhirat sey aagaah karne waalo'n sey aap baat bhi karna pasand nahi'n farmate.

Ek aur misaal deta hu'n - agar aap kisi hakeem ke paas jaate hai'n aur wo aapko batata hai ki aapko fala'n beemari hai, fala'n kamzori hai, fala'n kami hai toh aap naraaz nahi'n hote balki ilaaj karate hai'n lekin afsos ki baat toh ye hai ki aapke gunah sey, aib sey aapko ba'khabar karne waala shakhs aapki nazar mey dushman sey bad'tar ban jaata hai. Allah ham sab ko deen ki mehnat karne waala, haqeeqi deen ko aam karne waala, Haq E Ahlebait Alaihis'salaam aam karne waala banaye. Allahumma salle alaa mohammad wa alaa aale mohammad.

79. Momin, momin ka aayina hai -

Ye baat hadees aur kaul e imaam sey saabit hai ki momin, momin ka aayina hai. Agar ham iss hadees par ghaur kare'n toh paayenge ki aayine ka kaam hi ye hai ki wo hame'n hamari haqeeqi surat dikhata hai, hamare chehre yaa jism ki khoob'surati ke saath-saath hamari kami yaa chehre par ubhre huye daane yaa ghaav bhi dikhata hai yaani wo iss baat ki fikr nahi'n karta ki mujhe laane waala meri baat pasand karega yaa nahi'n, wo tod kar toh nahi'n fenk dega wagairah balki wo toh apna kaam puri imaan'daari ke saath karta rehta hai. Theek isi tarah ek momin bhi dusre momin ki achchayi ke saath-saath, uski kamiyo'n sey usey aagaah karta hai, uske gunaaho'n sey aagaah karta hai.

Tableegh karne waala gaaliyo'n sey, pattharo'n sey nahi'n darta aur naa hi maut ka khauf hi dil mey rakhta hai balki wo toh har haal mey apne khuda ke liye haq deen ki mehnat karta rehta hai. Yaha'n ek baat aur ghaur karne wali hai aur wo ye hai ki dusra yaani ghair, munh par sirf tareef hi karta hai, usey aapke mustaqbil sey koi farq nahi'n padta, naa hi usey aapke aakhirat ki fikr hi hoti hai, iske ulat, aapka deeni bhai yaani momin bhai, jo haqeeqi deen aam karne ki mehnat kar raha hai, usey apne saath-saath dusro'n ke aamaal ki bhi fikr hoti hai isliye wo hamesha dusro'n ko bhi haq samjhata rehta hai aur koshish karta hai ki mere saath-saath mere dusre momin bhai bhi falaah ke raaste par aa jaaye'n.

80. Tableegh karna aasaan nahi'n -

Musalmaano'n ke dilo'n par ab haqeeqi deen ka nahi'n balki Takhleeqi deen ka galba hai aur ab musalmaan, laa'ilmi aur ghaflat ki wajah sey Takhleeqi deen ko hi islaam samajh'kar pakda hua hai. Ab logo'n ko haq par laana aasaan kaam nahi'n hai balki iss kaam ke liye ek baar fir mehnate'n karni hongi, qurbaniya'n deni hongi. Do tarah sey badlaav laaye jaate hai'n ek inqlaab aesa hota hai jiske nateeje fauran nazar aane lagte hai'n lekin ek inqlaab aesa hota hai jo hikmat ke saath anjaam diya jaata hai. Zarurat hai ki logo'n ko haqeeqi deen aur Takhleeqi deen mey farq samjha'ne ki. Unhe'n ye samjha'ne ki ki kis tarah Yazeediyo'n ney haqeeqi deen ko hata kar apna banaya Takhleeqi deen Ummat E Rasool par thop diya tha. Hame'n iss behtareen ummat ke bhatke huye gumraah logo'n ko haqeeqi deen ki taraf laana hi hoga, hidayat ata'a karna Allah ke haath mey hai lekin mehnate'n karna bande ka kaam hai.

Ek baat, kayi baar dohra chuka hu'n ki ye kaam aasaan nahi'n hoga, hame'n khud ko, logo'n ki gaaliya'n aur mukhalifat jhelne ke liye, patthar khane ke liye taiyaar karna hoga aur tableegh ke iss kaam ko shuru karne sey pehle zaruri hai ki ham Qur'an, Seerat E Mohammad sallallahu alaihe wa aalihi wasallam aur Seerat E Masoomeen yaani Seerat E Amma Fatima Salaamullah Alaiha aur Seerat E Aayimma E Alaihis'salaam ko padhe'n aur samjhe'n, Karbala ko dil mey basa kar deen ki mehnat aam kare'n. Allah ham sab ko haq deen ko thaam'ne waala banaye, Qur'an O Ahlebait ko thaam'kar chalne waala banaye aur haq aam karne ki taufeeq ata'a farmaye.

Ek nukta yaad rakhne laayak ye bhi hai ki kisi bhi kaam ko kal ke liye naa chore'n balki jaldi sey jaldi karne ki koshish kare'n, yaad rakhe'n ki jitni der sey log be'daar honge utni hi zyada qurbaniya'n bhi deni hongi. Rasoolullah sallallahu alaihe wa aalihi wasallam aur unki itrat yaani Ahlebait Alaihis'salaam ki seeerato'n ko padh kar agar amal kiya jaaye toh aasaani sey tableegh ki jaa sakti hai, hikmat ke saath, aahista-aahista haq bayaan kiya jaana chahiye aur jab sahi waqt aa jaaye tab elaaniya dawat ka kaam kiya jaana chahiye. Maslan ke taur par agar aap kisi Takhleeqi deen par chalne waale musalmaan ko samajh'ne ki jagah uss sey bahes karenge toh wo samajh'ne ki jagah ladne par utaaru ho jaayega.

Yazeedi maulviyo'n ney khul kar haqeeqi deen par waar nahi'n kiya balki ki deemak ke keede ki tarah wo hamari safo'n mey ghuse aur andar hi andar, hamare aqeedo'n ko khokhla kar diya jis tarah deemak kabhi bhi bahar sey lakdi ko nuqsaan nahi'n pahunchati lekin andar hi andar usey khokhla kar deti hai aur bade-bade mahal aur imaarat bhi gir jaate hai'n. Aese logo'n sey khud ko aur apno'n ko bachana hoga aur inke Takhleeqi deen sey logo'n ko aagaah kar ke haqeeqi deen ki taraf bulana hoga. Allahu akbar kaseeran kaseera. Allah ham sab ke liye haqeeqi deen ki tableegh karna aasaan farmaye. Aameen yaa rabbul aalameen bil Haq E Mohammad O Aal E Mohammad. Allahumma salle alaa mohammad wa alaa aale mohammad.

ﭛﭛﭛ

FIVE

PANCHWAN BAAB

81. *Sulah E Hudaibiya aur Tableegh E Deen -*

Mere apno'n! Hame'n chahiye ki ham Sulah E Hudaibiya ko samjhe'n, Nabi kareem sallallahu alaihe wa aalihi wasallam ki hikmat ko samjhe'n. Musalmaano'n ki tadaad pehle ke mukaable kaafi badh gayi thi aur Rasoolullah sallallahu alaihe wa aalihi wasallam ke ham'raah Ahlebait O Sahaba umra ke liye jaa rahe the lekin Makka ke pehle unhe'n rok diya gaya. Aese halaat mey kuch sabaha chahte the ki jung ho lekin Rasoolullah sallallahu alaihe wa aalihi wasallam ney sulah karna pasand farmaya aur yaha'n tak ki aap sallallahu alaihe wa aalihi wasallam ney dushmano'n ki sharte bhi maani'n. Bahar'haal mai yaha'n Sulah E Hudaibiya ki tafseer bayaan nahi'n kar raha hu'n baaki aap chahe'n toh tareekh ki kitaab mey padh sakte hai'n, mera mauzu Tableegh E Deen hai aur mai usi par baat kar raha hu'n.

Sulah E Hudaibiya ho gayi aur uske baad Rasoolullah sallallahu alaihe wa aalihi wasallam ney kis tarah Tableegh E Deen ki, usey samajh'ne aur fikr karne ki zarurat hai. Kuffaare Makka ke alawa, baaki saare Arab mey tauheed ki sadaye'n goonj uthi'n, "laa ilaaha illallaah" par log imaan laane lage, "mohammadur rasoolullah" ko thaam'ne lage. "Aliyun waliyullah" iss tarah chaya ki yahoodiyo'n ke Kila E Khaibar ko ukhad kar fenk diya, wo kila ki jisey fatah karna, Arab waalo'n ke nazdeek naa'mumkin tha, usey Maula Ali Alaihis'salaam ney ek haath sey ukhaad kar rakh diya aur fir jab dushmano'n ney sulah todi aur Jung huyi, fatah Makka hua aur

Fauj E Mujahid E Islaam, Makka mey dakhil huyi toh kuffaaro'n ke paas bachne ki koi jagah tak naa thi aur naa hi unke paas koi madad'gaar hi bacha tha.

Tableegh yaani shor machana yaa jaanwaro'n ki tarah ladna-bahes karna nahi'n hota, naa hi tableegh ka matlab kisi par apne aqeede ko thop'na hota hai. Bhatke aur gumraah logo'n tak apne amal, apni baato'n, apni aadato'n, apni zindagi ke har ek pal sey haq pahunchane ka naam tableegh hai. Sabr o hikmat ke saath, logo'n ko Takhleeqi deen sey aagaah karna aur haqeeqi deen ki taraf dawat dene ka naam tableegh hai. Tauheed E Rab, Risalat E Mohammad, Wilayat E Ali ki taraf bulane ka naam tableegh hai. Maulviyo'n ki likhi kitaabo'n sey aagaah kar ke, khuda ke kalaam yaani Qur'an ki taraf bulane aur jhuthe rehnumao'n ki pairvi sey bacha kar, Ahlebait Alaihis'salaam ki ghulaami ki taraf bulane ka naam tableegh hai.

Hamare alsaaf ney Banu Umaiyya, Banu Abbasiya ke kayi gumraah khalifa aur Yazeed Paleed jaise kayi bade zaalim hukmraano'n aur takato'n ke hone ke bawajud, unke Takhleeqi deen ka radd kiya, unka mukaabla kiya aur logo'n tak haqeeqi deen pahunchaya. Agar ham baat kare'n Karbala ki toh wo Hussain Alaihis'salaam ki zahiri hayaat ka aakhiri marhala tha. Agar tableegh ki gehrayi ko samajhna hai toh hame'n Hazrat Hasan Alaihis'salaam aur Hazrat Hussain Alaihis'salaam ki bees saalo'n ki tableegh par ghaur karna hoga jo aap dono'n ney mil kar ki thi. Mere hisaab sey jab tak log iss Tableegh E Hasnain Karimain ko nahi'n samjhenge wo Karbala aur Karbala ka maqsad samajh hi nahi'n sakte. Hame'n Aayimma E Ahlebait Alaihis'salaam ki tableegh aur tableegh ke tariko'n ko samajh'ne aur seekh'ne ki sakht zarurat hai. Hind ki zameen par bhi Khwaja Moinuddin Chishti sey le kar Nizaamuddin Auliya aur duniya mey Shams Tabrezi sey le kar Shahbaaz Qalandar tak dekhe'n toh, har daur mey Aulaad E Ali, Ghulaam E Ali aapko Tableegh E Haq Deen karte milenge. Kabhi Salmaan Farsi toh kabhi Abuzar, kabhi Mikdaad toh kabhi Maalik E Ashtar, kabhi Bilaal toh kabhi Uwais Karni, kabhi Meesam toh kabhi Belool jaise Wafa'daar E Ahlebait Alaihis'salaam aapko haqeeqi deen par jaan lutate milenge.

Hame'n zarurat hai toh bas haqeeqi deen ko thaam'kar haq aam karne ki, haq deen ki tableegh karne ki aur Maqsad E Hussain Alaihis'salaam ko ghar-ghar tak pahunchane ki. Mere apno'n! Aao aur Qur'an O Ahlebait Alaihis'salaam ko thaam lo ki be'shak ye hi kaamyaabi aur khuda tak le jaane waali ek waahid raah hai. Allah ta'alaa, ham sab ko, kehne-sunne sey zyada amal karne ki taufeeq ata'a farmaye. Allahu akbar kaseeran kaseera. Allahumma salle alaa mohammad wa alaa aale mohammad.

82. Gheebat aur bad'gumani sey bache'n -

Maine iss kitaab ki shuruaat mey bhi iss mauzu par likha hai lekin mujhe lagta hai ki iss par thodi tafseer sey aur baat honi chahiye. Pehle hi bata chuka hu'n ki rishte tay karte waqt hone waale mashware mey gheebat karna jayaz hai lekin wo gheebat iss niyat sey ho ki ham fala'n ghar mey apni ladki de rahe hai'n yaa fala'n ghar sey ladki le rahe hai'n yaa toh rishta karna munasib hoga yaa nahi'n, fizool gheebat waha'n bhi jayaz nahi'n. Iske alawa ek talib e ilm jab tareekh aur hadeeso'n yaa kisi aalim ki likhi kitaabo'n ka muta'ala karta hai aur usme'n sey usey koi baat galat lagti hai yaa kisi rawiyaan par usey shak hota hai toh iss par fikr karna yaa kisi dusre talib yaa aalim sey mashwara karna bhi gheebat ke dayere mey nahi'n aata.

Iss mauzu ko tafseer sey likhne ka maqsad bhi ye hi hai ki ab log iss gunaah mey itna doob chuke hai'n ki unhe'n ye gunaah gunaah hi nahi'n lagta hala'nki gheebat karna Allah ko saqt naa pasand hai aur ye ek bada gunaah bhi hai. Pehle mai ye bata du'n ki gheebat hai kya?, Toh mere apno'n! Agar koi shakhs khud chal kar aap ke paas aata hai aur Allah ki kasam kha kar aapko khud ki koi burayi yaa aib batata hai toh bhi aapke liye zaruri hai ki aap uss baat ka parda rakhe'n aur be'wajah uss baat ko dusro'n tak pahunchana bhi gheebat ke dayere mey hi aayega. Waise toh bol-chaal ki zubaan mey log keh dete hai'n ki kisi ke peeth peeche uski burayi karna gheebat hai, ye sahi bhi hai lekin iss lafz ka dayera bahaut wasi hai. Apne sey kamzor yaa ghareeb ko bhari mehfil mey uske kisi aib yaa gunaah ka tazkira kar ke ruswa karna aur fir shaan sey ye kehna ki mai gheebat nahi'n karta balki munh par kehta hu'n, ye bhi gheebat ke dayere mey hi aayega.

Kisi ke rang yaa jism ki banawat par tippaniya'n karna. Maslan ke taur par fala'n kaala hai, fala'n naata hai, fala'n patla hai, fala'n mota hai, fala'n ki naak chapti hai, fala'n ki aankhe'n choti hai'n wagairah bhi gheebat mey hi shumaar hoga. ek baat aur hai jo mardo'n mey toh kam lekin aurato'n mey zyada paayi jaati hai aur wo hai ki dusre ke pehnawe maslan ke taur par uske kapde, chappalo'n, zewar wagairah ki peeth peeche hansi udana bhi ek tarah ki gheebat hi hai. Kisi mehmaan ke jaane ke baad uske aib nikaal'na aur uski burayi karna yaa kisi shadi sey laut kar, intzamaat aur khane ki burayi karna bhi gheebat hi mey shamil hai aur afsos toh iss baat par hai ki aaj zyada'tar musalmaan, gheebat karte hai'n aur gheebat ko gunaah hi nahi'n samajh'te yaa shayad unhone aqal o faham ko iss qadar kamzor kar liya hai ki wo ye hi nahi'n samajh paate ki aesa karna gheebat ke dayere mey aayega yaa nahi'n.

Ek aur baat zahen mey aa rahi hai wo hai bad'gumani. Maine khud ney logo'n ko bad'gumani karte dekha hai. Kehte hai'n ki do logo'n ke darmiyaan ladayi sey utni duri nahi'n badhti jitni ki bad'gumani sey badhti hai aur bad'gumani mey aksar insaan khud ke dil mey uth rahe sawaalo'n ka jawaab bhi khud banane lagta hai bajaye saamne waale sey puchne ke.

Kisi ke liye ye sochna ki fala'n shakhs ney aesa isliye kiya taaki mera nuqsaan ho yaa fala'n shakhs jaan'bujhkar mere dawat dene ke bawajud nahi'n aaya wagairah aesi bahaut si baate'n hai'n jo roz'marra ki zindagi mey saamne aati hi rehti hai'n. Afsos ki log ek dusre ke liye, yaha'n tak apno'n ke liye bhi bad'gumani rakhte hai'n.

Ab baat kare'n gheebat aur bad'gumani sey bachne ki toh mere apno'n, kisi ke peeth peeche gheebat karna yaa kisi ke liye bad'gumani rakhna, jitna jaldi ho sake chor do. Gheebat aur bad'gumani ki wajah sey hi sainkado'n ghar ujad gaye hai'n aur hazaro'n logo'n ke beech mey buraiya'n paida ho gayi hai'n. Kayi baar toh yaha'n tak bhi dekhne mila hai ki do shakhs hai'n aur dono'n hi achche hai'n, ek dusre sey mohabbat karte hai'n aur ek dusre ki fikr bhi dil mey maujud hai lekin fir bhi gheebat aur bad'gumani ki wajah sey dono'n mey duriya'n maujud hai'n.

Ek mashwara aur dena chahunga. Mere apno'n! Khamoshi bhi ibadat hai aur jisne khamosh rehna seekh liya, uss ney falaah paa li lekin ye khamoshi duniya ke liye ho, apno'n ke liye nahi'n yaani dusro'n ke saamne zyada bolne sey bache'n lekin apno'n sey deen o duniya, har tarah ki baat'cheet karte rahe'n. Kabhi koi baat buri lage toh mohabbat sey aapas mey samajh-samjha le'n, gheebat aur bad'gumani karne sey behtar hai, saamne waale shakhs sey khud hi puch lena. Ab raha sawaal dusro'n yaa ghairo'n ki gheebat ka toh aesa kar ke aapka koi nafa nahi'n hota balki aap gunaah hi kama rahe hote hai'n, iss sey har haal mey bache'n. Allah ham sab ko kehne-sunne sey zyada amal karne waala banaye.

83. Aahadees aur Kaul E Imaam mey maujud kuch taleemaat -

Mere apno'n! Jo shakhs haraam baate'n karta hai, fizool baate'n karta hai, logo'n ka dil dukhane waali baate'n karta hai, bekaar ki baato'n mey waqt zaaya karta hai'n, gheebat o bad'gumani mey zindagi guzaarta hai'n wo saza ke haq'daar hote hai'n. Kehte hai'n ki shaheedo'n sey khuda hisaab nahi'n leta aur bakhsh deta hai lekin aese logo'n ke mutalliq ye tak aata hai ki aese log agar shaheed bhi ho jaaye'n toh bhi inhe'n pehle apne kiye ki saza milti hai.

Dusri zaruri baat hai zubaa'n par kaabu rakhna, jo walidain apni zubaa'n par kaabu rakhte hai'n aur naa'zeba alfaaz bolne sey bachte hai'n, unki aulaade'n bhi ba'akhlaaq aur nek nikalti hai'n. Bachche ke pehle ustaad maa'n-baap hi hote hai'n aur wo apne maa'n-baap sey hi sab seekhta hai. Balki maa'n ko pehla ustaad kehna zyada durust hoga kyu'n ki baap toh rizq ki talaash mey, apno'n ke liye kamane bahar nikal jaata hai aur bachcha zyada waqt apni maa'n ke saath hi guzaarta hai, maa'n ke shikam mey rehne sey le kar samajh'daar hone tak bachcha apne walidain ko dekh kar, sun kar aur samajh kar hi seekhta hai yaani maa'n-baap ke akhlaaq, amal, soch, tareeka, aqeeda aur deen'daari hi aulaad ki buniyaad banti hai aur walidain ki tarbiyat o taleem paa kar, aulaad ka kirdaar din ba din nikharta jaata hai.

Teesri baat hai amanat mey khayanat naa karna, momin ki ek sifat ye bhi hai ki wo amanat mey khayanat nahi'n karta yaani agar uske paas koi cheez bataur amanat ke rakhi jaaye toh usey sambhaal kar rakhta hai aur zarurat padhne par jab wapis maangi jaaye toh lauta'ta hai. Momin toh khuda sey itna darne waala hota hai ki kisi ki batayi raaz ki baat ko bhi amanat ki tarah rakhta hai aur usme koi khayanat nahi'n karta. Amanat chahe momin ki ho, musalmaan ki yaa kisi ghair mazhab ke insaan ki, usey amanat lautana zaruri hai.

Chauthi baat hai ahad yaani jab momin kisi sey ahad yaa waada karta hai toh usey pura karta hai, waade ko todne yaa pura naa karna musalmaan ki sifat nahi'n. Gusse ki halaat mey, naraazgi ki halaat mey yaa bahaut zyada khush hone ki halaat mey yaani jab tak aap normal naa ho'n, jab tak aap soch'ne-samajh'ne aur sahi faisla karne ki halaat mey naa ho'n tab tak ahad karne sey bachna chahiye aur ek baar kisi sey koi waada kar liya toh fir usey har haal mey pura karna chahiye. Be'shak, khuda ko wo log sakht naa'pasand hai'n jo kisi sey waada karte hai'n aur usey tod dete hai'n.

Paanch'wi baat hai'n, walidain sey mohabbat aur unki khidmat karna. Iska ye matlab nahi'n ki walidain ki un baato'n ko bhi maan'na hai jo aapke aqeede yaa deen par amal mey rukuwat banti ho'n aur naa hi walidain ke un hukmo'n ko maan'na hai jo haqeeqi deen ke khalifa ho'n. Iske alawa sirf musalmaan hi kya har insaan par farz hai ki walidain ki khidmat karta rahe. Agar aap imaan waale hai'n aur aapke walidain kaafir hai'n tab bhi aap par farz hai ki unki farma'bardaari kare'n aur unki khidmat karte rahe'n.

Mere Apno'n! Hame'n chahiye ki walidain sey be'hadh mohabbat kare'n aur unki khidmat karte rahe'n, unhe'n raazi kar le'n kyu'n ki walidain ki raza mey Rab ki raza hai, maa'n-baap ki naraazgi, khuda ki naraazgi ka sabab banati hai. Aaj lag'bhag har ghar mey dekhta hu'n ki log biwi-bachcho'n ke huqooq ada'a karne ke naam par walidain ke huqooq kha jaate hai'n yaa fir walidain ke huqooq ada'a karne ke naam par biwi ke saath galat rawaiya karte hai'n, iss bigaad ki wajah bhi ek hi hai, Qur'an O Ahlebait Alaihis'salaam sey duri. Logo'n ney Qur'an O Ahlebait Alaihis'salaam sey naa seekh kar, baaki har ek sey seekh'ne ki koshish ki aur naa'ahlo'n ko apna rehnuma banaya.

Agar ham hadeeso'n aur Kaul E Imaam mey dekhe'n toh Rasoolullah sallallahu alaihe wa aalihi wasallam ney walidain sey bura sulook karne waale, unhe'n naraaz karne waale bad'zaato'n par lanat bheji hai. Walidain par naa hi gussa karna chahiye aur naa hi un sey ladna hi chahiye. Aaj ke nau'jawaan hi kal walidain bante hai'n, toh nau'jawaan ko bhi chahiye ki wo ye jaan le'n ki islaam mey sirf walidain ke huqooq hi nahi'n bataye gaye balki aulaad ke huqooq bhi bataye gaye hai'n yaani maa'n-baap ko bhi chahiye ki wo apni aulaad ke huqooq ada'a kare'n aur uske saath insaaf kare'n.

Aaj har taraf sirf bigaad hi bigaad nazar aa rahe hai kyu'n ki walidain aur aulaade'n dono'n hi Qur'an O Ahlebait Alaihis'salaam ko chor kar baithi hai'n, wo haq samajh'ne sey hi kasir hai'n. Agar ham sab deen par aa jaaye'n toh walidain ka deedaar karna bhi hajj ki tarah hai, walidain ka chehra takna bhi ibadat hai, budhe walidain ki khidmat bakhshish ka zariya hai, walidain ki khidmat misl e jihaad sawaab deti hai, walidain ki khidmat rehmato'n ka darwaza kholti hai, takleefo'n sey bachati hai, maut ki takleef sey bachati hai aur umr'daraaz bhi karti hai.

Walidain ki naa'farmaani duniya o aakhirat mey halakat ka bayis banti hai aur walidain ka naa'farmaan duniya o aakhirat mey zillat uthata hai. Agar aapko duniya ki kaamyaabi chahiye, Nabi ka pados chahiye, Jannat ki khushboo chahiye, khuda ki rehmat chahiye, zindagi mey aasaani chahiye, apni umr daraaz chahiye, toh aapke liye zaruri hai ki aap walidain ki khidmat kare'n. Chahe walidain momin ho'n yaa naa ho'n, chahe musalmaan ho'n yaa naa ho'n, aap par unki khidmat farz ki gayi hai rishte ki wajah sey naa ki unke aqeede ki wajah sey lihaza aap ko har haal mey walidain ki khidmat karni hogi. Shayad hi aesi koi neki, nemat aur sawaab hoga jo khidmat e walidain sey hasil nahi'n hota aur shayad hi aesa koi azaab hoga jo walidain ki naa'farmaani par naa milta hoga. Allah ta'alaa, Han sab ko walidain ki khidmat karne waala banaye aur haqeeqi deen par chalne waala banaye.

Chhate Imaam Alaihis'salaam ke daur mey bhi ek kaafir ka wakiya milta hai ki unke daur ka ek nasrani, musalmaan ho gaya aur jab Imaam Alaihis'salaam sey mulakaat huyi toh uss ney apni maa'n ke mutalliq sawaal kiya ki, "meri maa'n be'deen hai aur haq ko qubool nahi'n kar rahi'n toh mai unke saath kya sulook ikhtiyaar karu'n?", Imaam Alaihis'salaam ney hukm diya ki, "apni maa'n ki khidmat karo." Wo shakhs lauta aur apni walida ki khidmat karne laga, uski maa'n jaan'bujhkar aur bhi aese kaam karne lagi jo haqeeqi deen ke khilaaf the lekin usey ta'ajjub hota ki uska beta nasara ka deen chor kar be'deen ho gaya (uski maa'n ke mutabik), fir bhi pehle sey zyada khidmat karne laga jab ki maa'n ko laga tha ki ye mujh sey duri ikhtiyaar kar lega. Maa'n ney apne bete sey iss amal ke mutalliq pucha toh uss ney farmaya ki, "mai jis deen e islaam ko maanta hu'n, uss mey mujhe hukm mila hai ki maa'n ki khidmat karu'n, bhale hi wo mere deen par naa ho aur mujhe Imaam yaani Rasoolullah ke sibt ke bete ke zariye ye hi hukm mila ki." Jab maa'n ney ye suna toh wo bhi haq deen par imaan le aayi.

Toh mere apno'n! Agar ham apni saari zindagi bhi walida ki khidmat mey laga de'n fir bhi un nau mahino'n mey sey ek raat ka haq bhi ada'a nahi'n kar sakenge, jin mey maa'n ney hame'n shikam mey rakha tha. Walidain ki khidmat ham par farz ki gayi hai aur maa'n ka haq, baap sey teen guna zyada hai yaani Imaam Alaihis'salaam ney farmaya hai ki agar maa'n aur baap dono'n alag-alag hukm de de'n toh dono'n ko raazi aur khush karne waala amal karo aur agar ye mumkin naa ho toh maa'n ki khushi ka khayaal rakhna zyada zaruri hoga.

Islaam mey adal ka bahaut bada maqaam hai aur adal karna musalmaano'n ki sifat mey sey ek sifat hai. Hamare Imaamo'n ney yaha'n tak farmaya hai ki agar tumhe'n faisla karne waala banaya jaaya aur tumhara baap gunaah'gaar ho aur saza maut banti ho toh bhi sahi faisla dena hai lekin gunaah'gaar baap sey bhi nafrat nahi'n karni hai aur naa usey apne haatho'n sey qatl karna hai. Imaam Alaihis'salaam ney farmaya ki aese maamlo'n mey kisi dusre sey saza dilaye'n, ha'n agar puri duniya mey sirf tum hi musalmaan bachte tab tum par farz hota ki tum adal karo aur apne haatho'n se saza do lekin jab tak tumhare paas koi aur maujud hai toh apne haatho sey saza dena sahi nahi'n hoga aur halakat ka bayis banega. Iss baat sey bhi aqal waalo'n ko maqaam e walidain aasaani sey samajh aa jayega.

84. Jab tum kuch kar bhi nahi'n paate the -

Walidain jab budhe ho jaate hai'n toh kayi bar itne kamzor ho jaate hai'n ki khud sey kuch bhi kar paane mey kasir hote hai'n tab aulaad ko hi unka sab karna padta hai. Kayi Aulaade'n iss kaam ko bojh samajh'ti hai'n aur kayi nek aulaade'n iss kaam ko khushi sey anjaam deti hai'n lekin kuch nek aulaade'n bhi kabhi na kabhi ye khayaal dil mey le aati hai'n ki Allah mere walidain ki takleef dur kar de yaa inke haq mey behtar faisla kar de yaani behtar faisle sey muraad kya hua?, Ye hi ki zindagi behtar ho toh zindagi ata'a kar de aur maut behtar ho toh maut ata'a kar de?, Budhape mey agar insaan zarurat sey zyada kamzor ho jaaye toh aasaani nahi'n hoti lekin zindagi toh zindagi hai usey puri guzaarni hi padti hai. Usey bojh naa samjho balki jo halaat saamne ho'n, unka saamna khushi sey karte raho.

Ek baat hamesha yaad rakhna ki wo maa'n hi thi jis ney nau mahine tumhe'n apne shikam mey jagah di aur palaa. Jab tum paida huye toh tumhari najasate'n bhi wo hi saaf karti thi, tumhe'n nehlaane, kapde badalne sey le kar tumhe'n khilane pilane tak wo hi karti thi. Khul kar likh raha hu'n taaki tum ehsaas kar sako, tumhari maa'n hi thi jis ney pakhana, peshaab saaf kiya, tumhe'n nehlaaya, zukhaam ho jaane par tumhari behti huyi naak saaf ki, bukhaar mey ulti/kay ho jaane par uss najasat ko bhi saaf kiya aur dua ye nahi'n ki ki, "yaa Allah! Jo meri aulaad ke haq mey behtar ho wo ata'a farma." Balki tumhari sehat aur zindagi ki hi bheekh maangti rahi. Ab agar walidain maazoor ho gaye hai'n toh tum kyu'n usi tarah soch nahi'n rakh rahe, jis tarah tumhare walidain ney tumhare liye rakhi thi?

Wo tumhari maa'n hi thi, jab tum bol nahi'n paate the, wo sunti thi. Jab tum maang nahi'n sakte the, wo deti thi. Jab tum chal nahi'n sakte the, wo godi mey le kar chalti thi, jab tum rote the toh wo gham'zada hoti thi, jab hanste the toh wo hansti thi aur jab tum koi sawaal baar-baar puchte the toh woh sau dafa muskura kar batati thi, samajh'ti thi. Agar aap apne bachpan ko yaad rakhenge toh walidain ki khidmat ka mauka nemat aur walidain ka saath, Jannat ki tarah lagne lagega. Allah ta'alaa! Ham sab ke walidain ko salamat rakhe, sehat'mand rakhe aur jinke walidain iss faani duniya sey kooch kar gaye hai'n unki be'hisaab maghfirat farma kar, Jannat mey aala sey aala maqaam ata'a farmaye.

Yaha'n ek aur baat wazeh karna zaruri samajhta hu'n. Aulaad par walidain ka haq hamesha bar'karaar rehta hai albatta ki maa'n baap ke duniya sey kooch kar lene yaani unke wisaal ke baad bhi unka haq aulaad par bana rehta hai. Agar walidain ke paas kisi ki koi amaanat thi toh aulaad par farz hai ki usey uske asal haq'daar tak pahunchye, maa'n-baap ka agar koi karza hai toh bhi aulaad par farz hai ki wo walidain ke waris hone ki haisiyat sey adayegi kare. Maa'n-baap ke namaaz aur roze agar kazaa hai'n toh wo bhi aulaad ko unki taraf sey pure karna chahiye, ada'a karna chahiye.

Walidain jab tak maujud rahe'n unki khidmat karo unke liye dua karo aur jab duniya sey parda farma le'n toh bhi unke liye dua e maghfirat karo aur unke naam sey khairaat, zakaat, dete raho, logo'n ki imdaad karte raho aur wo saare amal o aamaal karne ki koshish karo jis sey walidain ko sawaab milta rahe. Fiqhi aitbaar sey agar dekhe'n toh bade bete par walidain ke kazaa-wajibaat wagairah ada'a karna wajib hai yaani walidain ki kaza namaaz, roza, hajj wagairah pura karna baaki dusri aulaade'n bhi apni-apni quwwat, taakat aur haisiyat ke mutabik walidain ko sawaab pahunchane waale nek kaam kar sakte hai'n.

85. Hukm E Walidain aur aulaad ke huqooq -

Walidain jab bhi hame koi hukm dete hai'n toh usey pura karna, hamara farz hai, ba'shart ki wo hukm deen o shariyat ke khilaaf naa ho'n jin sey koi bada gunaah yaa chook hone ka andesha naa ho. Maslan ke taur par agar hamare walidain hame'n Hajj par jaane sey yaa ziyarat e imaam par jaane sey dar ki wajah sey yaa apni beemari ka hawala de kar rok rahe hai'n, toh hame'n chahiye ki ham ruk jaaye'n. Theek aese hi agar shahar ka mahaul kharaab hai yaa koi dusri wajah ho aur hamare walidain hukm de'n ki masjid mey naa jaa kar ghar mey hi namaaz ada'a karo toh bhi hame'n chahiye ki ham unke hukm ko maane'n. Ha'n, ham unhe'n mohabbat sey samjha zarur sakte hai'n yaa unke saath baith kar salah mashwara kar sakte hai'n.

Ab baat aati hai ki walidain ke kaun sey hukm hai'n jinhe'n pura nahi'n karna chahiye toh sab sey pehle toh aate hai'n wo hukm jo deen o shariyat ke khilaaf ho'n. Iske alaawa wo hukm jin sey bade gunaah, badi galti yaa bada nuqsaan hone ka khatra ho. Maslan ke taur par aapke walidain aapko talaak lene ka hukm de'n aur aap apni biwi ke saath rehna chahte ho'n toh aapko ye hukm hargiz nahi'n maan'na chahiye yaa fir aap beemaar ho'n yaa aapki biwi yaa aulaad beemaar ho aur hakeem ney bahar ilaaj karane ka mashwara diya ho aur bahar ilaaj naa karane ki surat mey marz badhne ka andesha ho lekin aapke walidain bahar jaane ki ijazat naa de'n, tab bhi aapko chahiye ki aap unka hukm naa maane'n.

Ek masla aur aesa hai jis mey aulaad, maa'n-baap ka hukm naa maan'ne ke liye aazaad hai lekin muashre mey iss hadh tak bigaad aa chuka hai ki log haqeeqat sey anjaan hai'n, wo masla hai nikaah. Agar koi aulaad chahe ki nikaah karna hai aur usey nikaah ki haajat mehsoos hoti ho yaa usey gunaah mey padne ka dar ho toh wo nikaah kar sakta hai. Ta'ajjub ki baat ye hai ki nikaah, ek ladke aur ek ladki ke beech ka rishta hai aur nikaah ke saath do zindagiya'n aapas mey iss tarah jud jaati hai'n ki dono'n ki khushi aur gham bhi ek ho jaate hai'n lekin hamare muashre mey ladke-ladki ki khwahish aur soch ko taak par rakh kar pariwaar tay kar raha hota hai ki aulaad ka nikaah kab, kaha'n aur kaise karna hai aur aksar walidain nek kaam mey badi der karte hai'n.

Waise toh walidain ke aulaad par bahaut huqooq hai'n lekin hamare Imaamo'n ney iss baat ki taqeed bhi farmayi hai ki apni aulaad par zarurat sey zyada bandishe'n aur hade'n naa laade'n, usey aazaadi de'n. Aayimma

E Ahlebait Alaihis'salaam farmate'n hai'n ki zarurat sey zyada rok tok aur bandishe'n daalna bhi aulaad ko naa'farmaani karne par majboor kar deta hai. Isliye walidain ko bhi chahiye ki aulaad par waqt-waqt par pabandi lagaye'n, har waqt aur be'wajah ki rok-tok sey bache'n.

Jis tarah walidain ke aulaad par huqooq hai'n, theek usi tarah, aulaad ke bhi walidain par huqooq hai'n aur walidain ko chahiye ki usey pura kare'n. Mere apno'n! Islaam itna aala deen hai ki sab ka bara'bar khayaal bhi rakha hai aur sab par bara'bar zimmedaari bhi daali hai. Walidain bhi jab apni aulaad ko mohabbat sey dekhte hai'n toh unhe'n uska sawaab milta hai, jab bachcha chota hota hai toh aur kuch nahi'n kar paata tab walidain usey paalte hai'n, sambhalte hai'n toh unhe'n uska bhi ajr milta hai. Aulaad ko mohabbat sey paalna, uska khayaal rakhna, usey kamaz'kam itna ilm sikhana ki wo haq aur naa'haq mey, halaal aur haraam mey farq kar sake, walidain par farz hai. Walidain ko chahiye ki apni aulaad ko Qur'an O Ahlebait Alaihis'salaam ke kareeb kare'n aur usey haq deen ke saath-saath, achche akhlaaq sikhate aur samjhate rahe'n. Jab aulaad nikaah ke laayak ho jaaye aur nikaah karna chahe toh walidain ko uska nikaah bhi karwana chahiye.

Aulaad ke do huqooq par bahaut zyada zor diya gaya hai lihaza unhe'n fir sey dohra raha hu'n. Mere apno'n! Aulaad ka ham par pehla haq toh ye hai ki ham usey deeni taleem o tarbiyat de'n. Usey haq deen samjhaye'n zarurat padne par uss par sakhti bhi kare'n. Yaad rakhe'n, aapki aulaad, duniya mey kitna duniyawi ilm hasil karegi, kitna kaamyaab hogi ye toh ek hadh tak uski mehnat aur kismat sey hi tay hoga lekin uske akhlaaq, uske aqeede, uske kirdaar ko banane mey aapki di huyi taleem o tarbiyat zyada ahem sabit hogi. Aulaad ka walidain par dusra haq ye hai ki walidain, aulaad ki shadi mey rukawat naa bane'n, khaas'kar betiyo'n ki shadi mey kyu'n ki ek ladka toh zarurat mehsoos hone par walidain ko nikaah ki khwahish bata bhi deta hai lekin ladkiya'n aksar aesa nahi'n kar paati'n. Lihaza walidain ko chahiye ki waqt par apni aulaad ki khaas'kar betiyo'n ki shadi kara de'n. Waqt par nikaah kara dene sey bhi aulaad bade-bade gunaaho'n bach jaati hai jaise fayl e haraam, zina, haraam rishte, wagairah. Allah, ham sab ko, hidayat de aur gunaaho'n sey mehfooz rakhe bil Haq E Mohammad O Aal E Mohammad.

86. Tawakkul -

Mere apno'n! Sab sey pehle toh zaruri hai ki ham apne parwardigaar par, apne Rab par, Khaliq E Akbar par tawakkul karna seekhe'n. Hamari aksariyat sirf zubaani taur par hi ye daawa karti hai ki ham Allah par tawakkul karte hai'n lekin asal mey tawakkul hota hi nahi'n hai yaa naa ke bara'bar hota hai. Qur'an ki ek nahi'n balki kayi aayato'n mey takeed ki gayi hai ki banda apne Rab par tawakkul rakhe.

Misaal ke taur par dekhe'n ki jab ham bemaar hote hai'n aur kisi tabeeb ke paas dikhane jaate hai'n aur wo hamari jaanch kar ke dawaye'n deta hai aur ham uss par tawakkul kar ke, kadwi dawaye'n bhi khate hai'n, injection lagwate hai'n. Agar kisi ko koi bada marz ho aur operation yaa jism ke kisi aaza'a ko kaatne ki naubat tak aa jaaye toh insaan uss mey bhi taiyaar ho jaata hai lekin afsos ki baat hai ki insaan, apne Rab ke hukmo'n ko pura karne ki fikr nahi'n karta.

Rasoolullah sallallahu alaihe wa aalihi wasallam aur Aayimma E Ahlebait Alaihis'salaam farmate hai'n ki, "tum uss din samjho ki tumne ilm haasil kar liya yaa mukammal kar liya jab tum apne saare kaamo'n ko Khuda ke hawale kar do. Qur'an mey bhi aata hai ki, "kitni hi martaba aesa hota hai ki tum kisi cheez ko bura samajh rahe hote ho jab ki wo tumhare liye behtar hai aur kitni hi martaba aesa hota hai ki tum kisi cheez ko pasand kar rahe hote ho jab ki wo tumhare liye nuksaan'deh hoti hai."

Toh mere apno'n! Ham kyu'n apne khuda par tawakkul naa kare'n aur dar dar ki thokare'n khaaye'n?, Jab Firaun ke jaadugaro'n ney jaadu sey saanp banaye aur wo saanp Musa Alaihis'salaam ki taraf badhne lage tab Musa Alaihis'salaam ke paas kewal ek asaa tha jis sey wo kuch der tak un saanpo'n ka mukaabla kar sakte the lekin unhe'n Khuda ka hukm mila ki, "aye Musa! Asaa ko fenk do." Musa Alaihis'salaam ney apne Rab par tawakkul kiya aur asaa fenk diya aur Allah ke hukm sey wo asaa hi ek bade saanp mey tabdeel ho gaya aur chote saanpo'n ko kha gaya. Ab zara sochiye ki agar Allah ka hukm naa maan kar asaa sey saanpo'n sey ladne ki koshish ki hoti toh ek asaa ke dam par sainkado'n saanpo'n ka kitni der mukaabla kiya jaa sakta tha?, Baat bas apne parwardigaar par yaqeen karne ki, tawakkul karne ki hi.

87. *Kis tarah dil o zahen badle jaate hai'n -*

Aaj agar dekha jaaye toh deen'daar log nazar aa jaate hai'n, kisi ke chehre par dadhi hai toh koi khatoon parda kar rahi hai. Kahi'n Qur'an padha jaa raha hai (ji ha'n, jaan'bujhkar padha likha hai kyu'n ki tilawat nahi'n ki jaa rahi ab bas padha jaa raha hai), kahi'n namaaz padhne waale bhi mil rahe hai'n lekin haqeeqi deen par chalne waale deen'daar nahi'n mil paa rahe hai'n kyu'n ki hamne khud ko zahiri taur par toh badla lekin apna batin nahi'n badal paaye. Ye bade afsos ki baat hai ki ham namaaz padh kar aate hai'n aur fir dukaan mey baith kar jhooth bol rahe hote hai'n. Hamare paas sachchi kitaab yaani Rab ka kalaam yaani Qur'an hai, hamare paas saare Nabiyo'n ke sardaar, Khuda ke habeeb, hamare paas Aayimma E Ahlebait Alaihis'salaam hai'n fir ham log kyu'n itne khasare mey hai'n?, Jab hamare paas sab aala hai, toh ham aala kyu'n nahi'n ban sake?, Kya hamne haqeeqi deen ko jaana hi nahi'n?, Kya ham islaam ko samjhe hi nahi'n?, Kya hamne Qur'an O Ahlebait Alaihis'salaam ko thaama hi nahi'n yaa uss tarah sey nahi'n thaama jis tarah sey thaam'ne ka haq tha?, Yaani haqeeqat mey ham samjhe hi nahi ki hamara Rab hamse kya chahta hai. Mere apno'n! Namaaz, roza, zakaat, hajj sab zaruri hai lekin sirf inhe'n kar lena hi deen nahi'n hota. Ba'haisiyat musalmaan, ba'haisiyat Ummati E Mohammad, ba'haisiyat Ghulaam E Ahlebait Alaihis'salaam ham par kayi farz aur bhi daale gaye hai'n, jinhe'n pura karna hoga. Hamare aamaal, akhlaaq, tareeke aese hone chahiye ki log khud ba khud hame'n dekh kar hi haq ki taraf jhuk'ne lage'n, zarurat hai toh pehle khud ko pehchaan'ney ki aur apna dil aur zahen ko badalne ki.

Mere apno'n! ham toh khud ko aur apni aulaado'n ko haq ki taraf jhuk'ne mey naa'kaam hai kyu'n ki ham ney kabhi mehnat hi nahi'n ki lekin hamare dushmano'n ney hamesha hi mehnate'n ki hai'n. Tareekh sey hamara naam mita diya gaya hai, bachcha jab school jaata hai toh waha'n islaam ko chor kar baaki sab sikhaya jaa raha hota hai. Media-social media ke zariye bhi hamari negative image banane ki koshish ki jaati hai. Agar madarso'n ki baat bhi karu'n toh har maslak, dusre maslak ko neecha dikhane aur girane mey laga hua hai.

Misaal ke taur par kisi school mey ek Ali waalo'n ke ghar ke masoom sey bachche ko seb dikha kar pucha jaata hai ki tum kise Rab maante ho?, Jab wo Allah kehta hai toh uss sey kaha jaata hai ki apne Allah sey kaho ki ye seb tumhe'n de lekin usey seb nahi'n milta. Fir Rasoolullah ke mutalliq pucha jaata hai, Ali Alaihis'salaam, Hasnain Karimain aur Hazrat Abbas wagairah ka zikr kar ke bhi bachche sey kaha jaata hai ki in sey seb maango jab seb nahi'n milta toh aakhir mey bachche sey kaha jaata hai tum khud aa kar le lo aur jab bachcha le leta hai toh uske dil o dimaagh mey ye baat baithayi jaati hai ki koi Rab nahi'n hai, koi Nabi nahi hai, koi Wali nahi'n hai, koi Imaam nahi'n hai, jo ho tum hi ho aur iss tarah bachcha be'deen ho jaata hai. Maa'n-baap Nooh Alaihis'salaam ke bete ko yaad kar ke dil samjha lete hai'n lekin ye bhool jaate hai'n ki galti un sey khud sey ho rahi hai. Aap par ba'haisiyat maa'n-baap, do zimmedaariya'n hai'n, pehli toh ye ki aap ko haq deen apni aulaad tak pahunchana hai aur dusri ye ki apni aulaad ko shaitaani fitno'n aur be'deen logo'n ke behkawe sey bhi bachana hai.

Aesi baate'n sun kar kadwi zarur lagti hai'n lekin hamara dushman, shaitaan apna kaam ba'khoobi kar raha hai. Ghaflat mey toh ham pade hai'n aur apni zimmedaari sey bhaag rahe hai'n. Hame'n jo kaam diya gaya tha ham wo kaam sahi tarah sey nahi'n kar rahe hai'n. Aaqa sallallahu alaihe wa aalihi wasallam ney jo ummat ke liye kiya aur ummat fir bhi haqeeqi deen ko nahi'n samajh saki uss par kuch yaad aa raha hai, wo bhi aapke saamne rakh raha hu'n -

Kisi gham'gusaar ki mehnato'n ka ye khoob maine sila diya
Ki jo mere gham mey ghula gaya, usey maine dil sey bhula diya

Jo jamaal e rooh e hayaat hai, jo daleel e raah e nijaat hai
Usi rehbar ke nakush e paa ko musafiro'n ney bhula diya

Ye meri aqeedate'n be'basar, ye meri ibadate'n be'asar
Mujhe mere daawa e ishq ney, naa Nabi diya, naa Khuda diya

Tere husn e khulq ki ek ramaq, meri zindagi mey naa mil saki
Mai isi mey khush hu'n ki shahar ke, dar o baam ko toh saja diya

Mai tere mazaar ki jaaliyo'n, ki hi midhato'n mey magan raha
Tere dushmano'n ney tere chaman mey khaza'n ka jaal bichha diya

Tere Ohad O Badr ke baab ke, mai waraq ulat ke guzar gaya
Mujhe sirf teri hikayate'n ki riwayato'n ney maza diya

Tere naqsh e paa hai'n jo rehnuma, toh gubaar e raah hai kehkasha'n
Inhe'n kho diya toh zamane bhar ney hame'n nazar sey gira diya

Mere rehnuma tera shukriya, karu'n kis zubaa'n sey mai ada'a
Meri zindagi ki andheri shab mey chiraagh e fikr jalaa diya

Kabhi e anaa'yat e kam nazar, tere dil mey ye bhi kasak huyi
Jo tabassum e rukh e jeest tha, usey tere gham ney rula diya

Kisi gham ki mehnato'n ka ye khoob maine sila diya
Ki jo mere gham mey ghula gaya, usey maine dil sey bhula diya.

88. Haq deen ke khilaaf sazish -

Haq deen ke khilaaf jab Takhleeqi deen laaya gaya toh munafiqo'n ney
sab sey pehli koshish ye ki ki kis tarah ummat ko Qur'an O Ahlebait
Alaihis'salaam sey dur kiya jaaye aur dusri koshish ye ki ki Takhleeqi
islaam ko logo'n ke dilo'n mey itna racha-basa diya jaaye ki wo Takhleeqi
islaam ko haqeeqi islaam samjh'ne lage'n aur haqeeqi islaam ko Takhleeqi

islaam samajh'ne lage'n aur iss baat sey bhi inkaar nahi'n kiya jaa sakta ki dushman iss mey bahaut hadh tak kaamyaab bhi huye hai'n.

Sab sey pehle toh ummat ko Qur'an sey dur karne ke liye Qur'an ki surato'n aur aayato'n ko aage peeche kiya gaya yaani uski tarteeb badal gayi taaki jab koi insaan Qur'an ko tareekh aur hadeeso'n ke saath samajhta hua padhe toh usey samajh'ne mey dikkat jaaye. Qur'an mey toh nukta bara'bar badlaav kiya nahi'n jaa sakta tha isliye tarjumo'n mey aur tafseer o taweel mey bigaad karna shuru kiya gaya. Aaj aaj bhi zyada'tar musalmaan Qur'an nahi'n padhte, chand log hi hai'n jo Tilawat E Qur'an karte hai'n aur uss sey bhi kam hai wo jo Qur'an ko samajh'kar padhte hai'n aur amal mey utaar'te hai'n baaki hamare mulk mey rehne waale musalmaano'n mey Arabi bhasha ko achchi tarah samajh'ne waale log badi mushkil sey milte hai'n.

Qur'an sey dur karne ke saath-saath, Ahlebait Alaihis'salaam sey dur karne ka kaam shuru kiya gaya, waise toh Rasoolullah sallallahu alaihe wa aalihi wasallam ke daur sey hi logo'n ney Ali Alaihis'salaam ke liye bugz zahir karna shuru kar diya tha lekin sab sey pehle khule'aam jo zulm hua wo Rasoolullah sallallahu alaihe wa aalihi wasallam ke faani duniya sey parda farma lene ke baad hua aur wo ye kiya ki Rasoolullah sallallahu alaihe wa aalihi wasallam jisey apna naayab, aalim, waris, wasi aur ummat ka nigeh'baan, imaam, khalifa aur maula bana kar gaye the, uss Zaat E Ali Alaihis'salaam ka haq nahi'n diya gaya, fir Fadak E Fatima Salaamullah Alaiha bhi naa diya gaya. Dheere-dheere naubat ye aayi ki Qatl E Usmaan Radi'Allah ka ilzaam, Ali Alaihis'salaam par daala gaya, Ali Alaihis'salaam ko masjid mey shaheed kiya gaya, Hasan Alaihis'salaam ko zahar de kar shaheed kiya gaya aur unhe'n nana ke bagal mey dafnane nahi'n diya gaya. Karbala mey tab sab kuch puri tarah saaf ho gaya jab Hussain Alaihis'salaam apna ghar'baar, aal-aulaad luta kar khade the toh Yazeed ki fauj shor machate huye kehti thi, "Hussain ko jaldi sey maar do." Ye bugz ka sil'sila yahi'n nahi'n ruka aur Aayimma E Masoomeen aur Ghulaam E Ali Alaihis'salaam ko har daur mey shaheed kiya gaya aur ye sil'sila ab bhi jaari hai aur jaari rahega bhi.

Ab baat ye ki jaaye ki aakhir Ali Alaihis'salaam sey, Itrat E Rasool sey, Aal E Imraan sey logo'n ko itna bugz tha kyu'n?, Sab sey pehle toh Maula Ali Alaihis'salaam aur tamaam Aayimma E Masoomeen Alaihis'salaam ko dabane ki koshish ki gayi, unki tableegh par rok lagane ki koshish ki, un par tarah-tarah ke fatwe diye gaye taaki unhe'n dabaya jaa sake hala'nki wo hujjatullah the aur apna kaam ba'khoobi anjaam de kar gaye, unhe'n sata kar agar kisi ka nuqsaan hua toh bas ummat ka hi hua. Khaas'kar Banu Umaiyya ke daur sey ye kaam bhi shuru hua ki khutbo'n mey Ali Alaihis'salaam ko gaaliya'n baki jaati thi'n, unhe'n bura kaha jaata tha aur madarso'n aur gharo'n mey bachcho'n ke zahen mey Aal E Mohammad sallallahu alaihe wa aalihi wasallam ke mutalliq galat baate'n, man'ghadhant burayia'n, jhoothe kisse bhar diye jaate the aur jab bachche bachpan sey jawani tak gharo'n, madarso'n, masjido'n, mehfilo'n mey har jagah bas Aal E Mohammad, Aal E Imraan, Aulaad E Ali Alaihis'salaam ki burayia'n sunte the toh unke zaheno'n mey Ali Alaihis'salaam sey bugz bhar gaya aur unhone jawaan hote hi Ahlebait Alaihis'salaam ke khilaaf jung ched di. Inki hi naslo'n sey paida aulaade'n, aaj bhi kabhi Amma Fatima Salaamullah Alaiha ko khata par batati toh kabhi Hussain Alaihis'salaam ke wuzu par shak karti mil jaati hai'n. Inke alsaaf ney Maula Ali Alaihis'salaam ke alqaabo'n ko dusro'n ke naamo'n ke saath mash'hoor karna shuru kiya tha aur ab inki aulaade'n, Ali Alaihis'salaam ki shaan mey likhe buzurgo'n ke kalaam mey ched'chaad kar ke dusro'n ke naam sey mash'hoor karne ki koshish mey lage hai'n.

89. Aam galtiya'n aur galat aqeede -

Apna khums jo ham ney aaj nikaala hai toh hame chahiye ki usey kal tak hi usey sahi haq'daar tak pahuncha de'n, gaanv mey ho toh chand din ki mohlat aur mil jaayegi aur agar jungle mey ho'n toh thodi aur riyayat mil jaayegi lekin fir bhi khums jitna jaldi ho sake ada'a karna zaruri hai. Ahle Tashayyo mey toh ye adayegi aaj bhi bahaut hadh tak jaari hai lekin Ahle Sunnat mey bahaut kam hi log aese hai'n jo khums nikaal'te hai'n. Ahle Tashayyo ke aqeede mey jo Nayab E Imaam hai'n, unke zariye khums sahi haq'daaro'n tak pahunchaya jaata hai lekin Ahle Sunnat wal jamaat mey kuch log kisi ko Nayab E Imaam nahi'n maante toh kuch log tamaam sadaat ko Nayab E Imaam ki tarah maante hai'n. Bahar'haal, Ahle Sunnat ke bhai-behano'n ko bhi chahiye ki khums nikaale'n aur ada'a kare'n. Iss khums par ghareeb sadaato'n ka sab sey zyada haq hota hai aur yaad rakhe'n ki khums ka maamla zakaat sey bilkul ulat hai, agar aapka wakayi ye aqeeda hai ki aapko jo mila hai wo Rasoolullah sallallahu alaihe wa aalihi wasallam ke sadqe sey mila hai toh Aap sallallahu alaihe wa aalihi wasallam ki wo aulaad, jo aapke daur mey maujud hai'n, unhe'n khums ada'a karna chahiye.

Qur'an O Ahlebait Alaihis'salaam ko thaam'na zaruri hai. Bahaut saare musalmaan bhai aese hai'n, jo Qur'an ko kaafi batate hai'n yaani wo Itrat E Rasool, Hadees E Nabawi ka bhi inkaar karte hai'n jab ki hamara aqeeda hai ki ham Qur'an O Ahlebait Alaihis'salaam ko ek-dusre sey juda hi nahi'n maante. Qur'an mey wo saara ilm maujud hai, jo duniya o aakhirat ke liye zaruri hai lekin samajh mey tab aayega jab usey Ahlebait Alaihis'salaam sey samjha jaaye. Maslan ke taur par ek beej mey saaara ped maujud hai lekin jab tak usey Turaab ke hawale naa kiya jaaye tab tak uss sey kuch nikaala nahi'n jaasakta. Qur'an agar kitaab ki surat mey likha hua hai toh Panjtan O Ahlebait ki zindagi usi kitaab ki amali misaal hai'n. Mere apno'n! Hame'n sirf Qur'an yaa sirf Ahlebait Alaihis'salaam ko nahi'n thaam'na hai balki hamara ye aqeeda hona chahiye ki ham Qur'an O Ahlebait ko thaame'n, Hadees E Nabawi ko thaame'n aur Mohammad O Aal E Mohammad ke bataye tareeke par apni zindagi guzaare'n. Allahumma salle alaa mohammad wa alaa aale mohammad.

Dadhi ke baare mey pehle hi tafseer sey likh chuka hu'n lekin fir sey dohra raha hu'n kyu'n ki kuch aese chote-chote masle hai'n jo dekhne mey toh aese lagte hai'n ki inhe maan'ne yaa naa maan'ne sey koi farq nahi'n padega lekin dar'haqeeqat ye chote-chote sey masle hi aapke aqeedo'n mey bigaad laane lagte hai'n. Ye baat bhi hadees sey saabit hai ki Rasoolullah sallallahu alaihe wa aalihi wasallam ney dadhi mundwane ko maajusi ka tarz e amal bataya hai aur Aayimma E Ahlebait Alaihis'salaam ney bhi apne maan'ne waalo'n ko dadhi mundane sey sakht mana kiya. Musalmaan ko chahiye ki dadhi badi rakhe aur moonche'n choti kar le taaki maajusi aur yahoodiyo'n sey mushahibat naa rahe. Ek baat aur yaad rakhe'n ki hashr mey kuch logo'n ko un gunaaho'n ki wajah sey Jahannum mey daala jaayega jinhe'n wo yaa toh gunaah hi nahi'n samajh'te the yaa bahaut zyada chota samjhte the.

90. *Imaam E Qayam ki madad* -

Qur'an mey Allah ta'alaa ney apne bando'n sey farmaya hai -

يَا أَيُّهَا الَّذِينَ آمَنُوا إِنْ تَنْصُرُوا اللَّهَ يَنْصُرْكُمْ وَيُثَبِّتْ أَقْدَامَكُمْ

Imaan waalo'n agar tum Allah ki madad karoge toh Allah bhi tumhari madad karega aur tumhe'n sabit qadam bana dega.
(Surah Mohammad ki aayat 7)

Mere apno'n! Allah toh Khaliq E Akbar hai, Rab hai, parwardigaar hai. Allah ko bando'n ki madad ki zarurat hi nahi'n hoti toh yaha'n meri madad sey kya muraad hai?, Mere apno'n! Meri madad sey muraad mere deen ki madad hai yaani musalmaano'n ko chahiye ki deen e haq islaam ki madad karte rahe'n, deen ko bachane waale bane'n. Ab jab Imaam Alaihis'salaam Qyaam karenge tab tak kaum do hisso'n mey bant chukegi, ek Lashkar E Imaam Alaihis'salaam hoga aur dusra Dajjali lash'kar. Momin iss baat ko jaante aur samajhte hai'n ki Imaam Alaihis'salaam ke zuhoor sey pehle aur zuhoor ke baad bhi Imaam Alaihis'salaam ke maqsad ke liye mehnate karna hi deen ki madad hai yaani deen ki madad yaani Imaam Alaihis'salaam ki madad aur Imaam Alaihis'salaam ki madad yaani haq deen ki madad aur isi madad ko Rab ney apni madad tak kaha lekin afsos ki aaj Takhleeqi deen ko haq samajh'ne waali Ummat, Maksad E Imaam Alaihis'salaam ki jagah, apni duniyawi zindagi ko sanwaarne mey hi lagi huyi hai. Aurato'n ka bhi iss mey aham kirdaar hai. Baaz riwayato'n mey ye bhi milta hai ki Imaam E Qayam ke khilaaf, be'parda aurato'n ki bhi ek jamaat jung ke liye niklegi. Imaam Alaihis'salaam ke khilaaf ladne waale mardo'n ki tarbiyat mey bhi kisi maa'n yaani aurat ka aham kirdaar hoga.

Sirf Imaam Alaihis'salaam ke khilaaf hi nahi'n, agar ham gaur o fikr kare'n toh paayenge ki ek aurat ka Lashkar E Imaam Alaihis'salaam taiyyar karne mey bhi aham kirdaar hoga. Imaam Alaihis'salaam ke zuhoor ke pehle aur zuhoor ke baad, hazaro'n maulayi hai'n jo Imaam Alaihis'salaam ke liye mehnate'n karte hai'n aur uske dil mey fikr e haq deen daalne waali, sahi taleem o tarbiyat dene waali, unki maa'n hi hoti hai. Ho sakta hai ki bahaut saare log ye sochte ho'n ki mai khatoono'n ko nishana banata hu'n yaa bigaad ki zimmedaari un par daalta hu'n lekin haqeeqat ye hai ki aulaad ki tarbiyat mard sey zyada aurat karti hai. Mera ye maan'na hai ki agar mard, haq deen par aa jaaye toh ek ghar deen par aa jaata hai lekin agar ek aurat, haq deen par aa jaaye toh ghar ke saath-saath, naslo'n mey bhi deen aa jaata hai, ummat ki maao'n aur behano'n ko bhi apni zimmedaari samajhni hogi aur nibhani hogi.

Be'deen aur be'parda aurat ki koshish ye hoti hai ki wo deen'daar behno'n ko bhi be'deeni aur be'pardagi ki taraf dawat deti hai, be'shak ye shaitaan aur Dajjal ke liye kaam karne waali aurate'n hai'n. Aaj bhi agar dekha jaaye toh jadidiyat ke naam par, pashchimi sabhyata ke naam par logo'n ko be'pardagi aur fahsha ki taraf dawat di jaati hai. Mere apno'n! Jis kaum ke mard naachne- gaane, sharaab peene, jua'n khelne mey lag jaaye'n aur aurate'n, be'pardagi aur fahsha ke kaamo'n mey lag jaaye'n toh uss kaum ko be'parda hone sey nahi'n roka jaa sakta. Hamara dushman, hamari kaum ke mardo'n ki quwwat e baazu sey zyada, hamari kaum ki aurato'n ke parde sey darta hai.

91. Ghar ko Jannat banana, Jahannum nahi'n -

Kisi shayar ney khoob kaha hai, "Ali waale jaha'n baithe, wahi'n Jannat bana baithe." Waise toh ye ek ashshaar hai lekin iss par fikr kare'n toh ham paayenge ki ye hamare haath mey hai ki ham apne ghar aur aas'paas kaisa mahaul bana kar reh rahe hai'n. Agar har ghar mey aulaad, maa'n-baap ki farma'bardaar ho, maa'n-baap apni aulaad ke huqooq ada karne waale ho'n, halaal rozi kamayi jaati ho. Aurat apne shauhar ke walidain ko apna samajhti ho aur saas-sasur bhi apni bahu ko beti maante ho'n. Bachcho'n ko sahi taleem o tarbiyat di jaati ho aur ghar'wale, ibadat, Zikr E Khuda, Zikr E Mohammad O Aal E Mohammad mey dube rehte ho'n, wo ghar Jannat ki tarah sukoon sey bhare huye rehte hai'n.

Iske ulat jin gharo'n mey log aapas mey ladte ho'n, haraam rizq aata ho, aulaad ki sahi taleem o tarbiyat naa hoti ho, wo ghar barbaad hai'n. In gharo'n mey naa ibadat hoti hai naa zikr balki TV, gaane, movies wagairah ke zariye agli nasle'n be'pardagi aur fahsha ki taraf badhne lagti hai'n.

Hame'n chahiye ki ham apne-apne gharo'n par pehle dhyaan de'n taaki apne aaj aur aane waali naslo'n ko behtar bana sake'n. Allah rabbul izzat ham sab ko, haq deen par chalne waala banaye.

92. Halaal aur haraam rizq -

Musalmaano'n ko zarurat hai apni kamayi par gaur o fikr karne ki, yaad rakhe'n sirf halaal gosht khareed lena, halaal rizq nahi'n hota balki zaruri hai ki hamari kamayi bhi halaal ho. Ta'ajjub aur afsos ki baat hai ki bahaut saare musalmaan halaal khane sey muraad bas halaal tareeke sey zibha kiya hua jaanwar samajh'te hai'n. Haraam tarah sey kamaye huye paise sey khareeda gaya halaal khana bhi haraam hota hai. Haqeeqi ilm hasil karne ke liye achcha ustaad bas kaafi nahi'n hota balki halaal roti khana bhi zaruri hota hai, haraam khane waala haqeeqi ilm aur haqeeqi deen tak pahunch nahi'n sakta.

Hame chahiye ki ham haraam sey bache'n aur halaal rozi kamaye'n, apni aulaad ko halaal ghiza de'n taaki wo haq ki marifat aasaani sey kar sake. Haraam rozi mey barkat nahi hoti aur naa hi sukoon hota hai. Mere apno'n! Koi bhi kaam chota nahi'n hota aur halaal kamayi ki ek roti, haraam kamayi ke bhar pet khane sey zyada achchi hoti hai. Ek aur baat zahen mey rakhna chahiye ki wo maal bhi ham par haraam hai, jis ke ham haq'daar nahi'n maslan ke taur par koi maulwi hai jo khairaat, zakaat, sadqa wagairah ke naam par chanda wasooli karte hai'n aur mehnat mazduri naa kar ke, isi chande ke paiso'n sey ghar'baar chalate hai'n, Allah ke waaste in sab sey bacho aur Rab ka khauf rakho. Har maulvi galat nahi'n hota lekin maine apni aankho'n ke saamne khud hi aese kayi maamle dekhe hai'n jin mey maulvi kahi'n masjid ke naam par toh kahi'n madarse ke naam par chanda maang raha tha lekin tehkeeq karne par uski baat jhoothi paayi gayi.

Agar ham kahi'n sey koi samaan khareed kar laate hai'n aur wo galti sey zyada paise lauta deta hai yaa zyada samaan de deta hai toh hame chahiye ki ham usey wo zyada paise wa samaan lauta de'n kyu'n ki wo hamare liye haraam hoga. Isi tarah kisi sey liya gaya naa'munasib paisa yaa rishwat bhi haraam hai.

93. Rizq ke liye be'sabri -

Yaa Allah! Mere un gunaaho'n ko maaf farma, jo teri naa'raazgi ka sabab ban gaye hai'n. Be'shak! Ye Allah ka hi karam hai ki ham jaise gunaah'gaar bande bhi rehmat o barkat paa rahe hai'n, rizq paa rahe'n aur hifazat ke saath reh rahe hai'n. Hamare khilaaf bahaut sazishe'n huyi'n lekin ham Ali Alaihis'salaam ke ghulaamo'n ka wajood nahi'n mit saka, be'shak wo Allah rabbul izzat hi hai jo ham sab ka khaliq hai, parwardigaar hai.

Agar ham gunaah karte hai'n toh walidain naa'raaz bhi hote hai'n lekin manane par maan bhi jaate hai'n, theek isi tarah jab banda apne Rab ke saamne rota hai, tauba karta hai, ibadat karta hai aur Rab E Kaaba ko maanta hai toh Allah Ta'alaa bhi maaf kar deta hai aur apni rehmat ke darwaze khol deta hai.

Hame rizq ke liye be'sabr nahi'n hona chahiye ki be'sabri Allah ko pasand nahi'n. Ye baat sahi hai ki bande ko rizq khud talaash'na hai aur mehnat bhi karni chahiye lekin apne Rab par yaqeen bhi rakhna chahiye ki jo Rab zameen par chalne waale, zameen ke andar rehne waale, jungle-pahaado'n mey rehne waale keedo'n ko bhi rizq ata'a karta hai, wo bhala hame'n rizq kyu'n nahi'n dega.

Mohammad O Aal E Mohammad sallallahu alaihe wa aalihi wasallam ki taleem hai aur Hadees E Qudsi mey bhi aata hai ki Rab bando'n sey kehta hai, jab tak tumhe'n iss baat ka yaqeen naa ho ki mere khazane khali ho gaye hai'n, tab tak rizq ke liye pareshaan mat hona, be'sabri mat rakhna. Yaad rahe ki Rab E Kaaba ke khazane mey kabhi koi kami nahi'n aati toh khatm hone ka sawaal hi nahi'n balki iss naseehat sey ye seekh'na chahiye ki rizq ke liye mehnat karna behtar aur achchi baat hai lekin rizq ke liye khud ko pareshaan aur be'sabr rakhna, insaan ki galti hai.

94. Har haraam, halaal ho kar mil jaayega -

Allah rabbul izzat ney duniya mey apne bando'n par sharaab haraam ki hai, agar banda iss haraam sey bache toh iske badle usey Jannat mey sharaab e tahura ata'a ki jaayegi. Duniya mey bande par zina haraam kiya gaya hai lekin iske badle Jannat mey Hoore'n ata'a ki jaayegi. Agar ham gaur o fikr kare'n toh paayenge ki aakhirat yaani kabhi khatm naa hone waali zindagi mey sab sey zyada fayda momino'n ka hoga aur Rab un par apni ata'ao'n ki barish nazil farma dega. Duniya mey haraam sey bachne waalo'n ko, Jannat mey sab milega, koi kami nahi'n hogi, yaha'n tak haraam bhi halaal karke ata'a kar diya jaayega aur duniya mey haraam karne waale har shakhs ko Jahannum ka khauf'naak azaab uthana hoga. Ab ye bande ko tay karna hai ki usey duniya ke pachaas saal behtar banane hai'n yaa aakhirat ki laakho'n saalo'n ki kabhi naa khatm hone waali zindagi ko sanwaarna hai.

Maslan ke taur par musalmaan mardo'n ke liye sona pehan'na haraam hai aur iske peeche ek nahi'n balki sainkdo'n wajuhaat hai'n, takabbur sey lekar science ki daleelo'n tak bahaut si baate'n hai'n lekin fir bhi Imaam Alaihis'salaam ka ek bada pyara jawaab aap sab ko batana chahunga. Imaam Alaihis'salaam sey sawaal kiya gaya ki duniya mey mardo'n ke liye sona pehan'na kyu'n haraam hai toh aap Alaihis'salaam ney farmaya, "taaki wo Jannat ki kabhi khatm naa hone waali zindagi mey sona pehan sake'n." Toh mere apno'n! Hame'n chahiye ki ham haraam sey bache'n. Haraam sey bachna, sabr karna, shukr karna aur tauba karte rehna, ye wo amal hai'n jo bande ki aqeeda o imaan ko mazboot karte hai'n aur bande mey takwa paida karte hai'n. Allah ta'alaa, ham sab ko kehne-sunne sey zyada amal karne waala banaye.

95. Bachche aur kasrat wa khel'kood -

Taleem o tarbiyat ke saath-saath zaruri hai ki ham apni aulaad ko khel'kood bhi karne de'n, bas hame'n ye zahen mey rakhna chahiye ki aese khel jo haraam hai'n, un sey bacha jaaye aur aese khelo'n sey bhi bacha jaaye jin sey kisi bhi tarah ka fayda nahi'n hai balki wo bas waqt ki barbadi ka sabab bante hai'n. Aaj kal ghud'sawari, talwaar'baazi, teerandaazi, shooting, kushti, wagairah mey bahaut kam log hi dekhne ko milte hai'n jab ki in sey bachcho'n ka jismani/shareerik aur maansik vikaas hota hai aur saath hi saath, bachcha, apni hifazat karna bhi seekh jaata hai. Football, volleyball, hockey, badminton, jaise khelo'n sey bhi bachcho'n ko jismani mazbooti milti hai aur chusti-furti aati hai. Wahi'n apni sehat ko sahi rakhne ke liye thodi kasrat aur daudna, paidal chalna wagairah bhi be'hadh zaruri hai.

Imaam Alaihis'salaam ke liye mehnate'n karne ka irada ho, deen par amal karne ka irada ho, deen ki mehnate'n karna ho toh bhi hame'n chahiye ki ham khud ko dili, jismani, zehani, roohani, har tarah sey mazboot kare'n. Agar hame'n sehat sey judi taleefe'n rahengi toh bhi ham unhi'n mey uljhe reh jaayenge aur uss tarah amal nahi'n kar sakenge jis tarah karne ka hamara irada tha.

96. Sila'rehmi -

Qur'an mey Allah rabbul izzat ney apne bando'n ko hukm diya hai ki ta'alluk khatm karne sey bacho, yaha'n tak talaaq ke mutalliq bhi hadeeso'n mey aata hai ki do logo'n ke beech talaaq bhi sirf tab hona chaiye jab sulah ka koi raasta naa bacha ho lekin haqeeqi deen sey dur, Takhleeqi deen ki giraft mey pade iss muashre ney har rishte ko mazaak bana daala hai. Bhai-behan aapas mey lad rahe hai'n, bhai-behan ki aapas mey nahi'n banti, behne'n-behne'n ek dusre ko dushman ki nigaah sey dekh rahi hai'n, walidain ko aulaad badmaash lagti hai, aulaad ko walidain sey shikayate'n hai'n ki ye fala'n aulaad sey zyada mohabbat karte hai'n, shauhar-biwi ek dusre sey naa'khush hai'n. Ab jab inhi'n rishto'n mey hi daraar hai toh baaki ke rishte chacha-baba yaa unke bachcho'n sey ta'alluk toh lag'bhag khatm hone ki kagaar par hai'n.

Log duniya mey bas apna-apna fayda dekhne mey lage hai'n, rishto'n sey kisi ko khaas lagaav nahi'n reh gaya hai aur iske peeche bhi ek nahi'n balki hazaaro'n wajah hai'n. Bahar'haal, agar koi apni aulaad ki shadi, saad'gi sey karta hai toh iss mey toh koi burayi nahi'n lekin kuch log aese hai'n jo apne ghar ki shadi mey ameer rishte'daaro'n ko toh bulate hai'n lekin ghareeb rishte'daaro'n ko chor dete hai'n, ye bahaut galat kaam hai. Theek isi tarah kuch rishte'daaro'n ko isliye nahi'n bulaya jaata ki fala'n ney hame'n nahi'n bulaya tha yaa fala'n hamare ghar ghami mey nahi'n aaya tha toh ham usey kyu'n dawat de'n wagairah, iss tarah ki soch rakhna sahi nahi'n.

Hame chahiye ki ham rishte'daaro'n tak bhi haqeeqi deen pahunchte rahe'n, unke sukh-dukh mey hisse'daar banne ki koshish karte rahe'n aur un sey ta'alluk qata karne yaani todne sey bache'n kyu'n ki ye Allah ta'alaa ko pasand nahi'n. Duniya mey faili kisi bhi burayi par agar ham ghaur o fikr kare'n toh paayenge ki bigaad ki asal wajah haqeeqi deen sey duri hai yaani log Qur'an O Ahlebait Alaihis'salaam ko thaam kar nahi'n rakhe hai'n aur iss sey bachne ka raasta bhi ek hi hai ham aur aap Quran O Ahlebait ko thaam'ne waale ban jaaye'n, fir khud ba khud, hamari zindagi mey imaan dakhil hota chala jayega aur muashre mey sudhaar aa jayega.

Ek baat aur zahen mey aayi hai isliye bayaan karna chahta hu'n. Mere apno'n! Ham insaan, ashraful makhlooq hai'n lekin hamare aamaal ham ney itne bigaad liye hai'n ki ab ham behtareen ummat ke bad'tareen log ban gaye hai'n. Hame'n toh chahiye tha ki ham khud ko Qur'an O Ahlebait Alaihis'salaam sey jod le'n. Insaano'n ke kaam aaye'n, saath hi saath dusri makhlookaat ke haq mey aur behtari ke liye bhi dua aur koshish karte rahe'n. Jaanwaro'n-parindo'n ke liye bhi hamare dil mey narmi hona aur rahem hona zaruri hai. Jitna ho sake unki madad bhi zarur karna chahiye jo be'zubaan hai'n aur zubaan sey madad nahi'n maang sakte. Allah ta'alaa! Ham sab ko kehne sunne sey zyada amal karne waala banaye.

97. Sood lena haraam hai -

Iss kitaab mey pehle hi ham ney Bank ki naukri milne waale sood par baat ki hai lekin logo'n ke aapsi len-den mey bhi sood dekhne ko milta hai. Yaani Takhleeqi deen par chalne waala ek musalmaan, dusre musalmaan ko karze ke taur par rakam deta hai aur waqt tay karta hai ki fala'n tareekh ko aap karze ke itne aur sood ke itne paise mila kar itni-itni rakam wapis karenge.

Sood, haraam hai. Qur'an O Hadees mey, Kaul E Imaam Alaihis'salaam mey iss tarah ke maal ko dozakh ki aag ki taraf bataya gaya hai, iss sey bachna zaruri hai. Kisi ki madad karna achcha hai aur hame'n chahiye ki agar hamari maali haisiyat theek hai toh ham karza de kar logo'n ki madad karte rahe'n, agar koi karza nahi'n lauta paa raha hai toh ham uski muddat o mohlat badha de'n, agar ham aesa kar sakte ho'n toh hame chahiye ki ham uska karza maaf bhi kar de'n, ye momin ka tareeka hai. Kisi ko maal udhaar ke taur par dena aur karze par sood lena haraam hai aur koi haqeeqi deen par chalne waala, imaan waala aesa kaam nahi kar sakta. Allah ham sab ko badi aur gunaah sey bachaye aur haqeeqi deen par chalne waala banaye.

98. Aaj ke daur ka bada bigaad -

Mere apno'n! Hame kisi ka naam dekh kar dhoka nahi'n khana hai, jaisa ki Maula Ali Alaihis'salaam ka kaul hai ki, "naam dekh kar dhoka naa khao." Hamare muashre mey bahaut saare log aese bhi hai'n jo apne naam mey Mohammad, Ali, Hasan, Hussain lagate hai'n lekin kaam Yazeedo'n waale karte hai'n. Ek jamaat aesi thi jo tauheed ki aad le kar risaalat par hamla karti thi hala'n ki usey, naa toh tauheed sey matlab tha naa hi deen sey, theek isi tarah ek nayi jamaat uthi hai jis ney pehle toh Yaa Rasoolullah!, Ka naara buland kiya, Gustakh E Rasool ke khilaaf khadi dikhi lekin fir dheere-dheere, asal rang dikhana shuru kar diya.

Iss Jamaat ney kabhi deen ke maslo'n ke naam par aesi behudi aur jahalat ki baat kahi'n ki logo'n ko hansne ka mauka mila, kabhi Wuzu E Hussain Alaihis'salaam par nishana banaya, kabhi Sulah E Hasan Alaihis'salaam mey Hazrat Hasan Alaihis'salaam ko kam'tar sabit karne ki koshish ki toh kabhi Ali Alaihis'salaam aur Muawiya ko ek sa batane ki naa'kaam koshish ki, hadh toh tab huyi jab inhone Fatima Bint E Mohammad Rasoolullah ko bhi khata'kaar keh diya. Yaani Yaa Rasoolullah! Ke naare ki aad lekar, Itrat E Rasool Alaihis'salaam ke khilaaf hi sazishe'n jaari rakhi'n. Inke fayl o makar ko bhi naa'kaam karna, ham sab ki hi zimmedaari banti hai.

Mere apno'n! Duniya mey hamare tamaam dushmano'n aur munafiqo'n ki koshish ye hi hai ki haqeeqi islaam ko roka jaa sake. Agar islaam ko mitaya nahi'n jaa sakta toh Takhleeqi islaam ko hi logo'n ke dil o dimaagh mey bithane ki koshish ki jaa rahi hai aur khuda ke haqeeqi islaam ki jagah logo'n ko insaano'n ke banaye Takhleeqi deen ki taraf jhukaya jaa raha hai. Ye saazish aaj sey nahi'n ho rahi balki sainkdo'n saal sey chali aa rahi hai. Logo'n ko Qur'an O Ahlebait Alaihis'salaam sey dur karne ki koshish ki jaa rahi hai kyu'n ki jo musalmaan Qur'an O Ahlebait Alaihis'salaam ko hi chor de, wo haqeeqi islaam par ho hi nahin sakta. Zarurat hai toh in saazisho'n ko samajh kar naa'kaam karne ki.

99. Mohabbat aur mehnat -

Mohabbat (محبت) aur mehnat (محنت) in do lafzo'n par gaur kare'n toh aap paayenge ki in dono'n lafzo'n mey huruf aur nuqte ek jaise hai'n, farq mahaz itna hai ki mohabbat mey nuqta neeche hai aur mehnat mey upar hai. Jiske andar unchayi hai, takabbur hai, jo khud ko achcha samajh raha hai aur akad kar baitha hai, usey mehnat karni padegi, usey apne andar achchayi aur sachchayi paida karna padegi. Haqeeqi deen par amal karna aur usey aam karne ke liye mehnate'n karna, Qayam Imaam Alaihis'salaam ke liye mehnate'n karna, momin ka maksad hota hai aur jab wo haqeeqi deen ki mehnate kar ke apne aapko Allah ke aage jhukayega yaa yu'n kahu'n ki, nuqte ko upar sey neeche laayega tab Allah rabbul izzat usey iss mehnat ke badle mohabbat ata'a farma denge.

Imaam Mehdi Alaihis'salaam ke liye mehnate'n karni hi momin ka asal maqsad hota hai aur wo haqeeqi deen par chalte huye, logo'n tak haqeeqi deen pahunchata hai aur apna waqt haq ki tableegh mey lagata hai aur Imaam Alaihis'salaam ke liye mehnate'n jaari rakhta hai. Iss raah mey bahaut dushman milte hai'n, munafiq milte hai'n, jinki koshish hoti hai ki hame'n haq sey dur kar sake'n lekin hame'n chahiye ki apne Khuda par yaqeen rakhe'n, apne Nabi, Qur'an aur Itrat E Rasool ko thaam kar aage badhte rahe'n. Be'shak, mera Allah! Bada madad'gaar aur rahem farmane waala hai.

"Raah-E-Hayaat ki taareek rah'guzaaro'n mey
Tumhara naam hi kaafi hai raushni ke liye"

100. Sirf ek "ha'n" ki zarurat hai -

Allah ki talaash har momin ko honi chahiye, koi uski pehchaan kar leta hai, koi usey paa leta hai, koi talaash hi nahi'n paata aur koi ghaflat mey bina talaash kiye hi zindagi guzaar leta hai. Hamare buzurg aur waliyullah, Allah ke qareebi hai'n aur mai unka tah e dil sey ehtaraam karta hu'n. Par afsos hota hai un musalmaano'n ki baat sun kar jo kehte hai'n ham wali ban hi nahi'n sakte. Wo buzurg ki izzat ke naam par ghaflat mey pade hai'n aur ye bhool gaye ki waliyullah bhi insaan hi hai. Qur'an mey Allah ta'alaa ka farmaan hai -

اللهُ وَلِيُّ الَّذِينَ آمَنُوا

Allah sahibaan e imaan ka wali hai
(Qur'an Surah Baqar ki aayat 257 ka hissa)

Ab jab aapko mohabbat ka ishara mil gaya, Rab ney khud wilayat ki rassi ko aapki taraf kar diya aur aapki bakhshish ka raasta khol diya toh yu'n kehna ki ham buzurgo'n ki tarah nahi'n ban sakte, iss sey kaam nahi'n chalne waala. Balki hame'n bhi Imaam Alaihis'salaam ke liye mehnat karni hogi. Allah, wilayat sey usey nawaaz'ta hai, usey wali banata hai jo apne aapko haqeeqi deen, Qayam Alaihis'salaam ki mehnat ke liye waqf kar deta hai. Ab zarurat hai toh "ha'n" karne ki aur elaan karne ki ki, "Yaa Allah! Ham aap sey mohabbat karte hai'n, aapke Rasool aur Itrat E Rasool sey mohabbat karte hai'n, aap hame'n apni mohabbat mey shamil farmaye'n. Yaa Allah! Hame'n haqeeqi deen ko aam karne waala aur Qayam Imaam Alaihis'salaam ke liye mehnate'n karne waala bana. Allahu akbar kaseeran kaseera. Allahumma salle alaa mohammad wa alaa aale mohammad.

"Tere ishq ki intiha chahta hu'n
Meri saad'gi dekh kya chahta hu'n"

101. Azmat E Sahaba yaa Bugz E Ahlebait -

Namoos E Nabi ke naam par shuru ki gayi jamaat, Bint E Rasool ko gustaakh keh kar be'naqaab huyi. Theek aese hi Azmat E Sahaba ke naam par shuru ki gayi jamaat, Aulaad E Sadaat ki mukhalifat karte huye be'naqaab ho rahi hai aur hoti rahegi. Maano yaa naa maano, mera kaam hai sach batana. Imaam Mehdi Alaihis'salaam ke zuhoor sey pehle sadaato'n ka aur unke muhibbo'n ka qatl e aam hoga aur logo'n ko Ahlebait ke mukaable, taazeem e sahaba ke naam par ubhara jaayega. Khaas baat ye rahegi ki hazaaro'n sahabao'n me se das sahabao'n ke naam tak naa jaan'ne waale jahil bas 5-7 sahabao'n ko hi sahabiyat ka theke'daaar sabit karenge aur wo 5-7 sahaba wo hai'n, jin par tareekh mey bahaut ikhtilaaf milta hai. Aap ko kabhi bhi Salmaan Farsi Radi'Allah ka naam sunne nahi'n milta hoga yaa bahaut kam milta hoga, jinke liye Rasoolullah ney farmaya, "Salmaan meri Ahlebait sey hai." (Yaha'n zaruri hai ki Ahlebait mey hone aur Ahlebait sey hone ka farq maloom ho), Hazrat Abuzar jaise sachche sahaba ka zikr nahi'n kiya jaata aur Hazrat Mikdaad jinhone Imaan mey aane ke baad kabhi Tauheed O Risaalat O Wilayat par ek pal bhi shak nahi'n kiya, unka toh bahaut log naam tak nahi'n jaante kyu'n ki unka koi naam tak nahi'n leta.

Agar koi aap sey kahe ki "fala'n shakhs", gustaakh e sahaba hai toh uss "fala'n shakhs" sey aap, behtareen Sahabi E Rasool jaise ki Hazrat Salmaan Radi'Allah, Hazrat Mikdaad Radi'Allah, Hazrat Meesam Radi'Allah, Hazrat Hujr Radi'Allah, Hazrat Bilaal Radi'Allah, Hazrat Ibn E Abbas Radi'Allah, Hazrat Kumayl Radi'Allah, Hazrat Habeeb Radi'Allah, Hazrat Mus'ab Radi'Allah wagairah ke mutalliq puch lena, aapko ehsaas hoga ki "fala'n" toh sahabao'n ko maan'ne waala nikla.

Fir aap dekhna, ki sahabao'n ke naam par wo khaas jamaat ke log, sirf 5-7 sahabao'n ko hi kyu'n manwana chahte hai?, Uska saara adab e sahaba 5-7 sahabao'n par hi kyu'n atka hai jab ki sahaba toh hazaaro'n hai'n. Jin chaar sahabao'n ko Nabi E Kareem sallallahu alaihe wa aalihi wasallam ney naa sirf sab sey behtareen kaha balki ye bhi farmaya ki, "Rab ney mujhe hukm diya hai ki in chaar dosto'n sey mohabbat karo. Wo Ali hai Ali hai Ali hai aur Abuzar, Salmaan O Mikdaad hai." Ye riwayat sunniyo'n ki mo'atabar ahadees mey bhi maujud hai aur Ahle Tashayyo ki hadeeso'n mey bhi maujud hai aur kisi Shiya ko iss par ikhtilaaf nahi'n. Fir kyu'n kinhi'n aur chaar sahabao'n ko in chaar sahabao'n ke upar sabit karne ki koshish ki jaati hai?

Rab E Kaaba ki kasam! Hadees sey saabit hai ki Rasoolullah ke sab sey behtareen sahaba kaun hai'n. Maine As'haab E Rasool mey, Maula Ali (jo Ahlebait O Panjtan), inke alawa kisi ko bhi Hazrat Salmaan, Hazrat Abuzar aur Hazrat Mikdaad sey badh kar nahi'n paaya. Sahaba wo nahi'n jis ney Rasoolullah ke saamne kalma padh diya ho balki sahaba toh sirf wo hai, jo Rasoolullah ke daur mey imaan laaya, apne Rasool sey mila aur imaan mey aane ke baad sey le kar apni maut tak, Mohammad O Aal E Mohammad ka wafa'daar raha. Allahumma salle alaa mohammad wa alaa aale mohammad.

☙☙☙